大学における文章表現指導

――実践の記述と考察から指導計画の提案まで――

金子泰子

溪水社

序

国語教育研究が対象とする主な校種は小学校、中学校、高等学校であり、大学の国語教育が取り上げられることは決して多くはない。ただし大学での教育は、それまでの初等・中等教育の成果の上に構築されることからも、具体的な意味を検証しつつ綿密な指導計画のもとで展開する必要がある。大学での教育実践に即した研究は、国語教育関係者の中でもっと注目されてよい。特に「国語表現」に関連する科目は多くの大学で必要性が認識され、カリキュラムに位置付けがなされているにもかかわらず、その扱い方は担当者に委ねられた形で、改めて検討される機会はほとんどないように思われる。

そのような現状において、金子泰子氏の研究には注目すべきものがある。それは何よりも、先行研究が少ない大学における国語教育、特に文章表現指導を研究対象とした点にある。さらに、大学での実践を基盤とした研究という点にも大いに注目したい。金子氏はすでに大阪教育大学大学院の修士課程で、中西一弘先生のご指導を受けて優れた研究を展開してきた。その後上田女子短期大学、信州大学、長野大学で教鞭を執りながら、充実した教育活動を続ける中で研究への強い意志を固め、早稲田大学大学院の博士後期課程に入学して研究を続けることになった。金子氏はきわめて誠実かつ意欲的に研究を積み重ねたことから、その成果を博士論文としてまとめることができた。このたび、完成した博士論文をもとにした研究書が溪水社から刊行されることになり、金子氏とともに研究に取り組んできた立場として、本書の刊行を心から喜びたいと思う。

金子氏の研究の目標は、自身の30年間に及ぶ大学における文章表現指導を反省的に記述して、その現状と課題を明らかにすることにあった。このために氏は、これまでの指導理論にしっかりと目配りをしつつも、先行する文章表現指導の実践、さらには認知心理学における文章産出過程に関する知見、外国の高等教育における文章表現指導の事情などを幅広く取り上げることになった。その研究結果を整理し考察を加えつつ、実践的知見を高めたうえで、大学における新たな文章表現指導計画の提案を目指している。大学生を対象とした文章表現指導の実践研究、とりわけ国語科教育の立場からの提案として価値のある研究が展開された。金子氏は研究方法に国語教育個体史の考え方を取り入れ、自らの実践を的確に記述しつつ考察を加えるところから出発したという点も、研究の主要な特色の一つである。

本書は二部構成で、第Ⅰ部が「理論編」、第Ⅱ部が「実践編」となっている。まさに「理論」と「実践」とがともに重視され、両者がしっかりと噛み合う構成である。第Ⅰ部の理論編においては、文章表現指導の現状と課題が提起されている。第１章では、初等・中等・高等教育における作文指導史についての考察、さらに比較国語教育学の視点から、米・英・仏における作文指導との比較研究が展開された点に注目したい。第２章では、中学校・高等学校および大学における作文指導の先行実践の紹介と考察がまとめられた。続く第３章では、関連諸科学の研究成果として、認知科学および教育学の知見から学ぶべき点が明らかにされている。

第Ⅱ部の実践編においては、金子氏自身の実践事例の記述を通して、大学生の文章表現指導の展開が明らかにされている。第４章では短期大学における指導過程が紹介され、それを踏まえて第５章では短期大学での文章表現指導計画の全体像が示されて、指導計画完成までの経緯と計画の詳細をめぐる精緻な考察が加えられている。第６章では評価の問題が取り上げられ、実践の成果が検証されている。第７章では、それまでの実践の検証のもとで新たな指導計画として、「大学初年次生を対象とした基礎文章表現法―単元『書くことによる発見の喜びと共有』」が提案された。

金子氏は文章表現指導の基盤を、学習者の意識や能力の現状を的確に把握するところに置いている。実態把握の方法として氏が特に重視したのは、学習者の自己評価作文である。学習者の主体的な判断による生の声を汲み取って、それを活用した指導計画を練り上げてきたことになる。これはまさしく「学習者中心」の考え方であり、単元学習の理念にもつながるものである。金子氏が「実践編」の末尾に位置付けた新たな文章表現指導を、単元学習として提案した点は得心が行く。

本書からは高等教育における文章表現指導のあり方を学ぶことができるわけだが、注目すべき点の一つは「短作文」の扱いである。文章表現を楽しい活動にするための内容・方法として、金子氏は藤原与一氏の研究・実践に学びつつ、「二百字限定作文」を「短作文」として継承し、深化させている。短作文を導入することで、多くの学習者に対しても指導者は大きな負担もなく指導を展開することができる。さらに、評価の問題を常に視野に収めているという点も重要である。

いま一つ注目しておきたいのは、しっかりとした指導計画の策定という点である。金子氏は自身の長年の短期大学における文章表現指導の蓄積とその分析に基づいて、明確な半期15コマの指導計画を編成することができた。特に保育士を養成する短期大学において、現場で必要になる「連絡帳」を教材とした指導を展開したのは、「実の場」の創造という意味からも意義のある実践となった。この指導計画は、今後大学において多様な文章表現指導が展開されるための一つの指標となるものと思われる。

先述したように、大学における文章表現指導の研究は、国語教育研究の中で先行研究が少ない新しい研究領域と言える。本書はその新しい領域に理論・実践の両面から意欲的に取り組んで、具体的な指導計画を提案した独創的な研究の書として評価することができる。全体的に広範な視野から実践分析を試みた点に特色があり、今後のこの領域の研究の進展に資するものと確信している。特に、教育学におけるライフヒストリー研究の先駆けとなった野地潤家氏の個体史研究に学んで、自身の個体史を記述しつつ、文章表現指導の実践的な課題を明らかにした意味は大きい。

わたくし自身も現在、大学で「国語表現論」という科目を担当している。わたくしはサブカルチャーを含む身近な表現を取り上げて、学習者とともに国語表現のための教材開発と授業開発を目指すことにしている。本書を通して金子泰子氏の研究および実践に改めて学びつつ、効果的な表現の授業を問い続けたい。

博士論文は研究のゴールではなくスタートである。金子氏には本書を一つの契機として、ぜひ次なる課題に向けて、意欲的な研究を続けていただきたいと願っている。

2016年6月19日　桜桃忌

早稲田大学　教育・総合科学学術院
町田　守弘

大学における文章表現指導
——実践の記述と考察から指導計画の提案まで——

目　次

第２章　先行実践研究と残された課題

第３章　関連諸科学からの示唆

第Ⅱ部
実践編：事例研究から見る大学における文章表現指導とその展開

第４章　短期大学における指導経緯

第５章　大学における文章表現指導計画の開発に向けて

第６章　評価を活用した指導計画の検証

第７章　大学初年次生を対象とした基礎文章表現法
――単元「書くことによる発見の喜びと共有」――

終　章　研究の総括

凡　例

（引用について）

1　引用文は原則として二字下げて引用し、本文の一部として引用するときには「　　」を記した。

2　引用にあたってはできる限り原文どおりとした。

3　引用文献および参考文献は、以下の順序によって書誌情報を記載した。

著者名・出版年・論文名・書名・出版社

4　論文名は「　　」、書名・雑誌名は『　　』で記した。

（その他）

1　年号は原則的に西暦（元号）とした。

2　旧字体の漢字は、できる限り原文どおりとした。やむを得ず新字体としたものについては、その旨注釈を加えた。

3　仮名遣い、送り仮名は原文のままとした。

4　数字は年号をはじめとして算用数字としたが、固有名詞、文脈によって漢数字がふさわしい場合は漢数字を用いた。

5　脚注（各頁下）は、該当箇所の右肩に算用数字を用いて記し、章ごとに一括して連番とした。

6　注（文章末）は、脚注にするには長すぎるものを中心に、章末にまとめて示した。注の表示は（章末注１）、（章末注２）のように記し、脚注と区別した。

大学における文章表現指導

——実践の記述と考察から指導計画の提案まで——

序　章　大学における文章表現指導研究の課題

第1節　研究課題

本研究は、研究課題を「大学における文章表現指導——実践の記述と考察から指導計画の提案まで——」として設定した。筆者がおよそ30年間にわたって取り組んできた大学における文章表現指導の実践を記述し、考察、評価したうえで、新たな指導計画の提案を目ざすものである。

自ら文章表現に強い関心を持っていたことに加えて、実践現場が大学であったことが研究に取り組むきっかけとなった。実践においては、効果的な指導を求めて、常に大小さまざまの改善、改革を繰り返してきた。一方で、文章表現法の指導者として、自らの文章表現能力向上に向けた意欲を持ち続けてきたことは言うまでもない。

指導計画を立てるためには、まず、何よりも学習者を主体にした課題（問題の所在）の確認が第一である。学習者の作文を分析・診断し、問題点となっているものの原因を追究した上で、その解決のために学習指導の方法を組織化していく。指導は、学習者の能力実態や興味・関心と要請されることがらとが切り結ばれたところでもっとも効果を発揮する。学習者が、どのような文章表現の知識・技能・態度を必要としているか、指導者が学習目標を的確にとらえることが指導計画作成の基盤となる。

大学における文章表現指導を構想するにあたり、とりわけ初年次生を指導対象とする場合、小・中・高における作文学習と連携させることが肝要である。小・中・高における「書くことの指導」は「国語科」の教科内容の一領域を担う。大学入学までの学習期間は、じつに12年間に及ぶ。大学における文章表現指導は、当然にそれを受け継ぎ、発展的に展開させるべきものであろう。こうした観点から、初等・中等教育における作文指導史を振り返ることも必要であると判断した。

指導に先立って、小・中・高における作文学習に対する大学生の意識を調査したところ、予想外の問題がいくつも浮上してきた[1]。ほとんどすべてと言える大学生が、文章表現力を高めることに対して強い願望を持つ一方で、自らの文章表現力にはまったく自信がなく、その原因は高校までに受けてきた作文指導にあるという批判的な意見を示したのである。

自信のなさの背景には、文章表現についての基礎的な知識や技術が身についていないという自覚があった。高校までの国語科教育の成果として、理解力は相応にある。ところが、表現力については、意識の上で理解力との差が大きすぎて尻込みするような状況である。言語の表現面における基礎的な訓練不足が明らかである。加えて、大学における専門分野の研究、および卒業後の仕事とどのように関わらせるか、初等・中等教育の作文指導とは異なる新たな課題も存在する。

大学生の文章表現力向上への強い願望に応えるために、文章表現の何を、どのように指導すれば効果が出るのか、筆者が長年にわたって学習者と共に追究してきた軌跡そのものの記述と考察、改善した指導計画の検証、そして新たな指導計画の提案が本研究の課題である。

学習者の強い願望の背景には、小・中・高における作文指導に、次節に指摘するような問題が存在していた。まずはそれを確認することから、大学における文章表現指導の課題を明らかにしていきたい。

1　金子泰子（2009）「作文学習に対する大学初年次生の意識を探る――自己評価作文『入学までの作文学習を振り返る』を手がかりに――」大阪国語教育研究会『野地潤家先生卒寿記念論集』

第２節　作文指導理論の問題点

戦後の作文教育論を振り返り、中洌正堯（2009）[2]は今日なお探求すべき問題として次のような五つの二項対立的項目を取り出している。

・模倣と創造・自由と課題・文芸主義と実用主義・内容と技術・学校教育と作文教育

これら以外に、「社会的通じ合い」（コミュニケーション機能）重視の指導理論と系統的・分析的な指導理論という一対もある。前者を先導したのが、西尾実（1952）[3]であり倉沢栄吉（1952）[4]である。そして、後者の中心になったのが、森岡健二によって紹介された「コンポジション理論」であった。これは、後に『文章構成法――文章の診断と治療――』（至文堂、1963）として刊行され、作文指導の現場に大きな影響を与えている。

しかし、はたして、こうした二項対立的なとらえ方は、作文指導の実践現場に役だつものだろうか。双方の主張を際立たせるために、こうした対立的な立場をとることが効果的であることは理解できる。辞典で関連語句をまとめたり紹介したりする場合の見出しとして常用されることも仕方のないことかもしれない。しかし、ひとたび視点を現場に移し、学習者の表現能力育成という側面から考えた場合はどうであろう。どちらか一方で指導効果を高めることは不可能である。双方が求められることは言うまでもない。

「内容と技術」という普遍的な対立軸を例に考えてみよう。内容だけあれば、文章は書けるだろうか。あるいは、技術さえもっていれば、文章が書けるだろうか。どちらも答えは否である。車の両輪のように、どちらも

2　中洌正堯（2009）「作文教育論」田近洵一・井上尚美編『国語教育指導用語辞典〔第四版〕』教育出版、pp.278-279

3　西尾実（1952）『書くことの教育』習文社

4　倉沢栄吉（1952）『作文教育の体系』金子書房

揃ってはじめて、文章表現の指導は進むのである。揃うというと横並びの印象があるが、むしろ、次元の異なるものとして考えるのがふさわしいかもしれない。

大内善一（2009）[5]は「作文指導で何を教えるのか」として、次のように述べている。

> 現行教育課程における国語科作文指導の教科内容は文章表現技術そのものである。ただ、学習指導要領の総括目標にもあるように、「思考力」「想像力」あるいは「言語感覚」などのより高次の内容も指導していくことが求められている。（中略）これらの（教科内容と高次の教育内容）能力は一体的な関係としてとらえていかなければならない。つまり、文章表現技術の指導を通して教育内容としての「思考力」や「想像力」が育成されていかなければならないのである。（括弧内は金子）

総括目標に高次の「価値目標」[6]が掲げられ、国語科の教科内容には「技術目標」が設定されて、二つの目標は一体的に育成されるべきであると述べている。現実はどうであろうか。筆者が担当した大学生の実態は、技術指導の成果は確認できず、当然のことながら思考力や想像力も同様で、なにより学習者自身が表現技術不足を強く自覚しているというのが実情である。表現技術の指導は、豊かな表現学習のための前提としてあるべきだが、実態はそうなってはいない。

言語生活主義と言語能力主義という対立軸もある。国語教育に言語生活主義が登場したのは1945年からである。アメリカの経験主義の教育思潮が戦後の日本の教育界に影響を及ぼしたことによるが、西尾実の言語生活を基盤とする「言語生活論」が理論的支柱として働いた。実践の場では「単元学習」が中心となって推進された。一方、言語能力主義は、1950年頃から言語生活主義の実践の場の状況（具体的には「単元学習」）を批判する形で現れはじめ、1958年頃から前面に出てくる。その理論的支柱になっ

5　大内善一（2009）「作文指導で何を教えるのか」田近洵一・井上尚美編『国語教育指導用語辞典〔第四版〕』教育出版、p.212

6　言語の道具面ではなく、言語活動をとおして認識や思考など人間的成長そのものに関わる側面を目標としたもの。

たのが時枝誠記の言語過程説に基づく国語教育論[7]である。時枝は、国語教育を「手段についての教育」、「訓練学科」、「技術教育」とし、言語能力主義の立場を明確にしている。

こうした状況のまとめとして、湊吉正（2009）[8]は、「国語科の指導は、学習者の言語生活に着眼しつつ、また、学習者の言語能力の育成を目指しつつ進めていくべきである。」と述べている。実践者である筆者は、湊のこの考え方に賛同する。

二項対立の主張は、教育現場にはなじまない。指導者は、学習者の抱える複合的な課題を分析的に考察することはあっても、指導に際しては、まさに臨床医が治療方針を立てるように、生活面、能力面双方について微細な調整を図りながら、統合的な指導計画を立てるのである。学習者の利益を最優先に考え、二項に対立する理論を統合するのである。

筆者の立場は、単元学習の方法によって言語能力を育成しようとするものである。単元学習については、昭和20年代の経験を見直した上で、桑原隆（2009）[9]の次の定義に従う。

> 単元学習は、教師中心の解説型の授業とは対極に位置するものである。学習者中心の授業であり、学習者の言語生活を基盤とする。学習者の潜在的および顕在的興味・関心を尊重し、それと社会的必要との調和的接点に単元学習は組織される。（p.208）

筆者の目ざす文章表現指導の在り方は、指導の全般にわたって、学習者の実態を注意深く観察し、学習者の主体的な学習活動を授業の中心に据えつつ、言語生活および社会的必要に培う文章表現能力の育成に努めるものである。

7　時枝誠記（1954）『国語教育の方法』習文社

8　湊吉正（2009）「言語生活主義と言語能力主義」田近洵一・井上尚美編『国語教育指導用語辞典〔第四版〕』教育出版、p.298

9　桑原隆（2009）「単元学習の発想」田近洵一・井上尚美編『国語教育指導用語辞典〔第四版〕』教育出版

第３節　内容と構成

未熟な指導者としてスタートを切った筆者は、まずは学習者の実態を注意深く見極めつつ、課題を一つひとつ解決しながら指導計画を組み立てていく方法をとった。提出された作品から課題を見つけては次の授業を準備する、帰納的方法論であった。こうした当初の試行錯誤期の10年間に、短作文（二百字作文）[10]で基礎的な文章表現技術を習得する練習と意見文をまとめあげるまでの文章構成指導を組み合わせた半年間の指導計画を立てた。指導者が未熟なことに加えて、学習者の短大生もまた文章表現に不慣れで、双方が手探りの状況であった。そのため、まずは気楽に取り組める短作文で、基礎的な表現技術の習得練習から始めることにした。二百字作文練習は、筆者の文章表現指導の前半期の中核を占めるものとなった。

続く10年は、指導計画改善はもとより、学習者の自己評価力育成を目標に、評価活動を意識的に組み込んだ理論的、演繹的実践に取り組んだ。これにより、授業は指導者から学習者にその主体を移動させることになった。指導改善のための、診断的評価、形成的評価、総括的評価、学習者の自己評価力向上のための、指導者による個別評価、学習者同士の相互評価、さらにはポートフォリオによる総括的評価の実施により、指導は、その目標と評価が一体化し、学力保障・成長保障[11]、ひいては学習者の自己評価力の向上に培うものとなった。後半は、理論に導かれた実践であり、評価、とりわけ学習者の自己評価作文を重点的に活用したことによって、プログラムの調整と改善への道が開けた。

本研究はⅡ部構成である。第Ⅰ部を理論編、第Ⅱ部を実践編とした。

第Ⅰ部理論編においては、文章表現指導の現状と課題を探った。第１章

10　短作文は、藤原与一（1965）『国語教育の技術と精神』新光閣書店、に学んだ。詳細は第４章第１節第２項「二百字作文との出会い」に記す。

11　梶田叡一（1981）『新しい教育評価の考え方』第一法規、pp.63-67

第１節では、日本の作文指導の高・大の現状を考察し、小・中とのつながりを見るために、初等・中等教育における作文指導史についても点描した。第２節では、比較国語教育学の視点から、米・英・仏における作文指導との比較を試みた。小・中・高・大の系統性と歴史的経緯、さらに外国との比較は、日本の大学における文章表現指導の課題を浮き彫りにした。

第２章は、先行研究の考察である。第１節で、中、高において評価の高い作文指導の実践研究を取り上げ、第２節は大学における指導を４例取り上げた。これらによって、自らの実践の独自性を見極め、研究課題についても焦点を定めることができた。

第３章では、関連諸科学からの示唆を頼んだ。教育学のような総合的、総括的学問分野においては、関連諸科学の成果は貴重である。文章産出モデル、実践研究のための方法論、評価理論についての学びをこの章に一括した。すべて第Ⅱ部の実践の記述と考察につながる学恩となった。

第Ⅱ部の第４章と第５章が、実践の基盤部分であり、第６章と第７章が改善を加えて現在に至る発展的な実践成果である。研究の中核はこれら第Ⅱ部実践編の各章にある。しかし、第Ⅰ部理論編のよりどころがなければ、実践をこうした成果としてまとめることは叶わなかった。

第Ⅰ部理論編は、第Ⅱ部実践編の記述を助け、検証のよりどころとなり、最終的には新たな学習計画を生み出すものとなった。どちらが欠けても果たし得なかった、ささやかな実践研究の成果である。

第４節　研究の方法

第Ⅱ部実践編は、大学における筆者自身の文章表現の指導経緯を時系列で取り上げ、自己評価的視点を基盤とした詳細な記述を試みた。実践の記述を研究の主体に位置づけ、その記述の過程で気づいたことがら、生みだされてきたものを大事に考察し、次なる指導計画の生成と提案につなぐ構造である。

研究方法は、野地潤家の「国語教育個体史」[12]に学び、国語教育の実践主体として、自らの国語教育者としての成長過程、国語教育者としての実践営為の展開過程、さらには、国語教育者としての生活そのものを、主体的に組織的有機的に記述する立場をとる。こうした個体史作成作業をとおしてこそ、実践主体としてのたしかな自己把握が可能になるものと信じるからである。自己の実践を把握するために、自らの国語教育の事実を、自己反省的視点を持って謙虚に、しかし、自信を失うことなく記述していく。

第３章第２節「実践研究のための方法論」に述べるように、研究は、「反省的実践の授業研究」[13]を中心に行う。すなわち、自らの授業過程に生起した個別具体的な経験や出来事の意味の解明のために、自らの実践に特化した事例研究法による質的研究を中心に進める。主観をおそれず、その場に生起した多様で多義的な認識の詳細な記述をとおして、いっそうの反省的思考を促し、実践的見識の向上を目指すものとする。

なお、実践の記述に基づく「反省的実践の授業研究」を進める一方で、プログラムの開発と評価、授業の技術や教材の開発など、「技術的実践の授業分析」[14]による先行研究から学ぶ点もゆるがせにはできない。優先的選択基準は、学習者が主体であるかどうか、あるいは学習者にメリットのあるものかどうかに置き、双方の研究様式から適宜ふさわしい方を活用する。

本研究は、かつての所属機関の紀要、専門を同じくする学会あるいは研究会の機関誌等に実践論文として掲載されたもの、さらに、文章表現の参考書やテキストに寄稿したものなどが基になっている[15]。収録にあたっては、これまでの実践全体の中における位置づけ、あるいは意味を考察し、推敲を重ねたために、大幅な削除、加筆に至ったものも多い。こうした何

12 野地潤家（1998）『野地潤家著作選集　第１巻　国語教育個体史研究　原理編』明治図書

13 佐藤学（1996）『教育方法学』岩波書店

14 稲垣忠彦・佐藤学（1996）『授業研究入門』岩波書店

15 初出一覧を巻末に示した。

重もの反省的思考の経緯をとおして、元の論文は新たな意味をもち、本研究の各項を担う支柱となって生まれ変わっている。

以上、述べてきたように、本研究は、自らのこれまでの実践の記述を手がかりに、その実態と課題を明らかにするとともに、作文指導の二項対立的な考え方や表現技術軽視の問題を乗り越える方法を模索したものである。最終的には、大学初年次における文章表現指導を単元学習として提案する形でまとめている。その過程において、先行する作文指導実践や認知心理学の文章生成過程に関する知見、外国の高等教育事情など、関連する研究成果に知恵を求めた。ささやかな成果が、大学における文章表現指導にわずかなりとも寄与するものであれば幸いである。

第Ⅰ部
理論編：文章表現指導の現状と課題

第1章　大学における文章表現指導概観

第1節　日本の学校における文章表現指導

第1項　大学における「国語」教育の存在

1　大学における文章表現科目設置状況

高等教育は、ユニバーサル・アクセスという、誰もがいつでも自らの選択により学ぶことができる時代に入っている。その結果、どの大学も、少子化に伴う入学者数減少への対応に苦慮しつつも、入学者に大学における学びに必要な基礎学力をつけるための努力が行われている。

高等教育における教育に関する学会として、1979年創設の大学教育学会（章末注1）がある。2001年には、日本国語教育学会の校種別部会に大学部会が設けられた。また、2008年3月には、新たに初年次教育学会[1]が設立された。現在、高等教育、とりわけその初年次教育に大きな関心が寄せられている。

本項では、高等教育の中でも文章表現指導関連にしぼり、大学における状況を概観する。

個人として早い時期[2]から、大学生のための「言語技術教育」を提唱したのが木下是雄である。木下是雄（1981）『理科系の作文技術』中央公論新社、同じく（1990）『レポートの組み立て方』筑摩書房は、大学におけ

1　初年次教育学会 HP http://www.jafye.org/index.html 参照のこと。2013年12月7日閲覧。

2　1977年に学習院教育問題調査会国語教育分科会座長に就いたことが記されている。木下是雄（1990）『レポートの組み立て方』筑摩書房、p.21

る文章表現法関連科目のテキストとして、今なお根強い人気を保っている。この木下の先導によって、大学として最初に日本語表現法科目を体系的に理論づけたのが学習院大学である。1980 年代から同大附属小・中・高等学校の教員有志によって「学習院言語技術の会」が結成され、教科書作りが行われている。大学の授業科目として「表現法」が設置されたのは 90 年代になってからであるが、この学習院大学の取り組みが、全国の大学における日本語表現法科目の理論的な支えとして機能していると見られる。

桜美林大学においても、学習院大学とほぼ同時期に同様の取り組みを始めている。桜美林大学の特徴的なところは、文章表現法に加えて、スピーチ・トレーニングにも力を入れているところである。

このように、日本語表現法科目は、私立大学、とりわけ新設学部において設置される傾向にあったが、大学設置基準の大綱化が行われた 1991 年頃からは国立大学へも波及していく。教養教育カリキュラムの再編が始まり、1993 年から教養部廃止の動きが激しくなったことが契機になり、大学改革の一環として日本語表現法を設置する大学が増えてきた模様である。

大学設置基準が大綱化されて以降、国立大学として初めて言語表現科目を開講したのは富山大学（章末注２）である。その中心人物であった筒井洋一は、講義の趣意や内容を決めるために、他大学における先行事例の調査対象として、二つの選択基準を設けた。一つはライティング能力であり、もう一つは、スピーチ能力を育成する科目を設置している大学であった。前者については、学習院大学を、後者については桜美林大学国際学部を選び、具体的なアドバイスを得ている。

富山大学が、同じ国立大学として、大学における国語教育を以前より推進していた筑波大学ではなく、私立の学習院大学や桜美林大学に日本語表現法科目の指導を仰いだ経緯は明らかではない。（章末注３）少なくとも、筒井らの先行事例の調査段階においては、筑波大学の情報は入らなかった模様である。

1993 年４月に富山大学で開講された「言語表現科目」は、文化系理科系双方のさまざまな研究者が担当する、全学一丸となった取り組みであった。

1990 年代半ば以後、国立大学では、富山大学と同様の取り組みが、1996 年に愛媛大学、1997 年には高知大学、広島大学へと広がりを見せている。

1990 年前後、急速に普及していたインターネット上で、まずは富山大学が、10 年ほど遅れて京都大学高等教育研究開発推進機構（2003 年度開設）が、初年次生を対象とした基礎教育科目に関する情報を頻繁に発信するようになった。このことは、全国で同様の取り組みをはじめた大学の教員達に大きな影響を与えたと考えられる。筆者もまた、インターネットを通じて多くの情報を得た一人である。

なお、富山大学で上記の動きを先導した筒井洋一は、2005 年２月に『言語表現ことはじめ』をひつじ書房から出版している。科目運営の中心であった筒井がそれまでに発表した、「言語表現科目」創設の意義や問題点等を解説する論文６本が収載されている。これにより日本の大学における「言語表現科目」の事始めが分かる。

京都大学高等教育研究開発推進機構にかかわった溝上慎一、藤田哲也、富山大学で筒井洋一とともに「言語表現科目」創設に関わった向後千春らも、それぞれの立場から、日本の大学における言語表現科目の設置状況、およびその内容に関する学会発表を行っている。

筆者の実践現場である長野大学においても、実習レポートが書けない学生が年々増加することに苦慮し、2006 年度から社会福祉学部で、「課題探求力Ｉ」という、主として文章表現力向上のための基礎科目を設置した。卒業必修からは外れているが、専門必修科目としての位置づけである。200 名の学生を、国語教育専門の筆者と、外国語（ドイツ語）、メディア論、憲法論、老人福祉論をそれぞれ専門とする５名で連携して指導した。全学ではなく、一部学部で必要に迫られてという経緯もあるが、指導者がさまざまな専門分野の研究者で構成されている点は富山大学と同様である。

2　学会および個人の取り組み

日本国語教育学会、2003年度第1回大学部会では、「『大学生のための表現法』――初年次言語表現科目の試み――」として、大島弥生が、東京水産大学の科目シラバス[3]を発表している。専門分野の教員と言語教育（留学生対象の日本語教育）を専門とする教員のティームティーチングによる実践は、当時、それまでにない試みとして新鮮であった。

2002年には、井下千以子が『高等教育における文章表現教育に関する研究――大学教養教育と看護基礎教育に向けて――』（博士学位論文）を風間書房から公刊している。心理学の知見を生かしたライティングに関する授業実践をもとに、「考えるプロセスを支援する文章表現指導法」を開発している[4]。

国語教育界においては、町田守弘、佐渡島沙織、石塚修らが早い時期から大学における文章表現指導にたずさわっている[5]。

3　まとめ

大学における文章表現指導の状況をまとめてみる。

注目すべき点は、高等教育において文章表現指導にかかわるこれら大多数の研究者の専門領域が、教育学、心理学、物理学、メディア（コンピュータ関連）学などであり、筑波大学を除いて、言語教育とは異なることであった。そのため、彼らの論文からは、義務教育レベルで国語の教師たちが日々指導している「書くこと（作文）」の指導との直接的な関連が見えてこない。国語教育は、主に義務教育レベルを対象に研究が進められていることにも関連があるのだろう。しかし、高校はほぼ義務教育と同レベルに

3　大島弥生「『大学生のための表現法』――初年次言語表現科目の試み――」日本国語教育学会2003（平成15）年度第1回大学部会7月12日発表資料（2004年3月）『2003（平成15）年度大学部会活動報告』

4　井下については、第2章第2節第2項において取り上げる。

5　町田については第2章第1節第3項において高校における指導実践を、佐渡島、石塚については、それぞれ第2章第2節第3項、第2章第2節第4項において大学の指導実践を取り上げる。

進学率を伸ばし、大学への進学率も５割を超える現在、国語教育が積極的に連携の手をさしのべる必要性はないのだろうか。むしろ、物理学の木下是雄、認知心理学の井下千以子、言語とはいえ日本語教育学（外国人に対する日本語指導）の大島弥生など、日本語を直接の研究対象としない他の専門領域の教員たちが高等教育における文章表現指導に興味を示すのは、日本語を「国語」としてではなく、コミュニケーション・ツールとして客観視できる位置にいるためなのだろうか。国語教育学を専門とする佐渡島紗織の場合も、アメリカの大学に開設されているライティング・センターを参考にした取り組みで、主目標は大学教育が学生に要請する「アカデミック・ライティング（学術論文の書き方）力」という限られた能力の養成にあり、小・中・高における国語教育の成果を積極的に生かそうとする姿勢は見られない。

母語によるリテラシー（章末注４）教育であるにもかかわらず、文章表現指導に小・中・高・大をつなぐ系統性が見えないのはなぜか。高校はほぼ義務教育と同じほどにも進学率を高め、大学についても５割を超す勢いで進学する時代である。系統性のない指導では、学習効果は期待できない。一方で、はたして、義務教育の小・中においてそれはあるのだろうか、また、高とのつながりにおいてはどうか。

学習指導要領の国語科編においては、「書くこと」の領域の指導項目は系統化されている。文部科学省は（文部省の時代から）、年間の時間数まで規定して「書くこと」の指導に力を入れるように指導している。それにもかかわらず、日本の国語教育は依然として読解指導に偏りがちである。筆者は、その一要因を、国語の教師が「書くこと」の指導を受けていないことにあると考えている。学んだ経験のないことを教えるのは困難である。悪循環に陥っているのである。

こうした教師側の状況を考慮して、筆者は、小・中・高における書くこと（作文）の指導に大学の文章表現指導を無理なくつなぐ方法を探っている。大学では、物真似や一時しのぎの表現力ではなく、生涯をとおして役立つ、自ら考え、判断することのできる力をつけたいと考えるからである。

そのためにも、まずは学習者の実態（解決すべき課題）を把握することが、効果的な文章表現指導の出発点になるものと考える。小・中・高、12年間の国語の授業を通して、何をどの程度まで学んできたのか、あるいは、何が身についていないのかを明らかにしてから、大学における文章表現の指導計画は立てられるべきである。

第２項　高校における作文指導の不振

1　教科内容と教科書の不一致

高校における国語の授業は、大学入試対策としての古文や小論文の指導に追われている。筆者が行った「高校の作文学習に対する実態調査」[6]では、「入試に必要なければ、国語の授業で文章を書く機会はなく、書けなくても卒業できる」とする回答もあった。本項においては、指摘されて久しい高校における作文指導の不振について、その要因がどこにあるのか探ってみる。

教科内容というのは、教科で学習者に身につけさせたい知識や技術の総体である。国語科の場合は、日本語に関する本質的な知識とそれに基づく技術（言語技術）がその中心となる。作文の技術は当然国語科の教科内容であるはずだが、高校では、文章を書かなくても卒業できるとはどういう理由によるのであろうか。

教科内容とは別に、学習者が一律に使用する国語の教科書はどうなっているのだろう。教科書は、文部科学省学習指導要領に準拠し、文科省の検定を経て作成される。従来、日本の国語科教育は、読むことの指導に主眼が置かれ、教材は教科書に強く依存する傾向がある。教師は、与えられた教科書をいかに効率よく教えるかを重視して、教科内容との対応関係の確認を忘れがちである。

6　金子泰子（2009）「作文学習に対する大学初年次生の意識を探る――自己評価作文『入学までの作文学習を振り返る』を手がかりに――」大阪国語教育研究会『野地潤家先生卒寿記念論集』、pp.92-104

近年重視されるようになってきた学習者主体の授業づくりを考える場合、教師には、その専門的力量として、自立的な教材選定やカリキュラムの編成能力が求められる。とりわけ表現領域の作文指導においては、既存の教科書だけでなく、学習者の実態に即したカリキュラム編成や練習教材が不可欠である。

幸田国広（2011）は、その著『高等学校国語科の教科構造——戦後半世紀の展開——』によって、国語科の教科構造の問題点を解明している。それにより、高等学校における表現指導不振の要因の一端が明らかにされている[7]。

問題は、教科書の編集方法と領域構成の中身の齟齬にある。教科書は教材の種類や内容に即して編集されているのに対して、学習指導要領で示される領域構成（指導事項の集積）の中身は言語技能に関する内容であることによるずれが生じているのである。教科書教材を教えるだけでは、学習指導要領に示されている言語技能をもれなく教えることはできない。現場には、教材と言語技能を対応させる、つまりは、「教科書で（言語技能を）教える」という発想がなかったことを幸田は指摘している。結果として、「単元学習」模索期に編纂された分冊（理解鑑賞と表現創作とで上下巻を分かつ）教科書は消滅し、経験主義国語教育の受容も進まなかった。詳細は幸田国広（2011）で論じられているが、この状況は、依然として高校現場に存在する問題であろう。

現場の教師が、教科の構造の実態を理解していなければ、分冊教科書はもとより、総合教科書でさえも、自らが受けてきた教育内容や教育方法に照らして読解指導を行うのみで、十分に使いこなすことができない。高校の国語教師に大学の国語・国文科出身が多いことも一因と考えられる。読解教材を消化するだけでは、「表現」領域（とりわけその技能）指導に手が届かない。教材と指導事項（教科内容）と指導法の一体化について、教師には十分な理解が求められる。

7　〈新刊紹介〉（2012）『早稲田大学国語教育研究第32集』p.78において金子泰子（筆者）が紹介した。

２　制度上の不備

教科内容と教科書の問題に加えて、高校教育には制度上の不備も指摘されている。

金子元久（2012）は日本経済新聞の教育面において、高校教育に関して問題提起そのものがないことを次のように取り上げて、制度上の問題を指摘している。

> 高校に関して政策の議論がないのは制度上の問題がある。文部科学省は、教員給与の一部を負担する小中学校には口も出すが、高校は都道府県の事務だ。学習指導要領を定め教育課程を監督する権限はあっても、高校教育を総合的に見ることはない。
>
> （中略）
>
> 校長会の議論は校長だけでとどまり、研究会を通して実践を進める教員も一部だ。参加型や体験型の導入など授業改善の動きもあるが、部分的で高校全体を見据えた議論と結びつかない。
>
> 行政も高校教員も研究者も、高校教育の在り方を体系的に議論していないのは大きな問題だ。
>
> （『日本経済新聞』2012年２月20日（月曜日）p.23　教育面）

高校は大学進学のための進学塾か、卒業証書を受けるためだけの通過点になってしまっている。選抜的な大学を目指す層は受験勉強に励むが、そうでない層は、大学全入時代の現在、勉強しなくても大学生になれる。就職組はもとより勉強しない。かくして、高校生の三分の二はほとんど勉強しないというのが現状である。

金子はさらに、上記の制度上の問題に加えて、高校における学習不振の要因として、「学習目標の曖昧さ」と「人材像の欠如」を挙げている。高校現場には、本項「１　教科内容と教科書の不一致」で見たような教科書と学習指導要領の齟齬だけでなく、行政、教員、研究者による議論の欠如から、学習目標や目指すべき人材像までもが明示されていない状況が存在するというのである。

大学における、小・中・高との系統性に配慮した文章表現指導を考える場合、上記のようなブラックボックス化した高校の現状は憂慮すべき状況にある。

第３項　初等・中等教育における作文指導史点描
――二項対立からPISA型読解力まで――

現在の大学教育は、エリートを対象としていたかつてとは大きく様変わりしている。誰もがいつでも自らの選択により学ぶことのできる時代、大学における文章表現指導は、小・中・高の作文指導との連携を考慮しない訳にはいかない。積み重ねを生かすことはもとより、不足部分についてはそれを補う役割を、現在の大学は担っている。

本項では、戦後の初等・中等教育における作文指導の潮流を点描しつつ、その成果と課題を確認する。その作業をとおして、大学の文章表現指導が引き継ぐべき課題について考えたい。

１　対立の構図

明治、大正、昭和と、作文教育は常に二項対立的な構造において捉えられてきた。一方に、児童の書こうとする内なる力を信頼し、それを力づけ、自由に綴らせる立場があり、他方に、作文技能の鍛錬によって整然たる文章表現を養おうとする立場がある。前者には樋口勘次郎の「自由発表主義」や芦田恵之助の「随意選題」、後者には谷本富の「作文法の教授」や友納友次郎の「課題練習」などがある。戦後の生活綴方の実践的理論とコンポジションの理論も、同様の対立軸で捉えられる。

しかし、果たして現場で作文教育にたずさわる教師たちは、そのどちらか一方のみに従って指導してきたのだろうか。実践者であれば、答は「否」のはずである。それではなぜ、国語教育史上、常にこのような対立構造（内容－形式、自由－課題、意欲－練習、精神－技能、認識－表現）をとるのか。そのわけを、中西一弘（1981）[8]は次のように述べている。

8　中西一弘（1981）「作文教育の回顧と展望」全国大学国語教育学会『講座国語科教育の探求②表現指導の整理と展望』明治図書

> （前略）明治以降においても、これら二系列の一方だけを主張したものはない。両者の必要性を認めるものの、教育に実効のある方法として、その一方を強く主張したにすぎない。
>
> 作文・綴方という文章表現の教育にあって、一系列だけの指導・学習ではなに一つも達成できない。他の系列の指導・学習ぬきでは一つの系列の目標さえも到達することが不可能だからである。（p.50）

論争には対立軸が有効でも、教育現場においては、折衷化や統合化が実践的であることは否めない。また、教育理論と実践には、時間的にも内容的にも隔たりが生じるのが現実である。実践者は、これらをきちんと見極め、真に学習者に届く指導方法を探求する必要があろう。

なお、本研究中の「作文力」と「文章表現力」については、それぞれ次のように使い分けて考えている。

「作文力」は、かつて日本において「作文」と言えば生活綴方のことであったことから、そうした作品をうまく書く能力ということになる。ふつうの、よくわかるような、平明な文、文章を書く能力を指すものではない。もっと文学的な表現をする能力を指す。

これに対して「文章表現能力」は、文学的ではない、ふつうの、社会的な決まりにあった正確な文章、明瞭な文章を書く能力を言うものとする。いわゆる「コンポジション・スキル」のことで、とりわけ、センテンスを書く力、段落を書く力、段落のまとまった統一ある文章を書く力、語句の使い方、文字力、表記能力などを指すものとする[9]。

2　単元学習期

1947（昭和22）年12月、アメリカ軍CIEの指導のもと「学習指導要領（国語科編）」が文部省から「試案」として提示され、戦後の国語科のあり方が方向づけられた。

この「学習指導要領」において、国語科教育の目標が次のように記された。

9　輿水実（1975）『国語科教育学大系第11巻国語科作文教育』明治図書、p.82を参考にした。

> 国語科学習指導の目標は、児童・生徒に対して、聞くこと、話すこと、読むこと、つづることによって、あらゆる環境におけることばのつかいかたに熟達させるような経験を与えることである。
> （『昭和二十二年度（試案）学習指導要領国語科編』）

戦後の国語科教育が、経験主義と言われる所以の明らかな部分である。ここで述べられている経験は、言語のもつ、個人的人間形成的な面よりも、社会的通達性、つまりコミュニケーションの手段としての役割に重点を置くアメリカ側の言語観が基礎になっていた。従って、作文教育もまた、それまでのような生活文や個性的な作品中心ではなく、日常生活に直接役立つ、記録・報告・手紙・日記・広告・掲示などの説明的文章の指導が重視されることになった。

また、作文教育については、教科組織の枠内で、聞くこと、話すこと、読むこと、書くことの四つの言語活動の一つとして、機能的関連のもとに、総合的に取り扱われるべきものとしての方向性が明確にされていた。つまり、先の学習指導要領国語科編（試案）に参考として示された新指導法である単元学習（作業単元）による作文教育が模索されたのである。学習者の興味、関心、経験を生かしながら、言語生活力の育成、向上をねらうものであった。

しかし、この新指導法は、一部の熱心な実践者（大村はま、ほか）によって成果を上げながらも、一般的には不振のままに終わり、やがて基礎学力低下の原因とされる。

このような時代背景の中、時枝誠記（1951）は「国語教育上の諸問題」[10]と題する論文の中で「単元学習の意義」として次のように述べている。

> 單元學習はなぜ歡迎されたか。これが先づ考へるべき一つの大きな問題である。單元學習は、國語教育の出發點を我々の現實の生活の中に求めたといふ點で、一の大きな魅力であったに違ひない。（中略）このやうな教育

10　『国語と国文学』1951（昭和26）年7月号、「特集『戦後の国語教育の反省と批判』」

が、實人生に結びついてゐるばかりでなく、教育がすべて生徒の興味から出發しなければならないといふ教育の根本原則に合致してゐる點で、多くの人々の共感を勝ち得たのであつた。（p.4）

時枝は、生活に結びつき、生徒の興味にも沿った単元学習の意義を認めつつ、一方で、批判的動向があった理由について、次のように述べている。

學校教育は、一定期間の間に一定の教育を完了しなければならないといふ制約の下に行はれる（中略）。從つてそれを實現するには、教育の方法は、分析的に、段階的に、組織的に行はれる必要がある。いはゆる單元學習は、家庭や社會において行はれる國語教育の形式をそのまま學校教育の中に持込んだものとして、具躰的であるといふ長所を持つてゐる反面、學校教育としての最も重要な制約を無視したものであると云はなければならない。（中略）もし最初から單元學習の方法のみによつたとすれば、一部の人々の懸念する基礎學力の低下といふことが起こるのも當然であらう。（p.5）

時枝の単元学習の教育の方法としての非効率性についての指摘や現場での単元学習不振の実態とも相俟って、昭和20年代半ば以降、経験主義教育思想に対する根底的な問い直しが始まった。

3　作文・生活綴方教育論争期

昭和20年代後半になると、「作文教育か綴方教育か」をめぐって議論が展開した。論争のきっかけとなったのは、1952（昭和27）年3月1日の朝日新聞学芸欄に掲載された「『つづり方』か作文か」、および4月25日の読売新聞の記事「混乱するつづり方教育」である。この「作文・生活綴方教育論争」は、「表現技能の指導をめざすか、生活（認識）の指導をも含めて統一にすすめるか」「国語科内の学習指導か、教科にとらわれない学習指導か」などが焦点であった。

作文派は、文部省の学習指導要領に即し、文章表現能力の育成に重点をおいて、帰納的かつ計画的・系統的な作文指導を展開した。それに対して綴方派の教師たちは、表現を現実の生活と切り離すことはできないとして、「生活綴方的教育方法」の提唱など、現実認識の作文指導をおし進めた。

４　社会的自己発見期

作文か生活綴方か、二つに対立する論争を越えるものとして、西尾実、倉沢栄吉らの提言があった。

まず、西尾（1952）[11]の提言から見てみる。

> 「作文」には、成人社会の実用に立脚した型や技術の習得であるところに特質があり、「綴方」には、近代文学の自我解放に導かれた自己表現の自得であるところに特質があったのに対して、いまの「書くこと」は、単なる実用的準備でもない、また、単なる自己表現でもない、社会的存在としての自覚に立った通じ合いの一手段としての、はっきりした文章を書く能力を体得することであるところに特質がある。（p.246）

西尾はCommunicationを「通じ合い」と訳し、当時の国語教育思潮をふまえたうえで、日用文・実用文と同時に、自己（自我）表現を包み込みながら、「相手にわからせ、のみこませ、それを実行させるということ」を「直接の、また当面の要件」とする「社会的な通じ合い」へと脱皮すべきだと主張したのである。しかし、この西尾の主張は、当時の生活綴方運動の復興期と、文部省の作文教育思潮の対立構造の中にあって、現場に行きわたったとは言えない状況であった。

同時期、倉沢（1952）[12]は、書くことの機能を、コミュニケーションの原則からとらえようとして次のように述べている。

> 私はしかし、人間形成とか認識の強化とかを副原理と考えて、まずコミニケーションの一原理で考えきってみようと思う。何といっても、この原理でなければ、すべての書くはたらきはわり切れないからである。そして、コミニケーションこそ、人間形成のための書くことにも参与しているからである。（p.42）

倉沢は、個に閉じた「人間形成とか認識の強化とか」は副原理とし、人間相互の関わり合いとしてのコミュニケーションの原則を第一義とすることによって、「書くこと」の世界を広い社会に向けて拓こうとしたのであ

11　西尾実（1952）『書くことの教育』習文社
　引用部分は、1975『西尾実国語教育全集第三巻』教育出版による。

12　倉沢栄吉（1952）『作文教育の体系』金子書房

る。コミュニケーション一原理で考えれば、作文学習はより計画的・組織的に行っていくことができると提唱したのである。

5　系統的・分析的作文指導期

作文指導は、アメリカの言語教育・作文教育理念である学習者中心・経験重視の新しい視点を取り入れながらも、学習内容である作文能力や作文経験の実態把握が欠けていたために、実践現場には根付かないままに、次の学習指導要領改訂のときを迎える。

1958（昭和33）年版学習指導要領は、前学習指導要領の有機的総合的な単元学習の方向性は継続しているものの、実質的には、経験主義から能力主義へと転換を始め、基礎学力の充実に向けて梶を切っている。作文指導においても、中学校では、「最低授業時数の十分の一以上」という時間配当が示された。

生活綴方の伝統に連なる日本作文の会も、昭和37年の大会において、仕事の中心を国語科文章表現指導に置くことを決議し、昭和39年には精密な指導内容と指導体系とを有する『作文指導系統案集成』[13]を公表するに至っている。

日本の作文指導は、戦後の経験主義単元学習への反省から系統的・分析的作文指導が提唱されるようになり、それまでの生活文中心の作品主義から、技能中心の練習作文の方向へ転換していったのである。

この時期に、作文指導の現場に大きな影響を与えたのが1958（昭和33）年に森岡健二が刊行した『文章の構成法――コンポジション――』（国語の改善と国語教育の振興に関する施策を普及徹底するために、文部省が国語シリーズ39として編集したもの）である。

このコンポジション作文は、「学習指導要領」に取り入れられ、現場の実践とも結びつきやすい、体系的に整備されたかたちで紹介されたことで、その後のわが国の作文・綴り方教育実践に広く影響した。５年後に

13　日本作文の会（1964）『作文指導系統案集成』百合出版

は、『文章構成法――文章の診断と治療――』[14]が刊行され、以後の作文指導にいっそう大きな影響を与えることとなった。

森岡健二（1963）は、はしがきにおいて次のように記している。

> 文章がことばで内容を書き表すものである以上、ことばだけを重視する言語主義にも、また思想や感覚だけに力点を置く内容主義にも傾いてはならない。真にクリエーティブな表現をするために、感じ考える心を育てるとともに、ことばの約束に従う訓練をすべきである。
>
> 文章構成法（コンポジション）は、その点、いかに内容を創造し、いかにそれを正しく効果的なことばで表現するかの問題を扱う。つまり、内容とことばの背後にある思考を重視し、正しい思考にもとづいて、内容とことばを構成的に整え、創造的な思想を文章によって生産しようとするものである。

「感じ考えるこころを育てるとともに、ことばの約束に従う訓練をする」、「内容とことばの背後にある思考を重視し、正しい思考に基づいて、内容とことばを構成的に整え、創造的な思想を文章によって生産しようとする」というように、はっきりと内容面と形式面の両方が併記されている。それにもかかわらず、実践的には、「感じ考える心を育てる」、「内容とことばの背後にある思考力」、「創造的な思想」といった内容面がすっぽりと欠落し、「構成的に整え」の形式部分ばかりが強調されてしまう結果となってしまったのである。「コンポジションは構成過程に限った形式的言語操作であるといった誤解も招いた」[15]と指摘されるとおりである[16]。

６　技術と精神の統一

一方、同時期に藤原与一は、『国語教育の技術と精神』[17]の中で、出版当時の国語教育界に見られた機械的な分析主義、ならびに精神を置き去りに

14　森岡健二（1963）『文章構成法――文章の診断と治療――』至文堂、はしがき
15　中村敦雄（2001）「コンポジション理論」『国語教育辞典』日本国語教育学会、p.184
16　コンポジション理論の日本への導入経緯に関しては、本章第２節第１項「アメリカにおける言語教育」において論ずる。
17　藤原与一（1965）『国語教育の技術と精神』新光閣書店

した技術主義的傾向の強い国語教育をきびしく批判する立場から国語教育論を展開している。国語教育における技術と精神との統合を主張したのである。

藤原は、教師に対しては、科学的精神をもって現実を見つめることを求め、児童・生徒には、深く考えることを求めた。そこには、論理的思考によって人間を鍛えていかなければ、ことばによる文化の創造はないという、国語教育への強い危機感が表われている。

また、藤原は、「『書く生活の教育』は、普遍的な、大衆的な、みんなを楽しませる教育である。」（同書 p.97）という考えを基盤にして、短作文教育の重視を主張した。そこには、どうにかして、書くことの重圧を取り除き、表現者・人間の、表現の喜びを取りもどしたいという願いがこめられていた。

藤原の提唱した短作文指導、中でも「二百字限定作文」は、筆者の実践の中核として、その一翼を担っている[18]。

7　独立した作文指導計画

1968（昭和 43）年の「小学校学習指導要領」では、作文指導の方向は、33 年版と大筋において変わるところがなかった。しかし、小学校において、作文指導と直結した「ことばに関する事項」が明示され、作文指導については、各学年とも国語の総授業時間のうち十分の二〜十分の三程度と時間数が指定されるなど、教育課程審議会の答申からの作文指導重視の要望に強く応えるものであった。とくに、これまで、戦後の有機的総合的な単元学習を建て前としてきた作文指導に関し、「学級の実態や指導の効果を考慮して、特にそれだけを取り上げて指導するほうがよいと考える場合には、そのような計画をたて、指導してもさしつかえないこと」と、独立した作文指導計画を許容する立場を取るようになったことは、大きな転換であった。

18　これについては、第 4 章第 1 節第 2 項「二百字作文との出会い」で詳述する。

作文指導は、この後、以下の三つのコースによって実践されるようになる。

①教科書の作文を主とした単元による指導

②児童の生活や各教科、行事などから自由に取材して書く作文の指導

③ことばに関する事項をふくむ作文技能の練習指導

このようにして、文章表現に関する基礎能力をいっそう具体的に養成する方向が志向されたのである。

8　文章表現力育成の重視

1977（昭和52）年の「小学校学習指導要領」では、「表現」と「理解」の二領域に分かれた国語科の中でも、表現力、特に文章による表現力を高めることに重点が置かれた。

この年、高等学校においては、選択科目としてはじめて「国語表現」という科目が設定されている。選択科目とはいえ、「国語表現」と呼ばれる科目が特設されたということは、文章表現力重視の具体的な現れとして、作文教育史上、特筆すべきことであった。

「国語表現」科目の指導内容には「カ　すぐれた文章について、主題、要旨、構成、修辞などを吟味し、自分の表現や推敲に役立てること。」とあり、作文指導はしだいに具体的な表現技能の獲得を重視し、その個別的な技能の学習指導に向かいつつあった。

小・中学校においても、「短作文」「練習作文」「学習作文」などがいっそうさかんになるなど、この期の文章表現力指導重視の傾向は、学習指導要領の公布以後、国語教育界の最も大きな話題であった。こうした状況にあって、書く学習の題材や場は、高森邦明、平野彧、青木幹勇[19]などを中心に、さまざまに広げられ深められていったのである。

1989（平成元）年の学習指導要領は、いじめ問題、荒れる教室、国際化・

19　高森邦明（1984）『作文教育論２言語生活的作文』文化書房博文社、平野彧（1977）『新題材による作文指導』明治図書、青木幹勇（1986）『第三の書く――読むために書く・書くために読む――』国土社

情報化への対応などといった時代背景のもと、「豊かな心の育成」「自己学習能力の育成」「基礎・基本の重視」「個性の尊重」などの文言で教育界に広く行きわたった。

国語科では、「言語の教育としての立場」が強調され、小学校１・２年の「国語」の授業時数が増えた。作文の指導は、第１学年から第４学年までは年間 105 単位時間程度、第５学年及び第６学年では年間 70 単位時間程度となっており、総授業数の三分の一時間に迫っている。文章表現力育成重視の傾向はこの後も続いていく。

９　文章表現技術の定着

1989（平成元）年の学習指導要領の改訂で作文指導時数が指定されたことから、再び藤原与一[20]の「短作文」が脚光を浴びるようになる。教師と児童生徒の負担軽減につながる一面が作文指導現場に受けいれられたと言える。短作文そのものがもつ実用性、簡潔性が言語表現の魅力を引き出す条件となり得たのである。

短作文の他に、文章表現技術のたしかな定着を目指した指導に、課題条件の設定による作文指導がある。和多史雄が著わした『条件作文と客観評価』[21]が先駆で、技術と同時にすでに「客観的な評価」についても目指されていたことが注目に値する[22]。

和多の「条件作文」や藤原の「短作文」、大西道雄の『短作文指導の方法――作文の基礎力の完成――』も視野に入れて刊行されたのが、奈良県国語教育実践研究会編『課題条件法による作文指導』[23]である。昭和 30 年代初期から約 30 年の長きにわたって続けられた組織的かつ実証的研究である。「書くことの条件項目」を洗い出し、作文指導計画を作成するた

20　藤原与一は、（1955）『毎日の国語教育』福村書店、（1965）『国語教育の技術と精神』新光閣書店において、「短作文」指導を提唱している。

21　和多史雄（1967）『条件作文と客観評価』謙光社

22　上記和多の著作については、大内善一（1996）『作文授業づくりの到達点と課題』の第Ⅴ章第一節、および大西道雄（2004）第三章第三項においても詳しく検討されている。

めの指導事項を網羅した、実践研究に基づく本格的な提案である。

1998（平成10）年の「小学校学習指導要領」では、「書くこと」という領域で、第１学年及び第２学年では年間90単位時間程度、第３学年及び第４学年では年間85単位時間程度、第５学年及び第６学年では年間55単位時間程度を配当するようにとなっている。これは、改訂された国語科総時数の三分の一時間に当たる。

この「小学校学習指導要領」（1998年）では、「各学年の目標及び内容」が２学年ごとにまとめられ、「内容の取り扱い」に言語活動が例示されたことなども特色である。

なお、この「小学校学習指導要領」から「総合的な学習の時間」が設定され、こうした学習活動にかかわって、国語科の「書くこと」等の言語能力に期待されるところが大きくなる。国語科の「書くこと」は、教科を超えて、外に向かって開かれていくことになるのである。

10　全教科に生きる国語力

2007（平成19）年６月、学校教育法が一部改正され、「基礎的な知識及び技能を習得させるとともに、これらを活用して課題を解決するために必要な思考力、判断力、表現力その他の能力をはぐく」むことと、「活用」「課題解決」を柱とする教育のあり方が明示された。また、2008（平成20）年１月の中央教育審議会の答申は、教育内容として「各教科などにおける言語活動の充実」を上げ、各教科と国語科あるいは言語活動との関係を具体的に指示した。

それらを受けて改訂された第八次の学習指導要領（小・中2008年、高2009年告示）は、総則において、上記学校教育法と同趣旨のことを強調したうえで、国語科においては、言語活動の三領域（「Ａ話すこと・聞くこと」「Ｂ書くこと」「Ｃ読むこと」）ごとに、指導事項のほかに具体的な言語活動

23　奈良県国語教育実践研究会編（1990）『課題条件法による作文指導』（小学校編・中学校編）、明治図書出版のうち、中学校編については、第２章第１節第２項において論じる。

例を上げ、また、「言語事項」に代わって、「伝統的な言語文化と国語の特質に関する事項」を新設した。つまり、第八次教育課程は、国語力をすべての学びに生きる能力としてとらえ、基礎・基本の習得にとどまらず、その活用によって課題解決能力の育成を図るとともに、伝統的な言語文化に関する指導をも重視するという点で、戦後教育を大きく見直すものとなっているのである。

また、PISA 調査の問題形式に論述式が多いことが影響して[24]、文章表現能力育成への期待がさらなる高まりを見せている。正しい答えを選んだり理解したりするだけではなく、さまざまな文章や資料を読む機会と同時に、自分の意見を述べたり書いたりする機会の充実が求められるようになったのである。

作文指導は、各教科を横断する言語活動の充実に資する基礎的な言語能力育成のために、これまで以上に重要な任務を負う時代に遭遇していると考えられる。

第2節　比較国語教育学の視点

第1項　アメリカにおける言語教育

1　問題の所在

筆者の研究の対象は、大学における文章表現の指導法である。大学の文章表現指導について多大な示唆を与えてくれるのが、アメリカ合衆国の大学に設置されている文章表現を学習する必修科目、コンポジション

24　PISA（2003年）調査において、日本の子供たちの「リーディング・リテラシー」の低下傾向が明らかとなった。PISA が求めるリーディング・リテラシーは、「PISA 型読解力」とも呼ばれ、複数の問題文を読んで各自が支持する考えや意見を論理的に説明する力が求められる。第5章第1節第1項の脚注1および2に詳しい説明を加えた。

(Composition）であり、その教育内容である。この科目の目的は、専門課程のレポートや論文で要求される論理的で明快な文章を書く力をつけることにある。

アメリカの大学のコンポジション科目指導の理論的背景であるコンポジション理論が日本に受容される過程は中村敦雄（2009 a,b）[25]に詳しい。その中で中村は、「わが国に与えた影響は少なからぬものがあるが、その多くは部分的で、理論としての全体はあまり注視されてこなかった。」「パターン化した作文指導を非難する場合の決まり文句として用いられる一方で、コンポジションそのものへの検討は等閑視されがちである。」と指摘している。はたしてこの指摘は正しいのだろうか。

本項では、コンポジション理論が日本に紹介された当時の状況を再考し、部分的な受容にとどまり、形式的な構成指導に陥ってしまったと言われる要因を探る。ひいては、コンポジション理論が、これからの日本の大学における文章表現指導に対してどのような意味をもつかを考えたい。

２　コンポジション概観

わが国では、森岡（1963）『文章構成法――文章の診断と治療――』を代表格に、木原茂（1963）『現代作文』、樺島忠夫（1980）『文章構成法』などの支えとなっているのがコンポジション理論である。以下では、『文章構成法』に先立って、1958（昭和33）年９月に文部省による依頼のもとに執筆された森岡の『文章の構成法――コンポジション――』（国語シリーズ39　光風出版）を主たる参考文献に、森岡が紹介当初に構想していた「コンポジション教育」の実態を確認する。

２．１　名称と意義

コンポジション（Composition）という語は、幅広い意味を含有しており、非常に多方面に使われる語であるが、すべての場合を通じて、「構成する」

25　中村敦雄（2009 a）「コンポジション理論」田近洵一・井上尚美編『国語教育指導用語事典〔第四版〕』教育出版／（2009 b）「コンポジション理論」日本国語教育学会編『国語教育辞典〔新装版〕』朝倉書店

という第一次的な意味が根底にある。絵画、楽曲、文章、詩、など、すべて「構成する（Compose）」という視点で捉えられる。文章を対象としたコンポジションは、すなわち、語や文、段落や節を整序して文章全体を構成するという、いわゆる「文章の作り方」の性格が暗示されている。

訳語として、「文法」「作文法」「文章構成法」「構文法」などが考えられているが、森岡はそれぞれに難点があり熟していないとして、1958年の段階では「コンポジション」をそのまま用いるとした。

2.2　目的

名称からも、コンポジションの指導目的は明らかであるが、森岡は、さらにその目的をはっきりとさせるために、Moore（ムーア）の『上手な書き方』の序にある「コンポジション・コースの目的」[26]を引用したうえで彼自身のことばで次のように要約している。

> 大学のコースとしてコンポジションを課するのは、“言語が思考・表現・理解の主要手段であるという最もめいりょうな認識”の上に立って、“効果的な言語習慣”を確立するためなのである。
>
> 特に興味あることは、コンポジションが単に「文章の書き方」に限定されず、言語活動全体の指導原理と考えられていることである。ムーアは、言語活動を、“話す”、“聞く”、“書く”、“読む”の四つに、さらに“考える”を加えているが、これはムーアに限らず、コンポジション指導者のすべてに共通する思想である。つまり引用の具体例でも分かるとおり、“話す”、“聞く”、“書く”、“読む”、“考える”ことを効果的にすることが、コンポジション指導の目的となっている。（pp.5-6）

コンポジションを「言語活動全体（話す、聞く、書く、読む、考える）の指導原理」と考え、その指導目的を「効果的な言語習慣を確立すること」および「言語活動を効果的にすること」としている。

2.3　歴史的背景

明治以来、日本に紹介された修辞学（レトリック Rhetoric）の関係著書は相当な数に上る。

26　森岡健二（1958・9）『文章の構成法――コンポジション――』（文部省国語シリーズ39）光風出版、pp.4-5

輸入当初の修辞学は、"詞姿"、"文体"などの分類学としての修辞学と、作文法あるいは作文技術（コンポジション）としての修辞法とがならび行われていた。ところが、日本では修辞学のみが広がる結果となった。

当時の日本において、文章の理想は美文であり、文学的・情緒的な文章を重んじた結果、実用的なレトリックの技術や実際的な文章指導には関心が向かなかった。イギリス流の直喩、隠喩、諷喩などの"詞姿"および、乾燥体、素朴体、華麗体などの"文体"を研究することが、レトリックだと考えられ、修辞法を除いた修辞学部分のみが文学研究や教材研究のよりどころとされた。森岡は、「当時、アメリカよりもイギリスの影響が強かったこと、あるいは、技術より学を尊ぶ風潮の強かったことも大きな理由かもしれない。」（p.7）と述べている。

一方外国、とりわけアメリカでは、レトリックといえば、むしろ修辞法、つまり作文技術（コンポジション）ととらえられ、コミュニケーションのための、わかりやすいはっきりした文章の書き方を説き、19世紀末には、すでに現代のコンポジションに近いものとなっていたという。

佐々政一により『修辞法』（1901）として日本に紹介されたヒル（Adams Sherman Hill）の『修辞法の原理』（1878）においても、指導の目標は、旧修辞学とは異なり、コミュニケーションを効果的にすることであるという根本思想を持っていたことが、同じく森岡によって紹介されている。

> 本書（『修辞法』筆者注）のために、レトリックを、言語による効果的なコミュニケーションの技法（Arts）と定義しておこう。それは、いくつかある中から、どれか一つを選べばよいというような技法ではない。すぐれた書き手および話し手なら、意識的にせよ、無意識的にせよ、どうしてもその原理に従わざるを得ない性質のものである。（p.8）

ヒルは、レトリックの実用性を強調し、「言語による効果的なコミュニケーションの技法」であると定義している。このように、コンポジションは、ギリシャ時代の弁論術に始まる長い歴史を背負いつつ、その中で練り上げられてきたコミュニケーション技法を集大成したものと言える。

3　内容

内容紹介にあたって森岡は、「手もとにある比較的新しい著書」として、目的のところで取りあげたムーアのものを含む五冊の大学生用コンポジションテキストを具体的に示している。さらにそれらを比較し“基礎的事項”として認められる部分と、応用として取捨選択されている部分とを明らかにし、その全体構想を以下のように確認している。

3．1　基礎的事項

Ａ　全体の計画（主題とその展開）／Ｂ　段落
Ｃ　文　／Ｄ　用語　／Ｅ　文法　／Ｆ　句とう法
Ｇ　つづり　／Ｈ　記載法
Ｉ　調査報告 research paper（これは応用面のように思われるが、データ集めの基礎的作業である。）[27]　(p.28)

以上Ａ～Ｉを基礎的事項として指摘し、応用としては次のようなものをあげている。

手紙、大意・要約、説明文、記述文、叙事文、説得文、評論、答案、推論

3．2　構想

森岡は、上記の各項目に関して、具体的なテキストとの照合による詳しい内容紹介を行ったうえで、その構想を次のようにまとめている。

つまり、単なる文法でもなければ修辞学でもなく、表現する働きに関与するあらゆる要素を扱っているのである。（中略）そして結論としてここに強調されていることは、思考のめいりょうさであり、文章の効果であり、ことばづかいの正確さである。しかも、これらが抽象的な議論にならず、学生たちの能力分析に基づいた必須項目のみについての実用的な手引き書となっていることも注意すべき点である。　(pp.43-44)

コンポジション構想は、表現教育に関するあらゆる事項の総合体であり、その強調するところは、思考のめいりょうさ、文章の効果、ことばづかいの正確さである。さらに、その構想は、学生たちの能力分析に基づいた必須項目についての実用的な手引き書となって具体化しているのであ

27　（　）内、森岡の原文どおり。

る。

3.3　言語教育とコンポジション

既に見てきたように、アメリカには各言語活動能力に共通する体系としてコンポジション理論が存在していた。

たとえば、話すことの指導の場合、文章表現とは異なる音声による表現ではあっても、コンポジション（構成すること）には変わりない。口頭表現に特有の態度や姿勢、声などを除けば、内容構成は文章のコンポジションと変わりない。また、読むこと、すなわち読解の指導についても、書くことのまさに裏返しであり、文章構成（コンポジション）がわからなくては、読解は不可能である。

こうして考えてみると、コンポジションは文章表現に限らず、話し方教育とも読み方教育とも密接に関連し、共通の言語能力を基盤とする整然とした体系をなしていることがわかる。これについては、森岡も次のように述べていることから、アメリカの言語教育の体系化のあり方が理解できよう。

> 当時、日本が模範と仰いだアメリカの言語教育は、指導の方法や手順に関する限り、確かに経験主義の上に立ってはいるが、指導の目標はどこまでも言語能力であって、コース・オブ・スタディはその能力を中心として整然と体系化されていたのである。　(p.45)

4　コンポジション理論、受容の実態

田中宏幸（2006）[28]は、「コンポジション理論の移入」において次のような指摘をしている。

> コンポジション理論は、本来的には、文章を“compose”する（組み立てる）過程を体験させることによって、その根底にある「発想」や「創造性」を育てることを目指したものだったのである。
>
> ところが、実際の教室においては、どんな題材でも、また、どんな生徒

28　田中宏幸（2006）『中等作文教育におけるインベンション指導の研究——発想・着想・構想指導の理論と実践——』早稲田大学大学院教育学研究科　博士学位審査論文

に対してでも、この方法を教条的に適用しようとしたために、かえって創造性が失われるという、きわめて残念な事態を招いてしまった。　（p. 91）

田中が指摘するように、「発想」や「創造性」を育てることを目指しながら「教条的に適用」されてしまったのは、なぜなのか。これまでの考察をもとに、コンポジション理論受容の実態を、次の三つの側面から考察する。

4．1　言語活動全体の指導原理

コンポジション理論は文章の書き方に限定せず、言語活動全体の指導原理である。中でも言語活動の基盤である“考える”が含まれる点についても、アメリカのコンポジション指導者の中では共通認識であると言う。しかしながら、日本においては、文章の、しかもその構成過程に限った狭い範囲での受容に止まってしまった。

コンポジションが抽出した言語能力の体系を指導の軸にすれば、四言語領域の指導を有機的に関連づけることができる。たとえば、「読む」指導で構成学習をした後、過程を逆方向にたどって直ちに「作文」や「話」における構成指導につなげば、集約的で無駄のない指導が可能となり、効果も著しい。発達段階に合わせて活用すれば、幼・小・中・高・大から成人に至るまで、系統的に指導計画を立てることができる。

しかしながら、当時の日本において、コンポジション理論は言語活動全体の指導原理であることが理解されることはなかった。

4．2　理論の基盤は「能力分析」

森岡（1958・9）はアメリカの「コンポジション」の特徴を次のように述べている。

アメリカのコンポジションは上からのコンポジションでなく、下からのコンポジションといったほうが適当であろう。すなわち、旧修辞学の法則をそのまま発展させるという方法をとらず、学生自身の能力を分析することから、コンポジションの体系を再組織しようとする立場を取る。このような分析によって、学生たちの文章の書けない原因を追及すると、修辞学で扱っていた“詞姿”や“文体”などの高遠な問題より、むしろ基礎的な身近なところに、種々の問題のあることがわかってこよう。かくて、アメ

リカのコンポジションは、旧修辞学から解放されて、現実の表現能力に直結した指導体系を確立していくのである。 (p.18)

指導法を考えるためには、まず何よりも、学習者を主体にした「課題（問題の所在）の確認」が第一である。アメリカではその原則が守られていた。しかし、日本においては、当時、この点を理解して理論を実践に移し得たのは、翻訳、紹介に携わった森岡一人であった。「教条的適用」となる要因の一つに、指導者主体の指導が主流であった当時の日本の教育事情が考えられる。

つづけて、同時期に発行された森岡（1958・4）[29]の提言を確認する。

まず、最初の手がかりは、生徒たちのコンポジション能力を分析することである。文法学や修辞学のように正しくよい日本文の分析からはじめてもダメである。生徒たちの作文を分析すると、主題の弱さ、不統一、材料の不足、構成の弱さ、段落の粗雑さ、その他、文・語・句読点・漢字・かなづかいなどに様々の欠陥が発見されるに違いない。このような欠陥の型を、発達段階の異なる生徒児童についてそれぞれ細かく分類し、欠陥の生ずる原因を追及して治療の方法を組織化していくのである。したがって、何をおいても基礎的な研究に着手することが、現在のわれわれにとって必要なことだと思う。 (p.120)

日本の指導者に求められていることは、アメリカのコンポジションが学生自身の現実の能力分析から指導体系を確立したように、日本の生徒たちの作文を分析し、発見した欠陥の分類、原因の追及をとおして指導の方法を組織化していくべきだと言うのである。

まさに彼自身によるこの提言に沿って書かれた著作が、広く実践家の手に行きわたることになった森岡（1963）『文章構成法——文章の診断と治療——』（至文堂）である。西洋の「コンポジション」の体系のもとに、日本の学生の作文を分析、診断し、誤りの原因を追及したうえで治療のための学習指導の方法を組織化している。「学生のリポート、業務の報告な

29　森岡健二（1958・4）「文法教育論——コンポジションへの展開——」『続日本文法講座4』明治書院

どをより正しく効果的にするのに役立てよう（はしがき）」とした著作である。副題が「文章の診断と治療」となる所以である。

内容は、中・高・大学生の文例を豊富に取り入れ、ハンドブックとしての機能を十二分に盛り込んだものになっている。にもかかわらず、この書は、田中（2006）ほかが批判する、構成過程に限った「教条的指導」に陥ってしまった。それは、なぜだろうか。

この大部の著作の構成は、第一部で、文章作成法上に必要な基礎能力をあつかい、その問題点と改善の方法を述べ、第二部に、コンポジションの歴史、性格、目的、内容の概観、さらに言語教育における役割に触れている。第一部は、森岡の分析に基づく例文をふんだんに取り入れたかたちで、懇切丁寧に書き進められている。とりわけ「正しい文」「効果的な文」と題した「―文の構造―」部分の解説が手厚い。しかし、一方で、背景にあるコンポジション理論の全体像がかすんでしまった感がある。

その点、文部省から出された森岡（1958・9）『文章の構成法――コンポジション――』（文部省国語シリーズ39）は、「Ⅰ概観」と「Ⅱ内容」、「Ⅲ言語教育とコンポジション」がはじめに置かれ、最後に「Ⅳ中学生におけるコンポジション能力の分析」として、日本の国語教育の課題を明らかにしたうえでコンポジション理論に基づく指導が具体化されている。全体像を理論で先に示し、具体的な実践例を後に置く構成である。『文章構成法――文章の診断と治療――』に比べると、こちらの著作のほうが簡潔でわかりやすく、的を射ている。

森岡の文法学者、同時に実践者としての周到性が、コンポジションの啓蒙としては逆に機能したという皮肉な結果が見える。結果として読者は、自らの受け持つ学習者の問題を正しく診断し、その治療にふさわしい指導体系を組織するには至らず、森岡の著作を学習参考書として、しかもその一部分を「教条的」に使ってしまったと考えられる。

4.3　指導方法と指導内容のすり替え

これまでの二側面（コンポジション理論を、言語活動全体の指導原理としてとらえなかったことと日本の学生の能力分析から指導法を組織化しなかったこと）に加えて、さらに次のことが考えられる。それは、ほぼ同時期の単元学習受容に代表される経験主義的指導方法が、教育の目的（内容）にすり替わってしまった経緯である。

単元学習は、学習者の作業や活動を重視する。その際の作業や活動自体は学習の目標ではなく、目標達成のために手段として組織されるものである。この際に、目標が明確にされていなければ、単に活動や作業を経験させることが目標になってしまい、学習の成果が上がらなくなってしまう。これについては、すでに坂口京子（2009）[30]ほか、様々に論じられているが、これと同様のことがコンポジションの受容に際しても起こったのではないかと推測する。

森岡（1958・4）は、次のように述べている。

> アメリカの言語教育は経験主義を採用しているといわれる。確かにデューイ以来の「なすことによって学ぶ」という思想に基づいて、経験を重んじているが、しかし、これはあくまでも学習の手段であって、決して学習の目標や内容をなすものではない。養おうとしているのは、どこまでも言語の実践的な能力であり、実情は能力主義といった方があたっているように思う。しかも、その能力とは、コンポジションによって分析された、「主題の把握力」「材料の把握力」「構成力―段落・文」「語彙力」「文法力」「文字力」等々に帰することが出来る。したがって、アメリカの言語教育は、コンポジションを、読む、書く、話す、聞くという言語経験を通して指導しているといってもいい性質のものである。（pp.117-118）

経験主義は手段（指導方法）であって、学習の内容ではない。言語の基礎能力を養うためには、「経験を統一する指導原理（コンポジション理論）」によって分析された指導項目に従って、効率的かつ体系的な指導がなされなければならない。

「コンポジション」というアメリカの作文の指導法に飛びついたものの、肝心の教育内容の精選と体系化をし損ねた経緯は、単元学習受容の経緯と類似している。現場の教師たちは、コンポジション理論を、森岡自らが実

30　坂口京子（2009）『戦後新教育における経験主義国語教育の研究――経験主義教育観の摂取と実践的理解の過程――』風間書房

践して見せたような実践原理として活用するには至らなかったのである。

5　まとめと今後の課題

コンポジション理論が、部分的、形式的な受容にとどまってしまった要因について、三つの側面から考察した。

（1）コンポジションを言語活動の根本原理として理解しなかった。

（2）方法と内容の区別がつかず、学習者の能力分析に基づく指導の体系化を行わなかった。

（3）指導方法を指導内容にすり替えてしまった。

以上の考察をもとに、今後の研究課題について述べたい。

コンポジション理論は、思考・表現・理解の根本原理として、小学校・中学校・高等学校・大学から成人まで、各発達段階に合わせて一貫して運用可能な指導原理である。これほど体系的で、しかもグローバルに通用するコミュニケーション原理を、大学の表現指導に使わない手はないと考える。

現在、コンポジションは、ニュー・レトリックの流れと同時にコンピュータなどの教育機器の発展、支援を得、学際的な進展を見せている。中でも、主題や構想部分における文章生成過程については、認知心理学が明らかにした認知の実態に関する知見が、コンポジション理論に新しい活力を与えている。

小・中・高における作文指導との連携を考慮しつつ、入学当初の大学初年次生を対象とした文章表現指導計画の作成に着手したい。目標とする基礎能力はコンポジション理論における思考技法を参考に精選するつもりである。

第２項　米・英の高等教育事情

第１項において、戦後すぐに、森岡健二によって紹介されたコンポジション理論受容の経緯を検討した。本項では、日本人教育社会学者による日・米、日・英比較大学教育論を手がかりに、アメリカとイギリスの大学における文章表現指導の実情を探ってみる。

苅谷剛彦（2012 a,b）[31]を主な参考文献とした。アメリカに関しては、緒方貞子の提言も加えた。最後にコンポジション理論との関係に言及する。

1　アメリカの高等教育事情

アメリカは、日本に比べ、高等教育がよりいっそう大衆化した段階にある。苅谷は、自らの留学体験をもとに、アメリカの大学院での「大学の教師養成」の側面に光を当て、大学教育と大学院での教育についての比較論を展開している。

アメリカにおける大学教師養成の根幹は、ティーチング・アシスタントの制度にあるという視点から、その高等教育の実態を観察している。

1.1　ティーチング・アシスタントを通してみるアメリカの高等教育

「教育助手」と訳されるティーチング・アシスタント（以下、TA と略す）は、一般に、授業、学生からの質問への応答、成績評価、実験・実習の指導、試験の実施・監督などのかたちで、大学院生が学部レベルの教育を「手助けする」パートタイム・ジョブの総称、ないしその担い手を示すものである。TA は、大学教授だけでは提供できない教育サービスを創出することで大学教育の改善に貢献するばかりでなく、大学院生に将来の職業、すなわち大学教師になるための訓練・準備の機会を与えるものでもある。「給与」はないが、授業料の免除や奨学資金の提供というかたちで報酬が与えられている。つまり、TA は大学院生に対する財政援助的な側面と大学教師になるための訓練の一環という、二つの側面をもっている。教授の教える仕事を手伝いながら、自分も教えることについて学ぶという二重の構造である。

TA はアメリカの高等教育が発明した教育上ユニークな制度で、学部教育と大学院教育とを有機的に結ぶと同時に、その分業の体系を明確にして

31　苅谷剛彦（2012・9 a）『アメリカの大学・ニッポンの大学』中央公論新社／（2012・10 b）『イギリスの大学・ニッポンの大学』中央公論新社

いる。学部と大学院教育の二つの領域にまたがり、正式なスタッフと学生の両者を媒介する制度として機能している。

TA を取り上げた研究は多くはないが、苅谷は、アメリカの高等教育をトータルに把握できるとして、自らの留学先であったノース・ウェスタン大学（以下、N 大と略す）を例に紹介している。

1．2　TA の仕事

TA の仕事は大きく分けて次の四つである。⑴ 学生の質問に答えること　⑵ 討議のクラスを指導すること　⑶ 成績評価を手伝うこと　⑷ 授業を担当すること

TA は大学院の２、３年の学生が中心で、所属する学部の教授が担当する学部１、２年生を対象とするクラスに参加する。単なる授業観察にとどまらず、⑴ から ⑷ の仕事の準備を兼ねている。また、将来、大学で教える場合に備えて、学部で行われている授業の様子を知る機会でもある。

TA は、担当教授のクラスに学部の学生たちといっしょに出席する。TA として学生からの質問に答え、自分が受け持つ討論クラスの準備のためでもある。

TA によっても異なるが、ある１人の例をあげると、担当教授のクラスに出席するほかに、週に１回、１時間の討論クラス（ディスカッション・セッション）を二つ担当している。この討論クラスは、教授の講義や文献講読の宿題（リーディング・アサインメント）に基づいて、学生の授業理解をさらに発展させるためのゼミのようなものである。各クラス 20 ～ 30 名で構成される討論クラスは、講義に対する学生のフィードバックを促し、大教室での「マスプロ」教育の欠点を補う役割を果たしている。毎回のトピックは、TA が教授の講義や示された参考文献などを基に決める。進行方法は、自ら司会を務めることもあるが、学生に輪番で担当させることもあり、いろいろなスタイルで、教授に頼ることなく討論クラスを運営している。なお、この討論クラスは、正式の時間割に組み込まれている。つまり、成績評価の対象である。クラスの準備から運営、さらには評価まで、

大学教育の一端が実験的に体験できる構造になっている。

討論クラスのほかに、TA は、教授たちと同様、週１回２時間の「オフィスアワー」を設定している。教授たちが、研究室を開放して学生側からのフィードバックを促す時間と同様である。学生たちは、教授のもとを訪れることもできるが、まず TA の研究室に行って、教授の講義や必読文献について、あるいは TA 担当の討論クラスについて、自由に質問や相談ができる。つまり、TA が教授と学生との間に立って、「教育助手」の役目を果たしているのである。

日常的な TA の仕事は、討論クラスの指導とオフィスアワーであるが、中間、期末の時期になると、成績評価の仕事が加わる。選択式のテストと異なり、レポートの採点になると、TA の負担は重くなる。教授と相談の上で、TA がレポートのテーマを選び、締め切り日や枚数制限などの条件を伝えることもある。レポートの時期になると、TA のオフィスアワーが忙しくなる。学生たちの質問に答え、適切な助言を与え、仕上がりのよいレポートを書けるように学生たちを指導する。学生たちから見れば、教授１人からでは無理な、きめの細かい個人指導が受けられる便利な制度になっている。

仕事は採点で終わるわけではない。アメリカでは学部の成績が、就職や大学院進学の際の重要な判断材料となるため、少しでもよい成績をもらおうと、採点や評価について質問に来るからである。TA は、自らがくだした評価の正当性をきちんと説明し、納得させる根気と根拠を持ち合わせなければならない。

成績評価に対する責任は、競争が激しく、また将来に直結することもあって、日本では想像できないほどに重いと言う。説明責任の伴う評価は、自ずと指導目標や計画を含むシラバス全体を厳しく見る目にもつながっている。

１．３　大学で学ぶためのスキルの学習

最後にもう一つ、(4) 番目の重要な仕事が残っている。N 大において、TA が実際に授業を担当する「新入生セミナー」の例である。N 大では、

新入生に、一年目に最低二つの新入生セミナーを履修することを義務づけている。このセミナーの目的は新入生に大学での学習についての基本的スキルを伝えることにある。文献リサーチの方法や、クラスでのディスカッションの仕方、小論文の書き方など、その後の大学教育で必要とされるもっとも基本的な学習スキルを身につけさせるためである。

新入生セミナーは、全面的にTAにまかされている。経験の乏しい大学院生にとっては試行錯誤の連続である。しかし、セミナーの最終目的が、「大学で学ぶためのスキルの学習」であるため、新入生が自分に関心のある具体的なテーマを通じて、大学で学ぶために必要なスキルが習得できるように、その経験が十分にできれば良いと考えられている。スキルを教えることなら、自ら大学、大学院を通じてそのスキルを磨いている大学院生が十分にこなせるとみなされているのである。

日本に置き換えてみると、指導教員の手を離れて、完全にTAに任せる企画が成立するかどうか、疑問もあるが、学部生も大学院生も、それぞれの課題に向けてのびのびと取り組めるセミナーになるであろうことは推測できる。取り組みの自在さ、ある程度の危険や刺激は前向きにとらえる姿勢は、アメリカならではのもので、慎重すぎて、変化の少ない日本の教育現場には学ぶ点も多いと考える。

1．4　緒方貞子の提言——学生はもっと論文を書くように——

2013（平成25）年8月29日（木曜日）、『日本経済新聞』27面「辛言直言」欄は、緒方貞子・国際協力機構（JICA）特別顧問の談話として、「日本の大学教育には画一的な面がある。本当に強い国、立派なリーダーシップを持った国になるには多様性を持った教育に変えていく必要がある」とする意見を掲載している。JICAでの活動を通じて得た国際的な視点から戦後日本の大学教育思想の転換を迫っている。そのために大学がやるべき具体的な方法に関する質問に対して、次のように答えている。

—大学教育をどう変えていけばいいのか。

英語は国際語かもしれないが、それができればいいという話ではない。アジアの国も含めてやはり国が進歩してくると、多様性が必要になってくる。画一的にものを考えるのではなく、多様な価値が理解でき、多様な対応ができる人が日本にも必要だ。
—大学生に多様性を持たせるには、どうしたらいいのか。
　講義だけで終わりではなく、ゼミなどできめ細かい指導が欠かせない。米国の大学院に留学していたときは、ほんとうにたくさんのペーパーを書かされた。必要なら米国のように学生の教育指導にあたるティーチング・アシスタントを増やした方がいい。学生が論文を書かないで講義だけ聴いて卒業していくのは楽過ぎる気がする。

米国留学中に TA の支援を受けた立場から、論文作成のための「きめ細かい指導」と数多くペーパー（エッセイ）を書く修練の重要性を語っている。最後の一文「学生が論文を書かないで講義だけ聴いて卒業していくのは楽過ぎる気がする」は、緒方の経験からは優に 60 年以上が経過している現在の日本の高等教育に、そのまま当てはまるのではないか。

１．５　日本の高等教育に変化を

苅谷の観察は、20 年以上前のアメリカの高等教育と日本の高等教育との比較である。その後、日本における高等教育の大衆化が著しいが、高等教育現場の具体的な指導内容や指導方法に関しては、依然として動きは鈍い。少子化の影響で、特にどこの大学と指定するのでなければ、誰でも大学生になれる全入時代が到来している。それに伴う学力低下に対応するため、初年次教育に対する関心が高まりを見せている。必要に迫られたかたちで、大学教員が、ようやく自らの研究から学生に対する教育に注意を向け始めた段階である。

しかし、長年続いた講義形式の授業はそう簡単には変われない。「話しを聞いてノートをとる」といった知識伝達、下達型が主流で、アメリカのように「たくさん読んでたくさん書く」という学習課題は少ない。日本においては、就職先の企業が大学にその教育の成果を期待しない時代が長く続いてきた。しかし、その理由でもあった「長期雇用を前提とした職業訓練」を新入社員に施す余裕は、いまの日本の企業にはない。即戦力、それも国際的な規模で活躍できる新卒社員が求められる時代なのである。

20 年前は言うに及ばず、戦後の 60 年以上前と比べてさえ、違いの見えない日本の大学教育現場の現状がある。日本を取り巻く世界の状況も、そして何より学生自身が大きく変わっている。日本の高等教育は、早急に何らかの対応策をとるべき段階に来ている。

２　イギリスの高等教育事情

本項で参考にしている文献の著者、苅谷剛彦は、東京大学の大学院教育学研究科修士課程を修了後、米国Ｎ大学大学院博士課程を修了、同大学において社会学のPh.D.を取得している。その後、放送教育開発センター助教授、東京大学大学院教育学研究科教授を経て2008年からオックスフォード大学社会学科および現代日本研究所教授である。日・米・英の高等教育事情を身をもって体験した上での著作は貴重である。米国の高等教育事情については１で紹介したとおりであるが、以下では、オックスフォード大学就職後に書かれた、イギリスの高等教育事情の紹介をとおして、日本の大学が抱える問題について考える。

２．１　カレッジとチュートリアル

苅谷は、「オックスフォードにあって東大にないもの」として、「カレッジ」という仕組みと、そこで行われる「チュートリアル」と呼ばれる個別指導中心の教育をあげている。教師が課題図書を指定し、１週間以内に学生はその図書を読み、要約をつくり、それに対する自分の意見をまとめる。それをもとに教師と学生間で濃密な議論が交わされる。それがチュートリアルである。以下、「カレッジ」と「チュートリアル」を中心に、苅谷の報告を詳しく見ていこう。

「カレッジ」は「学寮」と訳されることもあり、日本で言う「単科大学」とはまったく異なる。試験や卒業認定などの学務面の仕事をするのが大学（学科）組織とすれば、カレッジ（学寮）は、共に住み、共に食すという共同生活を通じて幅広い教育の場を提供する組織である。オックスフォードでは、このような大学（学科）とカレッジの二重構造を維持しながら教育を行っているのである。カレッジには、学科を越えてさまざまな専門分野の教員がフェロー（統治に関わる教員）として所属し、専門性の垣根を越

えた学問共同体を形成している。

一方、チュートリアルは、学部レベルで行われる個別指導による教育である。オックスフォードのすべての学部生は、いずれかのカレッジに所属する。そして、各自の専攻に応じて、そのカレッジに所属する教員を中心に、この個別指導を受けるのである。チュートリアルは、たいてい週に１回１時間、学生２、３人に１人の教員がついて行われる。毎週、何冊もの文献の講読が求められ、それらを読んだ上で教員から課された課題に答えるレポート[32]を執筆し、提出する。文献の要約ではなく、課題に応じた分析と自分の意見を書き表すものである。そのレポートをもとに、毎回教員との間で質疑や議論が行われる。こうした学習を、教師ひとりに学生が２、３人という恵まれた環境のもとで毎週繰り返す。それをとおして、分析力や批判的思考力、すなわち「自分で考える力」が育つと考えられているのである。

２．２　短期集中型の学習

個別指導のほかに講義も開かれているが、補助的なもので出席は義務づけられていない。成績評価は、卒業学年の最終学期に行われる卒業試験（１科目につき３時間程度の論述式試験で、１学生につき７～８科目の受験が普通）の成績でほぼ決まる。

オックスフォードは次のように３学期制を取っており、各学期に授業が行われるのは８週間である。

第１学期　→10月11日から12月４日まで

第２学期　→１月16日から３月12日まで

第３学期　→５月１日から６月25日まで　（2011/12年度の例）

５月から６月にかけての第３学期は、最初の４週間くらいで授業は終わり、あとは試験期間となる。実際にチュートリアルや講義が行われているのは、１年を通しても最大20週間くらいである。

このような大学暦で行われる教育は、短期集中型で、学生は、日本のよ

32　エッセイと呼ばれ、毎回A4サイズの用紙に10枚程度の長さである。英語で言えばargumentないしはdiscussionに相当する。

うにどの学期も多くの種類の授業を履修するというようなことはない。学習の中心は講義を聞くことではなく、「チュートリアル」や「スーパービジョン」（大学院生向け）と呼ばれる個別指導によって行われている。

学習は、「チュートリアル」（個別指導）のほかに、「レクチャー」（日本でいう講義）や「クラス」（ディスカッションを中心とする日本でのゼミのようなもの）とに分かれている。レクチャーやクラスは、大学に所属する教員がたいていは週に１時間、カレッジではなく学科（ユニバーシティの基本組織）で提供する教育の形態である。学生はカレッジを越えて、学科が提供する授業に自由に出席することができる。前述したように、レクチャーやクラスは、単位制のように登録を義務づけられているものではない。学生が登録するのは、学士課程（３年と４年がある）の終わりに行われる最終試験でどの科目を受験するかであり、授業への登録はない。

２．３　評価は最終年度の論述試験

学習成果の評価方法は、「試験制」とでも呼べるような仕組みで、最終年度の試験の合否によって行われる。学生の所属するプログラムによって必修の試験科目と、選択の試験科目が定められているため、最終的にそれらの試験に合格しさえすれば、学位の認定となる。（卒業論文を書かせるプログラムもある。）

最終試験の合否は、そのまま学位取得につながるため、学生にとって最大の関心事である。学期ごと、それぞれの授業ごとに、単位が認められて蓄積される仕組みではないので、試験対策は、それまでの課題文献を読み直したり、チュートリアルのたびに提出したエッセイを書き直したり、といった学習が行われることになる。

教師の側から見ると、日本の大学のように、学期ごとに自分の担当する授業の成績評価を行う必要はない。卒業試験に関しては、その出題および採点に関わることもあるし、関わらない場合もある。試験の採点には外部試験官（他大学の教員を評価者として任命する）制度を導入していることもあって、レクチャーやチュートリアルの担当者と、出題者、さらには採点者とが一致する仕組みにはなっていない。評価に客観性をもたせるという

ことでもあり、また教育内容について、共通性が基盤にあるということでもある。その共通の基盤は、教育の中核にあるチュートリアルで読ませる課題文献によって確保されているのである。

２．４　学生たちの学習スタイル

このように、多く読み、多く書き、それらをもとに教員と頻繁に議論をするという学習が基本になっているため、１学期８週間という期間は学生にとって、短くとも凝縮された中身の濃い時間となる。毎回教員から出される課題に、同時に指定された課題図書（リーディングアサインメント）を読みこなすことで解答していく、読み・書き・議論するというサイクルが学習の中心である。読んで書いて議論するという学習を、１年３学期間、さらに最終試験が終わるまで繰り返すのである。個別指導による、きめ細かな教育を通して、徹底して考えること、批判的な思考を育てることを教育の中心におく教育のあり方がよくわかる。多くの講義を聴くことが学習の中心である日本の大学教育との違いは明らかである。

学習スタイルは、大学院生の場合も、同様である。修士の院生も、１学期に受ける科目の種類は３つか４つほどで、やはり「読み、書き、議論する」ことが学習の中心となっている。博士課程の場合は、クラスやレクチャーはなくなり、指導教員との個別指導を通じ、学位論文の執筆に向けて自分の研究を進める。

２．５　教える仕事の仕組み

教える仕事の基本が個別指導であることが明確なため、教員の仕事の分担もそれにふさわしい仕組みになっている。苅谷がかつて勤務していた東京大学では、指導する院生の数は仕事量としてはカウントされず、受け持つ授業量のコマ数（大学院であればゼミの数であり、学部ではゼミと講義を合わせたコマ数）が基本であったという。この場合、指導する大学院生の数が増えても、それによって担当する講義やゼミの軽減が行われることはない。それに対して、オックスフォードでは、個別指導をする大学院生を多く抱えている教員の負担を考慮する仕組みになっており、講義のような授業担当のウェイトは低く見積もられるような点数配分が行われている。

また、日本の大学とは異なり、大人数の講義形式の授業を担当して、その成績評価をするような仕事はない。上述のとおり、単位制をとっていないので講義自体が成績評価の対象とならないのである。また、そうした講義に出席する学生も、20～30人程度で、ディスカッションを中心としたクラスでは、受講生は十数名にとどまる。チュートリアルはもちろんのこと、すべて少人数の教育が基本である。

2.6　成績評価と外部の目

最終試験は、たいていの科目で、9問の論文形式の問題を作成し、そこから3問を選んで3時間で解答させる。つまり、各問は、平均1時間かけて解答する程度の内容と密度を持った問題が出題される。分量としては1問当たりＡ４の用紙に手書きで3、4枚になるくらいのエッセイを書かせる。

試験問題は、日本でいえばそれぞれの授業の単位認定に当たる試験でも、講義担当以外の「外部の目」を入れ、慎重に検討した問題が採用される。あまりに易しすぎる問題や、あいまいで回答のしにくい問題はそこでチェックされる。

このようにして作られた問題への解答も、複数の教員によって採点される。学科によっては、講義やクラスの担当者は採点には関わらず、試験委員会のメンバーが採点に当たるという。たとえ、担当者が採点者になる場合にも、必ず別の教員が評価者に加わり、評価結果をそれぞれ報告した上で、複数の採点者の間で合意した成績が委員会に報告される。学位論文についても同様で、指導教員は評価に関わらないのが原則である。複数の教員が話し合いの機会をもち、合意した採点結果が委員会に報告される。

講義やクラスを担当しない者がどうして採点できるのか。外部の目の介在を可能にする理由は、日本の大学との学問についての考え方の違いにある。

一つには、とくに文系の多くの科目では、読むべき文献や学生たちに身につけさせるべき知識や能力について、大学としての共通の了解が成立していることを前提にしている。もう一つは、書くことで表現された思考の痕跡を、思考力として評価することを重んじるという理由からだ。たとえ専門外のエッセイでも、どれだけ明晰に問いが立てられ、論理的に思考を展開しているか、それがどれだけ説得的な文章で書かれているかの判断はできる。つまり、書くこと・書かれたものへの価値付けが明確であり、さらに、外部の目を入れることで公平さも保っている。

２．７　日本の大学と英国の大学の違い

日本の大学における授業と評価の形態は、大人数の受講生に対して効率的に知識伝達することを目的にした大学教育の名残である。そこでいう知識とは、教授が伝授する知識であり、その受容とは、体系的にその知識を理解し、再現することを意味する。そのために、毎回の授業でどんな知識が伝達されるのかを示す「シラバス」が重視され、15 回分の授業がちゃんと行われたかどうかという回数（分量）のチェックが、「質の保証」のチェックポイントとみなされる。知識の伝達が効率的になされたとしても、学習の成果は、せいぜい伝授されたことの理解とその再生までである。追体験はできても、知識をもとに議論をつくし、議論発展の成果として創造される新たな知恵については、そのような創造の機会も発表の場所もない。

それに対し、チュートリアルやスーパービジョンといった、個別指導を教育の中心におくオックスフォードの場合、知識の伝達と受容は、読むべき課題文献を通じてまずは行われた上で、それをどのように理解したのかを示す学生のエッセイと、それに対する教員からの質疑、それへの学生の応答、そして議論というサイクルで行われる。大量の知識を文献というかたちで提示した上で、それを短期集中で学生が読むという行為を通じて一端自分のものとし、さらに、その知識を用いて毎回の課題に答える「書く」という学習が続く。当然ながら、読んで書くというプロセスには、学生自身の「考える」「表現する」という行為が介在する。そして、今度はそうやって表現された学生の理解や思考に対し、個別指導の場で、教師からの質疑や学生との議論が、さらなるはたらきかけをする。その過程を通じて、読み取り方、考え方への評価や新たな視点の提示が行われているので

ある。知識の加工のプロセスが、日本とは比較にならないほど、はるかに丁寧で複雑である。学生の判断や思考を多く経由しつつ、しかもそれへのフィードバックがある。こうして、知識の生産（批判的・創造的思考）につながる、知識の再生産（伝達と理解・受容）が行われるのである。

知識の伝達や理解だけに留まらず、そこで得られた知識をどのように組み換えるかという議論の方法＝技（アーツ）が、ここで教えられ、鍛えられるのである。知の再生産と生産のためのスキルが養成される「学問する」過程そのものが、チュートリアルだと言えよう。学生が生みだすエッセイは、理解であると同時に知の創造の成果そのものなのである。

3　米・英高等教育事情のまとめ

米・英の高等教育は、共に書くことを主体とした個別指導を教育の中核に位置づけていた。書くことはすなわち考えることそのものであり、その過程を細やかに指導することが「主体的に考える力」の育成につながるという立場である。たとえ、どのように多くの困難が立ちはだかろうとも、日本の高等教育が米・英の高等教育から学び、すぐにも採るべき道は明らかである。考える力は、個別指導によって丁寧に行う以外に道はない。目標が定まれば、あとは創意工夫をもって課題解決に向かうのみである。

2012（平成24）年、「中央教育審議会大学分科会大学教育部会審議まとめ」は「予測困難な時代において生涯学び続け、主体的に考える力を育成する大学へ」と題し、「今、大学に求められるもの――学士課程教育の質的転換――」の中で学士課程教育の役割とその対策を次のように提示している。

「質の高い学士課程教育」を、「教員と学生とが意思疎通を図りつつ、学生同士が切磋琢磨し、相互に刺激を与えながら知的に成長する課題解決型の能動的学習（アクティブ・ラーニング）によって、学生の思考力や表現力を引き出し、その知性を鍛え双方向の講義、演習、実験、実習や実技などの授業を中心とした教育。」と定義し、「これまでの学士課程教育の成果と課題を踏まえつつ、緊要性や実際性、効果等をも考慮して、まず今後の好循環のための視点を定め、そこから質的転換へと大きく展開することが必要。その際、学士課程教育の質的転換という趣旨に沿った明瞭な指標が求められる。」としている[33]。

筆者が実践者としての立場から言える解決策、それは、何よりもまず、「書くこと」の経験の場をなるべく多く、しかも繰りかえし学生に与え、指導者が真摯に個別指導に当たることである。そこから見えてくる課題を足がかりにすれば、自ずと指導計画が立ち上がる。評価の視点を忘れずにいれば、計画は改善を待つばかりである。書くことが考えることにつながることは、誰もが認めるところである。「考える力」をつけるには、まずは「書くこと」の行動そのものに身を置くことが先決である。

日本の大学の教育システムは、依然としてマス・プロダクション時代の合理化と効率化をめざしている。指導者が作成した「シラバス」や授業の実施回数を確認することは、指導者が伝達しようとする指導内容の評価にはつながっても、学習者がその指導を基に創造した学習成果の評価にはならない。「シラバス」に合わせて実施された授業について、その達成度を評価するだけの試験では、指導者の「シラバス」内容を越える学習の成果は測れない。評価すべきは、「シラバス」内容を知識的基盤にした上で、学生が議論や批判を加えて新たに生みだした学習の成果でなければならないはずである。

近年、これまで授業の場で行われていた知識の伝達過程については、学習者が事前にオンライン教育等で個々に済ませ、教室で行う授業については、発表、討論形式により、双方向で能動的な学生の主体的参加を求める教育手法[34]が導入されている。こうした手法によれば、学生の受動的な

33 「　」内は原典よりの引用部。下線部は原典で赤字表示された部分である。

34 「反転授業」と呼ばれている。これまで授業で一斉に教えてきた基礎的な内容を家で学び、これまで主として家で取り組んでいた応用課題を学校で学ぶように「反転」させる教育方法をいう。flip teaching あるいは flipped classroom と呼ばれ、アメリカで2000年から急速に広がり、日本国内でも取り組みが始まっている。

学習姿勢は能動的な学習へと転換が図られ、指導者が個別指導に割く時間も増加し、学習者が授業時間外に自主的学習時間を増加することにもつながるだろう。

本項では、米・英の大学の組織について、文章表現の指導に欠かすことのできない十分な個別指導がどのように保障されているかに焦点を当てて考察した。米の大学院生によるTA、英のチュートリアルというシステムは、学生たちの、多く読み、多く書き、それらをもとにTAや教員と頻繁に会って議論するという中身の濃い学習を支えていた。また、どちらの国も、レクチャーを聞くことよりも、論文作成のためのきめの細かい指導と数多くペーパー（エッセイ）を書かせる修練に価値をおいている。知識の伝達や理解に止まらず、得られた知識をどのように組み換えるかという議論の方法＝技（アーツ）が教えられ鍛えられるのである。結果として生みだされるエッセイは、深い理解に基づく学習者の知の創造につながっていた。

こうした学習の成果を測る最終試験は論述試験で行われ、試験問題の作成や採点は、講義担当以外の人々によってなされる。試験問題の作成と採点に担当者が関わらないなど日本では考えられないことだが、そうした評価を可能にする理由として、苅谷は次の二つをあげている。まず一つは、文系の多くの科目において、読むべき文献や学生たちに身につけさせるべき知識や能力について、大学としての共通の了解が成立していること。もう一つは、書くことで表現された思考の痕跡を、思考力として評価することを重んじていることをあげている。共通の評価基準を持っているために、当事者でなくても成績の評価が可能であり、むしろ部外者であることが公平さの保持にもつながっているのである。

ここで、第1項で述べたコンポジション理論との関連についても考えてみたい。大学院生がTAとして学生の質問に答えたり、討議のクラスを指導したり、成績評価や授業をしたりできる背景には、大学入学以前の言語教育の成果が存在するものと推測できる。コンポジション理論は、五つの言語活動（読む・書く・聞く・話す・考える）の指導原理として機能している。アメリカでは、小学校の低学年からコンポジションの指導[35]が始まる。森岡（1958・4）も、アメリカの言語教育は指導の方法や手順については経験主義に立っていたが、指導の目標は言語能力にあって、コース・オブ・スタディは言語能力を中心に体系化されていると述べていた。半世紀以上も前のことであるが、アメリカの言語教育が言語技術を中心として行われていることは、小学校の国語の科目名がランゲージ・アーツ（language arts）と呼ばれていることからも明らかである。小学校から大学まで、言語の教育が体系的に行われているのである。

一方、日本の国語教育においては、言語能力を支える言語技術が、国語科の指導目標として前面に出ることが少ない。学習指導要領に示されていながら、教科書と一体化したものになっていないために、教科書を教えるだけの授業では読解中心の受動的な学習が続いてしまうのである。米・英・仏[36]の言語教育の実情を垣間見るにつけても、日本の国語教育は、考えるための言語技術の養成にもっと力を入れて取り組むべきだと考える。

筆者が、実践現場の学習者を対象に、文章表現学習に対する受動的姿勢を能動的なそれに転換するために、積極的に技術指導を取り入れた試行錯誤の経緯については、第Ⅱ部実践編に詳述していく。

第３項　日・米・仏、思考表現のスタイル比較

１　問題提起

欧米の大学に留学したことのある人が、「大学で書くエッセイに苦労した」と言うのはよく聞く話である。苦労するどころか、初等、中等教育の場では「日本人児童は個性的な考え方ができない、批判的・探求的・分析能力がない（No ability と原文では断言している）」といった厳しい評価のあ

35　木下是雄（1990）が「事実と意見の区別――言語技術との出会い」（pp.15-24）として紹介している。

36　日・米・仏の初等教育の比較については、第３項で述べる。

ることまでが紹介されている[37]。なぜこのようなことになるのか。

第１項および第２項では、欧米の高等教育機関における主としてその指導法を考察したが、本項では、初等教育における作文教育の内容を、米・仏との比較のもとに論じている渡辺雅子（2004・2006）[38]を参考に考察する。

渡辺（2004）は、第１章の冒頭で、次のような指摘をしている。

> アメリカの大学で論文指導をする講師が、日本とアメリカの学生について興味深い観察をしている。その講師によれば、日本人学生は「なぜならば（because）」という接続詞をあまり使わず、そのかわりに「それで、そして（and）」という接続詞だけで文章をつないでゆく強い傾向があるという。そのために、因果関係がはっきりしないので日本人の論文はとてもわかりにくい。「アメリカで因果律というのは、三歳の子どもでも自分の主張を通そうとするときに使う基本的な論理（logic）なのだから」と付け加えた。（p.2）

「なぜならば（because）」という接続詞は、アメリカではすでに３歳で身につけている論理であり、日本では、大学生になってもあまり使わない論理だという。３歳という年齢から推察できることは、一個人の思考表現のスタイルは、学校教育はもとより、子どもを取り巻く、社会そのものの論理によって、育まれるものだということであろう。「なぜならば」を多用することの善し悪し、日本人の論文を「わかりにくい」と表するアメリカ人講師の判断の適否はともかく、日本人の思考と表現の方法を振り返ると同時に、外国人とのコミュニケーションのあり方を考えるための重要な一観点であると考えられる。

以下、米・仏との比較によって見えてくる、日本人の思考表現の方法とその因ってくるところについて、渡辺の考察を手がかりに考える。

37　カニングハム久子（1988）『海外子女教育事情』新潮社、pp.22-24

38　渡辺雅子（2004）『納得の構造――日米初等教育に見る思考表現のスタイル――』東洋館出版社／（2006）「日米仏の思考表現スタイルを比較する――３か国の言語教育を読み解く――」ベネッセ教育総合研究所メールマガジンBERD 2006 No.6　http://benesse.jp/berd/center/open/berd/backnumber/2006_06/fea_watanabe_01.html 2013年12月7日閲覧。

２　思考表現のスタイルとは

渡辺（2006）は、普段ものを考え、他人と会話を交わすときに、取り込んだ情報をどのように編集し納得しやすいかたちにするか、思考表現のスタイルとは、その枠組み「コミュニケーションの基本となる型」であると定義している。同じことを言うにも、どういう順序で、何を強調して述べるかは、国によって大きく異なり、その違いが、文化固有の暗黙の了解として、学力や能力の評価方法と深くかかわっているというのである。

人々がグローバルに行き来する時代である。国や文化によって異なる「思考表現のスタイル」の違いが分かれば、時と場をわきまえて、自らの考えや表現の方法を調節できるようになるのではないか。OECD による国際的な学力調査（PISA）への対応などは、まさにその典型的な例と言えるものであろう。

比較と対照は思考の原理である。他国の実態と比較・対照することは、自国の実態をより明確に浮かび上がらせるはずである。善し悪しを問うというよりも、まずは実態の確認から、改善と向上への手がかりを得たい。

３　日・米・仏の思考表現スタイルの違い

渡辺（2006）は、絵を使った作文実験や授業観察を通して、日・米・仏の違いを、具体的に明らかにしている。

ある少年の一日を描いた４コマの絵を見せて、日・米・仏の小学校５・６年生に作文を書かせる。まず自由題で「少年の一日がどんな一日だったか」を問う。

日本の子どもの 93％は出来事が起こった順番に書く。「・・・して」とつなぐ「時系列型」の構造である。フランスの子どもも日本と同じ、時系列型の説明が圧倒的多数を占める。それに対してアメリカの子どもは、時系列での書き方とともに、「この日はジョンにとって最悪の１日でした」と、まず総まとめや評価を書いて、その理由や原因として１日の出来事を述べるパターンが３割強見られたという。つまり、出来事を原因・結果でとらえる「因果律型」の説明構造である。

次に、同じ絵を用いた条件付きの作文課題をだす。「少年はしょんぼりしています」という文から始めて、この少年の一日がどんな一日だったか、結果から理由をきく課題である。

日本の子どもは「なぜなら・・・」と始めて、最初の課題と同じように、出来事が起こった順番にすべてを書き綴る。アメリカの子どもは時系列型の説明とともに、結果に直接結びつく原因だけを述べて、他の情報をすべて省略するタイプが大勢を占める。「少年はしょんぼりしています。なぜなら野球の試合で投げられなかったから」で終わりにする。以上の結果から、日本の子どもの作文は時系列型の説明が基本であるのに対し、アメリカの子どもは時系列型と因果律型を課題に応じて使い分けていることがわかる。

一方、理由づけの条件課題の場合、フランスの子どもの作文は日本やアメリカと明白な違いを見せた。「時系列」と「因果律」に加え、その二つを統合する「俯瞰型」のスタイルも多く現れる。つまり、「少年はしょんぼりしています。なぜなら、野球の試合で投げられなかったから」とアメリカ同様に始め、その後はコマを逆にたどって試合後の出来事を創作する。例えば、「野球の試合が終わり、がっかりしていてバスを間違えてしまいました。慌てて帰ったが夕食の時間に遅れてしまい、落ち込んだ気持ちを解消するためにテレビゲームをするでしょう」といった具合である。物語の流れを新たに再構成して、少年の一日全体を俯瞰して描こうとするのである。

以上を整理すると、日本は「時系列型」、アメリカは「時系列型と因果律を目的に応じて選択」、フランスは二つを統合した「俯瞰型」となる。同じ4コマの絵について作文するにも、絵からどのような情報を読み取り、課題に応じてどのように編集し直して表現するか、3か国で、子どもの作文の型にこのような違いがあるのである。

4　3か国の国語教育の方法

渡辺（2006）は、児童の作文の型は、各国の国語教育の特徴と一致すると述べている。

日本の学校で出される作文の二大テーマは、運動会や修学旅行などの学校行事と読書感想文である。行事作文では、皆が共通して体験した出来事を時系列で書き、読書感想文では、読前と読後で読み手の考えがどのように変わったかを書くことが、枠組みとして勧められていると渡辺は言う。教師が期待するのは、どちらに対しても、行事や読書という体験を通じて、子どもの「心の成長の軌跡」が表れていることである。体験を、そのときどきの気持ちの表現を交えて素直に生き生きと書くことがよい作文であると評価される。「成長の軌跡」は物事が起こった順番に書くのが自然であり、指導もしやすい。こういった指導がすなわち、作文実験で日本の子どもが「時系列で書き、説明と理由の区別をしない」という作文の特徴と一致すると説明している。

さらに日本の国語の授業は、「読解」に費やす時間が他国より圧倒的に多いと指摘する。授業の大半が「物語」と「説明文」の読み取りに費やされ、しかもその指導法は、物語の場合は「状況から登場人物の心情を読み取る」、説明文の場合は「難しい語句を調べ、段落ごとに意味を読み取る」といったふうにパターン化されている。

対照的に、アメリカの国語の授業は読解ではなく「書き方」が中心で、種々の書き方の様式の違いを学習し、実際に書いてみることに大半の時間が費やされる。ちなみに、小学校5年生の教科書に掲載されている文章様式は、物語や詩、説明文、エッセイ（小論文）、ビジネスレター、親密な手紙、レポート、インタビュー、広告、自伝、本の紹介から戯曲に至るまで、実に12種類にもわたる。小学校1年生においても、内容をやさしくした上で、これとほぼ同じ種類の文章を学習することが紹介されている。

12種の文章の中でも重視されるのがエッセイ（小論文）とクリエイティブ・ライティング（創作文）である。重視される理由は、アメリカのほとんどの州で、小学校の卒業時に、作文の試験が義務づけられており、その際の課題がこの二つだからである。

エッセイでは、「最初に主張を述べ、次にその主張を裏づける証拠を三つあげて、最後に結論として再び主張を繰り返す」という構成を学習する。これが上述の作文実験で表れた「因果律型」の思考表現スタイルにつながっているのである。クリエイティブ・ライティングの場合は、物語が多いので時系列型になり、これも同様に作文実験の結果として表れている。実際、渡辺は、作文実験をした時に、アメリカの子どもからは「どの形式で書くの？　エッセイ、それともクリエイティブ・ライティング？」と質問されたと述べている。

日本の場合も、アメリカの場合も、国語の授業における指導の仕方が、そのまま子どもたちが書く文章のスタイルに影響を及ぼしている。じつに子どもは、指導されたとおりに書くものなのである。

フランスの場合は、日米と異なり、国語の授業時間の７割が文法や語彙、綴り字の習得に当てられる。作文の指導については、小学校では「正しく」書くこと、中学校では「美しい文」を書くこと、高校では「論理的な構造」で書くことと、段階的な到達目標を掲げている。

フランスの小学校でよく行われるのは、物語の続きを書く課題である。物語の基本構造を学び、どの時制で書くのか動詞の活用を復習し、主題にまつわる語彙をおさらいしてから書き始める。創作文でも、評価の対象は文法・語彙の正しさと内容の論理的一貫性である。言語の基礎と形式の指導を重視している。

エッセイの構造は、フランスでは伝統的な弁証法が推奨される。一般的な視点（テーズ＝正）とそれに反する視点（アンティテーズ＝反）を統合（サンテーズ＝合）し、新たな理解の枠組みを生み出そうとする。自分の主張に向かって一直線に展開するアメリカのエッセイの構造とは対照的である。

３つの国はそれぞれ特有の思考表現スタイルをもち、それは国語科のみでなく、他の教科においても共通する。渡辺は、そのことを歴史の授業の分析を通して実証している。分析の紹介はここでは省くが、大まかな比較結果は次のようなものである。

日本は「時系列で出来事を追いながら歴史上の人物の気持ちになって

【共感】することで歴史理解を深める」。アメリカは「結果から振り返って出来事がなぜ起こったか原因を特定する」。フランスは「時系列で出来事を追いつつ、さまざま原因をあげながら、歴史の大きな流れを俯瞰して出来事を位置付ける」。日仏は時系列的に学ぶ点は共通だが、その出来事の功罪や善悪の二面性を検討して全体像を見わたそうとする点に、フランスの歴史教育の特徴がある。

上記の説明を、渡辺が分かりやすく整理したものが以下の図表［１］と［２］である。

日本の「時系列ですべての部分を述べる」スタイルは、念の入った方法ではあるが読み手にはわかりづらく、書き手によるまとめがされていない点に問題がある。アメリカのスタイルは、一見わかりやすいが、短絡的に論が組み立てられ、本質的に重要な部分が抜け落ちる危険性がある。フランスのスタイルは、弁証法による三段階の論理展開をとるために、習得に時間がかかりそうだが、思考を深めるという点では効果が高い。

思考表現のスタイルは、それぞれの国の文化をよく反映している。

図表［1］　作文構造の日・米・仏比較

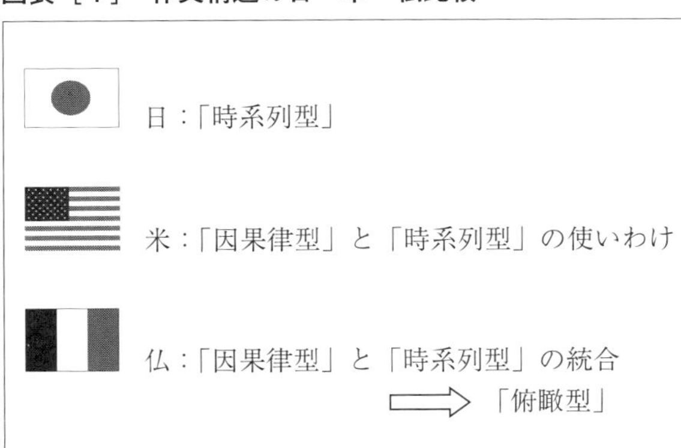

図表［2］　思考表現スタイルの日・米・仏比較

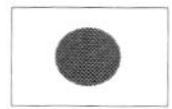

日：すべての部分を述べる。

米：不要な部分を切り捨て、
　　局所的な因果関係に注目する。

仏：全体像を描こうと努力する。

（図表［1］、［2］ともに、渡辺雅子（2006）を参考に金子が作図したもの。）

5　日本の国語教育

日本の作文指導においては、とりわけ中、高レベルで評価が十分でない実態がある[39]。生徒の意欲を高めるために、共感的な感想をつけて返すことがあっても、目標を持った指導が行われていないために表現技術が体系的に身についていない。つまりは、指導事項も指導計画も明らかにされないまま場当たり的な作文指導になってしまっている恐れが強い。

渡辺の考察は以下のとおりである。

> 子どもたちが授業で実際に書いた作文を日米で比較してみると、興味深いことが分かります。日本の教師は、意識する、しないにかかわらず、結果的に「綴り方」の伝統に則って、「自由に、思ったままを書けばいいんだよ」と励まして子どもに作文を書かせます。しかし、でき上がった作文はどれも驚くほど似通っています。その一方で、一見自由な印象を受けるアメリカの小学校では、実は厳しい文章の「型」の訓練と、技術指導や添削が行われます。その結果として生み出されるのは、各自が書く目的に応じて様式を選び、そこに個別の意見が主張され、時にはさまざまな様式を組み合わせる多様な作文です。　（BERD 2006 NO.6 p.4）

39　第４章第２節第１項２（章末注１）、および第７章第２節第１項１（脚注５）に示した４つの調査結果による。

「自由に」と指導する日本の児童の作文は画一化し、大学生になっても自分の考えが十分に述べられないという「不自由」な現実がある。一方、アメリカは、「厳しい文章の『型』の訓練と、技術指導や添削が行われ」た結果、大学入学段階では、各自が書く目的に応じて「型」を選び、それに自らの主張を盛り込む術を身につけているのである。

アメリカの文章表現の「型」の適切性についてはここで触れないでおく。しかし、小学校はともかく、中・高の学校教育現場において、文章表現の技術指導と訓練とを繰り返すことの正当性は学ばなければならない。子どもたちが「不自由さ」を克服して、「自由に」自らの主張を述べることができるように、社会に出るまでに十分な教育支援を行うことは、教師の使命であろう。

フランスでは、長い伝統に支えられた弁証法に基づく指導が今も変わりなく追究されている。アメリカは、同様のギリシャ・ローマ時代の伝統を受け継ぎながら、科学的方法に基づく数値化による評価の方法の導入により、社会の状況に合わせて革新を繰り返してきている。特に現在のエッセイの型（主張→三つの証拠→結論）は、1960年代に大学の大衆化が起こったことがきっかけで生みだされた型である。さまざまな学習能力を持つ大量の学生に、アカデミックな文章がすぐに書けるように、大学の教員が必要に迫られて考案したものだという。これに関して、渡辺は次のように述べている。

> 主張を分かりやすくするため、先に述べたフランスの小論文で用いられる弁証法からアンティテーズ（反立）を取り去って自分の主張だけを前面に押し出す方法です。反立を抜いたために、必然的に統合の部分も抜け落ちました。これが標準になり小学校にまで広まりました。こうした小論文様式からは誰にとっても分かりやすい、書きやすいという意味で大衆デモクラシー的な理念がうかがえます。それに対してフランスでは、理想を高く掲げ、それは万人によって達成されなくても仕方がない、という理念がうかがえます。　（BERD 2006 NO.6 p.5）

アメリカの論理は、大衆化をねらったがゆえに、わかりやすいけれどもやや短絡的すぎないかと不安が残る。一方、フランスの理念は、エリート層に絞ったレベルの高いもので、一般大衆にまで適用するには困難が伴う。

高等教育の大衆化は、2013年現在、ヨーロッパ、アジアを含む世界的な流れである。戦後、日本は教育の多くをアメリカに学んできたが、すべてをアメリカの思うままに受容したわけでも、できるわけでもない。日本の理念はどこにあるのか。自らの大学における文章表現指導の理念をどこに設定するか。文章表現の指導者には、指導目標に直結するこの問いについて、答えを明確にしておく責任があるだろう。筆者は、アメリカのわかりやすさとフランスがとる弁証法の中庸に立ちたいと考えている。希望はフランスに近いが、万人にわかりやすくというアメリカの立場も捨てがたい。

歴史教育の比較で見たように、日本の教育は、「時系列で出来事を追う」点は同様であるが、フランスの持つ「さまざま原因をあげながら、歴史の大きな流れを俯瞰して出来事を位置付ける」点に不足が見える。つまり、日・仏は時系列型に学ぶ点は共通だが、その出来事の功罪や善悪の二面性を検討して全体像を見わたそうとする点に、フランスのすぐれた点がある。日本のこれまでの指導を大事にした上で、さらに改善と向上を図るためには、「検討して全体像を見わたす」指導を取り入れる必要がある。これまでの文章表現指導で欠けている点を具体的にあげるとすれば、比較・対照の思考方法と、文章全体をまとめる構成指導であろうと考える。

注

1　大学教育学会の特質：

本学会は、1979年12月「一般教育学会」として発足した大学教育に関するパイオニア的学会です。1991年の大学設置基準（文部省令）の改正により科目名としての「一般教育」が廃止されたことを受け、1997年6月「大学教育学会」に名称を変更しましたが、発足以来一貫して大学教育の大衆化に伴う「大学教育研究」の開拓を志向し、かつ広範な大学教員が参加する「大学教員としての自己研究」活動（FD型研究活動）に主眼を置いて活動をしています。知識基盤社会が進展し、大学教育の果たす役割の重要性が再認識されるなかで、大学教育の改革に関して、いわゆる現代化を推し進めるとともに、本来的な人間形成機能の再生をめざしています。

http://www.daigakukyoiku-gakkai.org/gaiyou/default_001.html より引用。2013 年 12 月７日閲覧。

2　富山大学における筒井洋一、向後千春らによる実践は、1990 年代初めから、積極的なインターネット発信により継続的に公表されている。当初の記録は、大学現場で「文章表現指導」に取り組み始めた教員に大きなインパクトを与えた。初年次のリテラシー教育の科目として、国立大学（富山大学）で最初に（選択）必修科目として言語表現科目を提唱したのは、筒井洋一氏であるという。日本語表現法科目の全国的な増加傾向（「私立大学での新設」「国立大学への波及」）の詳細は、筒井洋一氏の Web サイト http://tsutsui-media.net/　参照のこと。2013 年 12 月７日閲覧。

2002 年度に、溝上慎一と井下千以子が協同で行った京都大学全学共通科目「大学における学びと探求」についても、井下がインターネットで情報を広く公開した。その後についても、溝上が引きつづき公開している。溝上、http://www.highedu.kyoto-u.ac.jp/publication/data/sousho17-02.pdf　および井下、http://www.highedu.kyoto-u.ac.jp/publication/data/sousho17-03.pdf を参照のこと。2013 年 12 月７日閲覧。

3　筒井洋一（2005）『言語表現ことはじめ』ひつじ書房、p.27 に「（筑波大学を除き）他の国立大学ではこうした新しい試みがおこなわれていないことから・・・」との記述がある。

また、石塚修（2002）「大学における『国語』教育はどのようになされるべきか」日本国語教育学会編『月刊国語教育研究 No.358』2002 年２月号、p.41 では、「筑波大学では、三十年前の創立以来、全国の大学に先駆けて共通科目「国語」を設置している。」との記述がある。筑波大学における石塚修の「大学における『国語』の実践」については、第２章第２節第４項において詳しく取り上げる。

4　ベネッセ進研ゼミ小学生講座の学習システムでは、知識や技能を組み合わせて使いこなす力を育てることを目標にして、「リテラシー」を以下のように定義している。

> 子どもたちがこれから、まわりの人々や家庭・学校・地域の中で、よい関係を築いたり、自分の力を活かしていくために、知識や技能を組み合わせて、使いこなす力のことをいいます。

http://sun77.net/ShinkenSeminar/cat169/post_3.html より引用。2013 年 12 月７日閲覧。

OECD による PISA 調査を意識した世界標準対応の定義であることは明らかである。

第２章　先行実践研究と残された課題

本章では、先行研究を考察する。第１節において中・高における作文指導を、第２節において大学における文章表現指導を取り上げる。

第１節の第１項・第２項は、中・高がそれぞれ研究会、学校をあげて組織として取り組んだ例で、第３項は高校における個人の取り組みである。

第２節においては、大学における取り組みの中から、特徴的なものを４例考察する。

いずれにおいても、第１章において確認した文章表現指導の課題が、これらの実践においてどのように解決が目指されたのか、その成果と課題を確認し、本研究で取り組むべき課題を明らかにする。

第１節　高校および中学校における作文指導

第１項　長崎南高等学校国語科編著（1983）『高等学校「国語Ｉ」における作文指導』

１　研究の概観

長崎南高等学校国語科は、「国語Ｉ」における「表現」領域という枠内で、『高等学校「国語Ｉ」における作文指導』[1] という成果を残している。（以下、「本書」と称する。）従来の作文指導の反省に立ち、年間指導計画や作文の

1　長崎南高等学校国語科編著（1983）『高等学校「国語Ｉ」における作文指導』有朋堂

単元学習などを提案したものである。幸田国広（2011）[2]は「学校ぐるみの表現指導実践としての白眉といえる」と推奨している。

本書第１章、「[1] 国語科における作文指導の改善」において述べられている次のことばが、本文全体の内容を代弁している。

> 国語科は、内容が「どのように」表現されているかを理解させ、内容を「どのように」表現するかを教える教科である。その際重要なのは内容ではなく、「どのように」ということである。すなわち、内容をどのように理解し、どのように表現するか、その方法を教える教科である。それを通して、ことばの力を育てるのである。　(p.3)

国語科は、学習者にとって、「内容があいまいで何をどう勉強すればよいのかわかりづらい科目である」と言われ続けている。内容は限定しがたく、指導者によって評価が異なり一定しないためでもあろう。しかし、上記で述べられているように、「ことばの力」を高める「理解」と「表現」のための科学的な方法論（「どのように」）に指導を焦点化すれば、学習活動も、その評価も、科学的、客観的に行えるはずである。

長崎南高等学校国語科は、1981（昭和56）年４月、当時の文部省によって、昭和56・57・58年度高等学校教育課程研究校に指定されている。研究主題は「『国語Ⅰ』において、確かな文章表現力を身につけさせるには、指導計画・指導方法をどのようにしたらよいか。」に設定されている。

研究指定を受けたことを機に、国語科の教員が一丸となって「生徒の興味・関心が低い、生徒の作文力が足りない、作文指導に充てる時間や評価・処理の時間が不足する」としていたそれまでの姿勢をあらためたのである。「作文に対する生徒の意欲や能力がたりないのは、教師の指導が不十分であったためである。また、評価や処理の時間不足ということも、教師の作文指導に対する考え方のあいまいさによるものである」との謙虚な反省に立ち、研究に取り組むに当たって、特に次の６点[3]に力を注いだと述べている。

2　幸田国広（2011）『高等学校国語科の教科構造――戦後半世紀の展開――』溪水社、p.272

① 作文指導観の確立に力を注いだ。
② 年間指導計画のたて方を工夫した。
③ 論理的な構成を持つ文種を重視した。
④ 書く前の指導を重視した。
⑤ 小・中学校の作文指導に多くを学んだ。
⑥ 生徒の反応も含めて、授業の記録をとるように努めた。

基礎的なところから研究を始め、作文の内容面よりもむしろ、「どのように書くか」という指導法の開発に関心を向けたのである。全体の目標を確定した後に年間の指導計画をたて、「論理的な構成を持つ文種」に指導のねらいを絞り、「書く前の指導」を重視している。学習の系統性にも配慮し、小・中学校の作文指導の見学も実施している。

さらに、これら一連の研究において、生徒の反応を含めて、詳細な記録が残されたことが継続的な実践、およびその改善のための貴重な礎となったと考えられる。

研究の成果として、次の十項目「国語科における作文指導の改善の視点」が示された。

(1) 国語科における作文指導の目標を明確にする。
(2) 作品主義から脱却し、短作文を書かせるようにする。
(3) 論理的な構成をもつ文章を書かせるようにする。
(4) 書く前の指導を充実する。
(5) 目標と評価・目的と処理を一体化する。
(6) 文章表現意識や文章表現力の実態を把握する。
(7) 年間指導計画を立て、計画的・系統的な指導を行う。
(8) 作文教材の開発を図り、それを適切に利用する。
(9) 読む活動との有機的な関連を図るようにする。
(10) 作文指導に関する研修を深め、意欲的な実践研究を行う。

(pp.10-21)

3　長崎南高等学校国語科編著（1983）『高等学校「国語Ｉ」における作文指導』、p.165の（3）確認事項として記されている。また、「あとがき」においても、この６つの確認事項について重ねて言及している。

高校の教師は、専門的知識も豊富で、教材研究にも熱心でありながら、指導法に対しては小学校の教師ほどは興味を示さないとも言われている。この点に関して、長崎南高等学校国語科の教師たちは堅実で謙虚な姿勢を見せた。自分たちの指導の現状を反省的に振り返り、基本に戻って作文指導に取り組んだ様子が上記の十の項目から読み取れる。

何よりまずは目標⑴を明らかにし、短作文での実作⑵による練習を忘れていない。指導対象とする文種を絞り⑶、書く前の指導⑷に取り組んだ。目標と評価・目的と処理を一体化すること⑸は、到達度評価によって教師の説明責任を果たそうとする姿勢の表れである。

学習者の実態把握⑹は、学習者主体の学習活動の基盤であり、計画的・系統的な指導計画作成⑺のよりどころでもある。教科書頼みの教材でなく、学習者に合わせた教材を開発し、適切に利用⑻している。教師の書く活動に対するこのような主体的な姿勢は、自ずと、読む活動との有機的な関連⑼につながる。研修と実践に向けての意欲的な教師の姿勢⑽からは、成果の大きさが十分に推し量れる。

とりわけ、⑽の項目の最後に作文指導の実践に関わる教師の心構えとして以下のことが明記されていることからも、そのたしかな意欲が伝わってくる。

> 作文の指導法に関する研修と同時に必要なことは、指導に当たる教師自身が、書くことに対する抵抗をなくし、書く力を身につけることである。教師自身が、書くということがどんなことか、どんな書き方が望ましいかを、みずから書くことを通して知ることである。そうでなければ、国語科における作文指導の主たるねらいである「文章の書き方を教える」ことができないからである。（p.21）

作文指導は、教師から生徒に対する一方的な解説・伝達型の授業で終わりがちである。個別指導に時間がかかることが一つの理由として考えられるが、実際には、教師自身に作文の学習経験がなく、具体的な指導方法がわからない場合が多い。教師自らが、まずは身をもって書き方を身につけることが先決問題であるとしたところに長崎南高校の取り組みのたしかさがある。

２　指導の展開方法

本書の全体構成は、上記［１］国語科における作文指導の改善、に続き、［２］文章表現に関する生徒の実態、［３］学習指導要領「表現」領域の研究、［４］作文の指導過程、［５］年間の指導計画、［６］単元学習の展開、［７］補充単元学習の展開、［８］練習学習の展開、［９］作文指導法に関する研修、［10］作文指導に関する研究文献、［11］研究主題の設定と研究の経緯、の全11章からなる。どの章も実践に基づいたものであるため、具体的で読みやすく記述されている。中でも［６］・［７］・［８］章については、現場の作文指導者に、すぐにも役立つ貴重な参考資料と思われるため、これら三つの章を特に取り上げて考察する。

２．１　単元学習の展開

年間の学習計画に従って、三つの単元学習が設定されている。「題材と論旨」（６月）、「文章の構成」（11月）、「説明の方法」（１月）である。６月と11月の二つの単元は、教科書教材を中心に単元が組まれているが、１月の「説明の方法」は特設単元である。単元学習のねらいは以下のように示されている。

> 単元学習のねらいは、作文の書き方の基礎的技能を身につけさせることにある。各種の文章の書き方、まとまった長さの文章の書き方が、意図的・計画的に実施される場である。この６～７時間の単元学習の中で、文章の作成過程、目標→取材→構成→記述→推敲→整理という基本形について理解を深め、その技能を身につけさせることになる。　(p.87)

単元学習は、文章の作成過程に応じた指導によって、各過程に必要な基礎的技能を身につけさせながら、まとまった長さの各種文章の書き方を意図的、計画的に実施するものであるとそのねらいを明確にしている。

単元学習「題材と論旨」（６月）の展開を具体的に見てみよう。単元の全７時間は７段階（目標・取材１・取材２・構成・記述・推敲・整理）に分けられている。本書においては、それぞれの段階ごとに、①ねらい、②指導案、③補助教材、④反省についての報告があり、必要に応じて、生徒の作品の具体例、評価（友人・自己・教師）例を掲げ、最終的な処理方法まで、単元全体の内容と展開過程が詳細に記述されている。さらに、単元のおわりには生徒を対象にアンケート調査「作文の授業を受けて」を実施し、分析結果を示している。

国語科の担当教師が一丸となって３年間取り組めば、高校においてもこうした文章表現指導が実施できることを如実に示す資料となっている。

２．２　補充単元学習

補充単元学習のねらいは、次のとおりである。

> 補充単元学習のねらいとしては、つぎの三つのことが考えられる。
>
> 第１に、単元学習を充実させるための事前の指導としての補充単元である。計画では、６月単元「題材と論旨」（３段落の意見文）の前の５月に「２段落の意見文の書き方」、１月単元「説明の方法」の前の12月に「説明文の書き方」を設定した。単元学習に対する心構え、予備知識を身につけさせるためである。
>
> 第２に、単元学習で学んだ技能を定着させるための補充単元がある。計画では、６月単元（３段落の意見文）で学んだことが11月単元（４段落の意見文）で再確認され定着するよう配慮している。（中略）
>
> 第３に、単元学習で不足している面を補足する補充単元学習も考えられなければならない。２月の「小説の文章」は、意見文・説明文を中心とする単元学習では触れることのできない分野のものである。　(p.124)

各単元学習に、事前と事後の補充単元が計画されており、事前で心構えと予備知識の定着、事後においては再確認と技術定着のための配慮がなされる。さらに、各単元学習では触れられない面を補充する単元も考えられている。

これら補充単元の展開についても、単元学習と同様に、詳しい報告がある。中でも、反省点が最後にまとめられているところが、具体的で、補充単元の役割をわかりやすくしている。補充単元についての課題を明らかにするだけではなく、本単元との関わりの観点から言っても、結果的には単元学習全体の反省になっており、今後の指導計画の改善につながるものである。

2.3　練習学習

練習学習のねらいは、作文の書き方の中で特定の基礎的技能を抽出し、集中的に身につけさせようとするものである。

練習学習の具体的な内容としては「原稿用紙の使い方」、「句読点の打ち方」、「よい文章の条件」、「題のつけ方、書き出し結びの文」が計画されている。このような基礎的技能は、長い文章を書く指導の際に、教師による解説だけで簡単にすまされることが多い。結果として、身につける機会を逸したままに進学してくるのが大学生の実態である。基礎的な技能の習得が作文学習の第一歩であるとする考え方には、同じ文章表現の指導者として共感できる部分である。

練習学習だけで作文能力が完成するものでないことはもちろんであるが、こうした基礎的な技能が書く力を支えていることを、指導者はきちんと認識しなければならない。読んだり書いたりしているうちにいつの間にか身につくという考え方は、国語科の教師には許されない。

3　まとめ

以上、研究を概観した上で、三つの学習指導を取り上げてその展開過程を紹介しながら考察を加えた。1982年当時の研究成果であるが、30年後の2013年の現況から見ても、遜色のない優れたものであった。

学習を展開させるには、目標を明確にし、指導の焦点をしぼって具体化させなければならない。本書では、全６～７時間の単元学習のそれぞれの時数ごとに、指導者のねらい、指導案、補助教材、学習者の作品、指導者の反省が、失敗も含めてありのまま、具体的に示されているため、生徒が一つの文章を仕上げるまでの過程が、指導と一体となった形でわかりやすく記述されている。段階ごとに、ねらいを明確にし、意図的、計画的に指導を進める方法に、筆者の指導法に通じる点を見つけ、自信を深めることができた。

また、三つの学習（単元学習・補充単元学習・練習学習）がそれぞれの特性を発揮しつつ、文章表現力が全体的に伸びるように、機能的、計画的に組み合わされている。予備知識の習得から実習による応用、定着のための復習、さらには不足部分の補充まで、指導が周到に計画されているところは学ぶ点が多い。

筆者は、大学における文章表現の指導者の立場から、高校における作文指導との連携を探る目的で長崎南高等学校の取り組みを考察した。その結果、高等学校の国語科教師が、作文指導の研究に学校一丸となって取り組んだ経緯が詳細に記述されており、大きな成果を上げた様子が確認できた。筆者が本研究の第１章第２節で述べた「高校における文章表現指導の不振」については、教師の取り組み方次第で改善される可能性が高いことを実証する取り組みであった。

高校における作文指導不振の要因は、教科書の編集方法と国語科の領域構成の中身の齟齬にあった。教科書が教材の種類や内容に即して編集されるのに対して、学習指導要領で示される領域構成の中身は言語技能に関する内容であるというずれである。このことを理解しないまま、「教科書（の読解教材）を教える」のみでは、「表現」領域の、とりわけその技能面の指導には手が届かない。指導事項（教科内容）に合わせて教材を使いこなすという発想、つまりは「教科書で（言語技能を）教える」という意識を持たないまま、教科書頼みの授業を続けたのでは、指導が「理解」領域に偏り、「表現」領域の指導がおろそかになってしまうのである。

長崎南高校の研究メンバーは、上記のような作文指導不振の要因を調査研究によって突きとめ、堅実に解決した。学習者の作文に対する意識や能力の実態に基づく指導計画を立てたうえで、計画的・系統的に指導を実施したのである。作文教材についても、独自に開発を図り、適切に利用している。「理解」領域との関連については、読むことを中心とした学習で得た知識や技能を、実際に文章を書く際に活用する「読み書き関連学習」の指導法を開発している。

小・中・高との系統性に配慮しながら大学における文章表現指導を考える場合、高校における作文指導の実態を確認することは重要である。ごく基礎的なところから研究を開始した長崎南高校の研究成果は、全国どこの高校にも適用できる作文指導の開発事例として有用であり、大学における指導計画の開発にも、その系統性の観点から多くを学ぶことができる。

第２項　奈良国語教育実践研究会編（1990）『課題条件法による作文指導』

１　概要

『課題条件法による作文指導』[4]（以下、本書と称する）は、第１項で取り上げた長崎南高等学校の場合と同様、奈良国語教育実践研究会が組織ぐるみで５か年にわたり実践、研究してきた成果をまとめたものである。解説によると、この５か年の以前に、さらに約30年間におよぶ実績があるという。大内（1996）[5]は、この長期の研究経緯を概観して、「その研究経過は、戦後の作文教育史の上からも特筆に値する」（p.170）と評価している。

本書は小学校編と中学校編の二巻から成る。本項では、主として中学校編の概要を紹介しつつ、大学における文章表現指導に資する知見を探る。

「はじめに」において、次のような紹介がある。

> さて、本書は「課題条件法による作文指導の理論」・「年間指導計画と実践展開」の二つで構成されている。特に、新学習指導要領（1989年版・・引用者注）の「表現力重視」、小学校の「生活科設定」、中学校「選択国語設定」等の趣旨を生かし、児童・生徒が主体的、意欲的に書けるように考えた。また、指導する先生がたに活用していただくために「指導計画、課題条件設定の実際、授業の展開、評価と処理」を重視した。（p.3）

新しい学習指導要領の趣旨を、実践としてどのように展開していくのか、現場の教師が参考にして活用できるように、わかりやすく説くという立場である。

全体は５章からなる。第１章で「新教育課程と作文指導」の解説を行い、

4　奈良国語教育実践研究会編（1990）『課題条件法による作文指導』小学校編・中学校編　計２巻　明治図書

5　大内善一（1996）『作文授業づくりの到達点と課題』東京書籍

第２章においては「課題条件作文の指導」と題して、課題条件設定のための基本事項一覧表および条件項目による指導事項表（技能表）を提示している。本書の中核部分である。第３章は「課題条件作文の題材開発」として、中学生の題材調査と課題条件作文の題材選定について述べ、第４章では三学年すべての課題条件作文年間指導計画を掲げている。最後の第５章は、全体の三分の二の頁数を費やし、「課題条件法」の実践事例が総計 14 報告されている。

２　内容

奈良国語教育実践研究会の研究の眼目は、「課題条件法」に認められる。この「文章表現の条件」については、同会を主導した巳野欣一による次のような説明がある。

> 文章表現活動をコミュニケーションの立場でとらえると、表現を成立させる要素としての表現の目的、立場、相手、内容、構成、手段・方法などが考えられる。これらの事項はいずれも条件としてとらえられる事柄である。
>
> また、われわれが文章を書くときには様々な制約のもとに書いている。例えば、題目や内容や分量や締め切りなどを決められて書く場合が多い。このような制約もまた文章表現の条件と考えることができる。　(p.18)

このような条件について、大人も子どもも見過ごしがちで、文章の書き方を知らない大多数の子どもたちは、ほぼ無自覚のままに過ごしている。その無自覚なところをはっきり自覚させ、意識させて条件を明確にとらえ、それに適合する文章を努力して書き上げた後、初めに設定した条件への適合度を反省し、修正させるという指導の方法を「条件法」と称すると述べている。

さらに、これまで作文は、指導者が「書きなさい」と言うばかりで、どのように書くかという方法の実際を十分に指導しないまま書かせてしまうことが多かったため、そうした現実の改善策として、「課題」と「条件」を与え、それに合致する文章を書く「課題条件法による作文指導」が企図されたのである。

この研究会の指導的立場にある巳野欣一は、35年にわたって文章表現における条件の分析を手がけている。第２章には、その集成である「課題条件設定のための基本事項一覧表」と「条件項目による指導事項表（技能表)」が掲載されている。

以下に、二つの表の基本事項名と、下位項目数[6]を示し、それぞれに考察する。

まずは「課題条件設定のための基本事項一覧表」である。

「課題条件設定のための基本事項一覧表」

1	目的；3事項
2	立場；5事項
3	相手；8事項
4	内容（題材・主旨・主題）；3事項
5	構成；2事項
6	叙述・文体；3事項
7	表記；3事項
8	分量（字数・枚数）；2事項
9	その他（必要に応じて設定する）；10事項（pp.21-23）

詳細を省いたものであるが、この項目表によって、作文学習の目標、努力する事柄、推敲の観点、評価項目などが明らかになる。この表を用いる機会として、次の三点を上げている。

(1) 課題条件作文の年間指導計画の立案

(2) 作文単元の指導計画作成

(3) その他必要に応じて。

また、取り扱いの留意点は、以下の二点である。

(1) 各項目は一通り検討が必要であるが、下位項目はその作文の指導目標　（中略）　などに応じて適宜選択する。

6　詳細な項目名を省き、項目数についてのみ筆者が数え事項数として示した。

(2) 項目の配列は文章の作成過程と同じではない。

上記の表は、筆者が下位項目の記述を省き、数値のみを記して簡略化したが、本来は、非常にこまかく分類されている。例えば、「３相手」の８事項については、次のとおりである。

３　相手
　(1) 範囲　①特定　②不特定
　(2) 人数　①個人　②少数　③多数
　(3) 書き手との人間関係
　　Ａ　①未知　②既知　（ア）親　（イ）疎
　　Ｂ　①信頼　②普通　③反感　④不明
　(4) 同種・類似の経験　①有　②無　③不明
　(5) 題材・内容に対する興味・関心
　　　①有　②無　③不明
　(6) 題材・内容に対する知識・理解の程度
　　　①高　②中　③低　④不明
　［付］その他必要により
　(7) 年齢・学年
　(8) 性別　(pp.21-22)

１項目を例に示したが、他の項目においても同様に、考えられる限りの条件が網羅的に抽出されている。長期にわたる組織的取り組みとして積み上げられた成果ならではと評価できる。しかし、利便性に関しては、やや煩雑な感がある。実践の具体例において再度考察する。

次は「条件項目による指導事項表（技能表）」である。

「条件項目による指導事項表（技能表）」

１　目的；4事項
２　立場；4事項
３　相手；3事項
４　内容・材料（主題・取材）；2項目11事項

5　構成；12 事項
6　叙述・文体；6 項目 60 事項
7　表記；3 項目 15 事項
8　分量；3 事項　　　　　　　　　　　（pp.24-28）

これについても、本来の表は、詳細なものである。「６叙述・文体」の項目を、筆者が省略を加えた形で示すと次のようになる。

６　叙述・文体
1　語句
a ～ l まで 12 項目
例　a　語句の意味や使い方を正しく理解し、的確に用いる。
b　目的、相手に応じてふさわしい語句を選んで適切に用いる。
c　使いなれている自分の語句を使って、わかりやすく書く。
2　文
a ～ j まで 10 項目
例　a　文の形式を整えて書く。
1　主語・述語の照応
2　修飾・被修飾の係り受け
3　並立（対等）関係
4　成文の位置の適切さ。
b　複雑な構造の文を正しく書く。
1　やや長い修飾語を含む文
2　複文構造の文
3　重文構造の文
c　一つの文に二つ以上の事柄を入れないように書く。
3　文章　　　　　　　　　a ～ i まで　9 項目　例（略）
4　叙述のタイプ（叙法）　a ～ f まで　6 項目　例（略）
5　文体　　　　　　　　　a ～ j まで 10 項目　例（略）
6　修辞法（レトリック）　a ～ mまで 13 項目　例（略）（pp.26-28）

作文能力を分析し、指導事項を選定するのが難しい理由は、作文活動が、言語面に限らず精神面にも関わる、総合的で複雑な行為だからである。しかし、指導に際しては、指導目標を特定してふさわしい指導事項を配列した計画を立てる必要がある。そのときに、条件項目別に分類されたこのような技能表があれば、課題条件に合わせてどのような技能が育てられるか把握できる。

ただし、母語での学習には、自然習得事項も多く含まれるため、活用に際しては学習者の実態を注意深く観察しながら、必要な項目を見極める必要がある。だからと言って、この表の価値が下がるものではない。指導計画の作成に当たって、このような表のあることが、指導すべき能力の指導漏れを防ぐという意味からもその意義は大きい。

作文の課題条件は、従来、教師が設定してきたものであるが、奈良国語教育実践研究会では、いずれは子どもたち自身で条件設定できるように導きたい意向を示している。子どもに使わせるには、さらに精選し、わかりやすくした表に作りかえる必要があるだろう。

本書第４章「課題条件作文の年間指導計画」においては、中学３学年、それぞれの「課題条件作文年間指導計画」が示されている。各学年の年間指導計画の項目と内容は、学期、課題、文種、時数、目標、課題条件、主な指導法、評価・処理、資料、関連の10項目にわたる方針に基づいて編成されている。なお、作文の条件については、①目的、②立場、③相手、④内容・材料、⑤構成、⑥叙述・文体、⑦表記、⑧分量の中から、課題に必要な項目が取り上げられている。

上記の「課題条件設定のための基本事項一覧表」と「条件項目による指導事項表（技能表）」が活用され、学年による発達段階、学期、年間の学校行事にも配慮した実践的な計画である。

３　課題条件作文指導の実践理解

本書第５章は、全体の三分の二を占めるページ数を使って、各学年の実践事例が収録されている。ここでは、第５章の始めに、巳野欣一が示した課題条件作文の授業の一般的な手順について要約紹介し[7]、実践指導事例の理解に代える。

３．１　課題と文種

「課題」は、児童生徒の具体的な文章を書く目的、読んでもらう相手、盛り込む内容などの要素を基にして、わかりやすい表現で示す。細かな事柄や約束などは、「課題条件」として別記する。題材は、子どもたちの生活（学校・家庭・近隣社会）から選定できるように配慮し、作文活動は子どもたちの生活に資するものとする。

「文種」は、表現目的を達成するのに最もふさわしいものをあげる。二つの文種の混合することがあっても、原則として中心になる文種一つで示す。

３．２　指導目標

単元の作文活動をとおして、子どもたちにつけたい作文能力を分析し、教師の指導目標として、次のような三項に分けて示す。

① 価値目標―取りあげた作文活動によって育成される精神価値、つまり、作文の題材、内容および作文活動によって形成される思考、心情の目標

② 技能目標―この作文学習で養われる作文技能の中から、特に精選された中心目標（精選して１～２項に絞る）

③ 情念目標―従来の指導ではあまり意識して目標として設定されなかった態度、つまり、作文活動への意欲、関心、態度面で育成される目標

３．３　課題条件の構成

課題に応じる作文の作成に当たって、書き手が守るべき条件を、「課題条件設定のための基本事項一覧表」[8]に基づいて設定する。項目は、①目的、②立場、③相手、④内容・材料、⑤構成、⑥叙述・文体、⑦表記、⑧分量から、必要な項目をしぼり、条件の難易も考慮する。

7　本書 pp.50-51 に基づく。

8　本項２の「内容」で考察したもの。

条件設定は、初期のうちは教師がすべて実施するのがふつうであるが、課題条件作文の学習が進むにつれて、教師と学習者とが協働で設定する試みを取り入れ、いずれは子どもたちで設定できるように導きたいとする。

３．４　指導計画・時間配当

作文指導は意図的、計画的に実践されなければならない。すでに作成された各学年の年間指導計画に基づいて作文単元の一つひとつが指導されていく。

３．５　指導の実際

なるべく指導の実際が具体的にわかるように、指導の手順、方法を明らかにするとともに、発問、応答、板書、学習用紙、教材、資料などを示し、具体性を持たせる。

なお、課題条件の設定に関わる重要な記録部分に関しては傍線を付したり枠囲みにしたりする。

３．６　作品と考察

児童生徒の作品例を取りあげ、指導者による考察を加える。「考察」は課題条件への適合の状態を中心に述べる。

３．７　評価と処理

課題条件に応じているかどうかを中心に、指導者による評価、学習者の自己評価、相互評価（助言）などの実際を示す。「処理」は、作文の目的に応じた作品の扱いと、生かし方を解説する。

３．８　指導を終えて

子どもの作文活動や教師の指導の計画、指導法などの反省、課題条件法による指導の効用や改善点に触れる。

以上、実践事例展開の手順を参考に、「課題条件設定のための基本事項一覧表」および「条件項目による指導事項表（技能表）」がどのように活用されているかを考察した。

中でも３．２の「指導目標」が、価値目標・技能目標・情念目標の三項に分けて示されている点に注目したい。価値目標は思考・心情、技能目標は精選した作文技能、情念目標は意欲・関心・態度と細分化されている。従来の作文指導においては、技能目標が特定されておらず、結果として評価があいまいになりがちであった。このように三つの指導目標を並立すれば、多面的・総合的にバランスの取れた教育評価ができるだろう。

本書の第５章に納められた実践事例はすべて、８項目（上記３．１「課題と文種」～３．８「指導を終えて」まで）にわたる課題条件作文の授業の一般的な手順を踏んでいる。一つの授業展開の型として提起されたもので、実践指導事例の理解に役だつことはもとよりであるが、授業を構想する場合にも、資料準備と手引き、段階的な学習作業の進行、そして評価と処理まで、落ちのないまとまった指導計画として参考にできる。

また、７「評価と処理」に関しても、各事例に即した方法がとられている。評価の観点を学習者と指導者が共用する、学習者は相互評価、自己評価の際にもこれを活用する、指導者は、評価の段階ごとに評価観点を焦点化する、など、実践ならではの工夫が随所に見られる。２「指導目標」とも一体化し、計画に血が通ったものになっている。

最後の８「指導を終えて」の振り返りでは、さまざまの課題があげられているが、これらはすべて、実践を経たうえで明らかになった具体的な課題であり、次の学習指導につながる価値ある成果として理解することができた。

４　検討とまとめ

大内善一（1996）[9]は、奈良県国語教育実践研究会による「課題条件法」による作文授業づくりについて、「『書くことの条件項目』を洗い出し、作文指導計画を作成するための指導事項を網羅的に抽出したこと」と、これに基づいて「全学年にわたる『年間指導計画』を組織的に作成したこと」の二点の意義を認める一方で、次のような問題点を指摘している。

①　八つの「課題条件」の中には、概念がやや曖昧なために、「年間指導計

9　大内善一（1996）『作文授業づくりの到達点と課題』東京書籍

画」作成に活かす際に不確かな捉え方が生じている。精選してよい項目がある。

② 「年間指導計画」は、「単元計画」との違いを認識して、煩雑なものにしない配慮が必要である。

③ 「課題条件」を学習者に意識させていくための指導過程・方法、手だて、指導に際しての具体的な教材の開発も今後の課題として残されている。

④ 「課題条件」が実際の指導にどこまで有効に活かせているかを報告する授業記録の記述方法の在り方も、今後に残されている課題と言える。

(pp.179-180 を参考に、筆者が要約引用した)

はじめに意義として認められている点について考える。大内があげた二点の意義は、筆者が中学校編の考察をとおして気づいた点と重なる。これにつけ加えるとすれば、小・中一貫した作文指導の実践体系が樹立された点があげられよう。

作文の年間指導計画は、国語科として児童生徒に作文力を身につけさせる場合、片寄りや必要な事項の抜け落ちのないように、また、教師の単なる好みやその場の思いつきなどにとどまって学習経験に過不足が生じることのないようにするためにも欠かせない。奈良国語教育実践研究会が、小・中一貫した作文指導の実践体系を樹立した意義は大きい。

義務教育段階における指導者はもとより、高校・大学における指導者にとっても、系統的に全体像をつかむ手がかりとして貴重である。

次に、大内の指摘する問題点について考える。

筆者は、表現指導は、学習活動を始めることにこそ最大の意義があると考えている。受動性の勝る理解学習とは異なり、能動性が強く求められる表現学習の場合、指導者も学習者も、まずはともに、事に当たる（表現活動を始める）ことが重要なのである。活動を始めて、それを継続してゆけば、改善、改革の方途は必ず見えてくる。

こうした立場から、大内の指摘については、意義の方を高く認め、問題点については、実践の継続と評価活動によって、当然改善されていくべき課題として受けとり、これまでの長きにわたる研究活動の継続に高い価値を認めることはあっても、問題点とは考えなかった。それぞれの実践報告の指導者の反省「指導を終えて」を読むにつけても、課題は自ずから明らかにされ、改善への道がすでに始まっていることが確認できたからである。

大学初年次生を対象とする文章表現指導への応用について考える。

奈良国語教育実践研究会が、作文指導の充実改善のために示した課題は、(1) 題材開発と書くことの場の設定、(2) 作文の指導過程、指導法開発、(3) 作文の評価、処理の方法[10]の三つである。これは、大学生のための文章表現指導においても同じである。

また、これらの課題解明のために本書で提案された (1)「年間指導計画」、(2)「課題条件法」とその学習構成の手順と方法を示した実践事例の提示、(3) 作文の評価と処理についての工夫の実際についても、大学生を対象にしても共有できるものである。具体的には、指導計画作成に際しては、学習者が書き慣れてきた生活文から論説文の学習につなぐ指導に、課題条件作文が活用できる。練習の文種を、生活文から目的と相手のはっきりした説明的文章に移行し、課題条件に焦点化した学習指導を行うことによって評価をわかりやすくするのである。筆者の二百字作文は、「課題条件作文」に相当すると考えられる。学習者、指導者双方の扱いやすさを考慮して、分量条件を 200 字に限定した点が特徴であるが、課題条件の項目は、多様に組み合わせて活用している。このように、自らの実践上の工夫が、「課題条件法」による作文指導に通じる点のあったことが本書の理解を助けた。

文章表現指導は息の長い取り組みである。小・中・高・大をつなぐ一貫した見通しのもと、周到な準備と確認のもとに計画を立てなければならない。これに関して、本書を理論面で主導した巳野欣一は次のように述べている。

　国語科作文指導で児童生徒に作文力をつけさせる場合、表現目的、相手、文章の種類や形態、文体、叙述法などの学習、文章表現の種類、習得状況などに、結果として著しいかたよりや、必要な事項のぬけおちがあっては

10　本書、p.17

ならない。また、作文学習の機会が教師の単なる好みや、その場の思いつきなどにとどまっていては学習経験に過不足が生じることになる。このような弊を防ぐために作文の年間指導計画は必要である。(p.36)

本項で考察した「課題条件法」は、作文指導の中で、基本的指導事項および基礎的表現技能がどのように計画の中に組み込まれているか、小・中における指導計画の作成法を理解する資料として有意義であった。大学においても文章表現指導の指導計画が必要なことは言うまでもない。

第３項　町田守弘（1990）「『国語表現』における単元学習の試み」

第１項と第２項は、組織として長年にわたり作文指導に取り組み、主として系統的に作文技能を育成しようとする研究であった。本項では、国語科作文指導や文章表現技能指導における系統性よりも、むしろ学習者の生活経験や意欲、社会生活で必要とされる言語能力を重視して、高校において、個人の立場で「単元学習」に取り組んだ実践事例を考察する。

筆者の実践現場が大学で、現時点において組織として研究に取り組む状況にないことから、個人の立場で「単元学習」に取り組む町田の事例から、今後の実践に何らかの示唆が得られるものと期待して考察を進める。

１　実践姿勢

町田（1990）[11]は、1982年度から高等学校に新設された「国語表現」の授業に取り組むに際して、単元学習にその可能性を見出している。

まず、年間の指導計画を立案するに際して、次のような二つの基本方針とその基盤となる考えを示している。

１　理論より実践を重視し、具体的な表現の場を多く設ける。

２　実生活に直結し、実際に役に立つような授業を工夫する。

表現力は、実際に表現することを通してしか育成することができない。いくら話し方や書き方の指導を充実させても、実際に話させかつ書かせる

11　町田守弘（1990）『授業を開く――【出会い】の国語教育』三省堂

ことを抜きに「国語表現」の授業を組織することはできない。そこから第一の方針が引き出される。

また、これから大学や実社会へと巣立ってゆく高校三年生には、より実用的な表現指導が要求されるだろう。この点に関しては、高森邦明氏の主張する「言語生活的作文」の考え方[12]に学ぶことができる。わたくしたちは、単に学校や教科の中だけにとどまることなく、より広い視野から表現指導を考えなければならない。第二の方針はそこから出てきたものである。

(pp.81-82)

大学に入学したばかりの初年次生を対象に文章表現指導を実践している筆者の認識は、高校三年生の表現指導に取り組む際の、上記の町田の考え方に一致する。筆者の指導対象である大学の初年次生に、作文学習についての理論を聞く耳はなく、またその必要性も感じていない。それよりなにより、当面必要なレポートの書き方、実習報告の書き方を身につけたいばかりである。実生活に直結し、実際に役立つ授業を求めている。

高森邦明（1984）の「言語生活的作文」に共感し、多くを学んだことは筆者も同様である。町田との間のこれらの共通性は、指導の対象者が高校三年生と大学初年次生という近似、同質性に加え、同年代の指導者としてほぼ同時期（1980年代から1990年代）に教育実践にたずさわっている故であろうと考えられる。

町田（1990）は、「依然、『読んで、説明する』授業が主流を占めている。せめて「国語表現」の時間には、この形式を脱した実際の表現行為重視の授業を試みたいと思った。」(p.82) とも述べている。作文は「読んで、説明する」授業によって学ぶものではなく、「書いて」学ぶべきものであるとの認識である。

以下、『授業を開く――【出会い】の国語教育』（以下本書と称する）の実践事例の中から、二つの実践を要約紹介し、考察を試みる。

1982（昭和57）年度から始まった新課程の「国語表現」科目における授

12　高森邦明（1984）『作文教育論』シリーズ全3巻。第一巻『作文教育における目標と方法の原理』、第二巻『言語生活的作文の指導』、第三巻『言語生活的作文の実践研究』文化書房博文社業である。この科目が町田の勤務校で開講されたのは1984（昭和59）年度からで、ここで紹介する事例は二年目1986（昭和61）年の実践である。

対象は高校3年生で、週に1時間の授業、担当教師4名が、それぞれ2学級ずつ分担して、各自が自らの「国語表現」観に即した授業を自由に展開するというものである。定期試験は実施せず、授業態度や提出物で評価し、担当者によって評定に著しく差が出ないように配慮すること、授業の進行状況や生徒の反応について随時情報交換することなどが打ち合わされている。

担当する2学級の授業をどのように展開するか、町田は思案をめぐらしている。対象は卒業・進学を控えた3年生で、しかも週にたった1時間の授業である。高3の正規授業は11月上旬までで、その後は短縮授業となり、「国語表現」は消えてしまう。年間17時間の限られた授業時数の中で、どのような実践を構想するのか。

新しく生まれたばかりの「国語表現」に、まだ確かな指導法はなく、現場から様々な実践報告がぞくぞくと発表される段階であった。そんな中にあって、町田は、「とにかくいまは、様々な実践を持ち寄りつつ、その中から帰納的に表現指導の原理を導き出すべき時」との立場から、独自の単元学習を展開している。

生徒に表現しようとする意欲を持たせるように工夫し、実際に表現させる段階では、要点を絞って一つか二つ指導する。できあがった作品については、必ず自己評価・相互評価・教師による評価を経て、生徒に返却するように配慮している。

以下、本書で紹介されている9単元の中から二つの単元を、評価の過程に焦点を当てて紹介する。そこからは、東洋氏の次の文言を引用し、「教師からの一方的な知識の伝達ではなく、生徒が自主的に学びとることを大きな眼目にした」（p.62下記文言も同頁）町田の授業実践に対する姿勢がよく見えてくる。

　教え込むという点では必ずしも幅広く完全でなくとも、その教科を好きにし、やれるのだという自信を持たせることに成功すれば、生涯学習時代の学校教育としては、それで十分なのだと私は思います。

（東洋『子どもの能力と教育評価』東京大学出版会、1979・6）

２　二つの単元事例

以下、二つの単元を続けて要約紹介し、考察は後でまとめて行う。

２．１　単元「自己 PR 文を書く」

単元名は「自己 PR 文を書く」。目標は「第三者に自己をよくピーアールする文章を書くこと。」である。

枠を書いたＢ５版の用紙を用意し、その枠の範囲内で自由に書かせる。氏名は必ず記入するように指示した上で、内容・表現・表記等すべて自主的に記入する。ただし「国語表現」の課題ということで、ことば（文字）による表現に限定し、イラストなどは禁止した。

時間内で書き切れない分は宿題とし、次の時間に持ち寄った文章を回収して、クラス全員の「自己 PR 文集」を作成する。縮小コピーを用いて半分の大きさにし、Ｂ４版の用紙に四人分の文章を収録、そのままクラスの人数分を印刷に回して、全員に配付、各自に綴じさせて「自己 PR 文集」が完成する。

次に評価の段階に入る。クラス全員の文集に目を通した上で改めて自分自身の書いたものを読み、自己評価を具体的にまとめる。さらに、自分がよいと思った文章を上位三位まで、理由を添えて選ぶ。最後に、どのような文章がよい「自己 PR 文」といえるか、という点についての見解をまとめ、よい文章の条件を考えた。

この評価は所定の用紙に記入させ、担当者側で集計する。次の授業時にクラスのベストスリーを発表し、選ばれた理由のまとめと担当者による講評を行う。

さらに、よい「自己 PR 文」の条件として生徒たちが挙げたものをまとめてプリントする。その内容は次のとおりであった。

テーマをしぼって書く。一つのことをくわしく書く。素直に自然にありのままを。ユニークで個性的なものを。ユーモアのある内容に。具体例を交えて。意表を突くような意外な面も。読み手をひきつけるような文章に。分かりやすく読みやすく。要点をはっきりさせる。書き出しを工夫して。読み手の興味・関心を喚起するような面白い表現で。構成をしっかりと。簡潔な文体で。誤字・脱字がないように・レイアウトも工夫して。

（pp.83-85）

2.2　単元「後輩へのアドバイス――早実生活を充実させるために（2分間スピーチ）」

単元「自己PR文を書く」に続けて、スピーチの単元を考案した。単元の主旨・展開は、自己PR文に準ずる。全員が実際にスピーチをし、最後に評価とまとめを実施する。

時間数が少ないため、スピーチをテープに録音する方法を考えた。そして、所属校が中学部を併設し、担当者が同時に中学２年生を担当している現状を利用し、中学２年生の後輩に対してスピーチをさせることにした。話題は「後輩へのアドバイス――早実生活を充実させるために――」とし、体験に即して具体的に話すようにした。

なお参考資料として、NHK編『上手な話し方』（NHKベストセラーズ、1980・2）およびラジオ講座用のテキスト『NHK話しことば講座』（日本放送出版協会、1985・4）の一節をコピーしたものを、それぞれ全員に配付して参照させた。

１週間後に、生徒たちは各自のスピーチを収録したカセットテープを持参した。担当者が一わたり聞いた後、今度はスピーチの対象となった中学２年生に聞かせることにする。高３は２クラス、中２は４クラスのため、中２の１クラス（約50人）に、高３約25名分のテープを割り当てた。さらに、中２の１クラスを、約10名ずつのグループにして５班に分け、各班に５人の先輩のスピーチを聞かせることになった。

担当する中学２年生の授業時に、投げ込み的に１時間だけスピーチを聞く時間を設定した。テープレコーダーを５台用意して、視聴覚教室で５班に別れて実施した。ただ聞くだけでなく、主題・構成・表現の３つの観点から５段階評価し、それぞれコメントを添える。さらに全体の感想を、ワラ半紙４分の１大の評価票に記入する。そして最後に、班ごとにもっとも印象に残ったものを二つ、理由を明確にして選出した。カセットテープは各自氏名を書いた封筒に入れて提出したが、中２の生徒の書いた評価票は班ごとにまとめてテープと共にその封筒に入れた。すなわち、高３の一人のスピーチにつき、中２約10名が評価したことになる。授業終了後にテープと評価票の入った封筒を回収し、指導者がその評価票を見ながら再度テープを聞き、今度は指導者としての評価を出した。

高３がテープを提出してから１週間の間に以上の作業を実施したが、担当者側の負担は実に大きかった。１週間後の授業でテープと評価票を返却し、特に中２の選んだスピーチは全員に聞かせて講評を加えた。自己PR文のときと同様、帰って来たテープを自分で再度聞いて、中２の評価・コメントを参照しながら、同じく主題・構成・表現に関して自己評価し、よいスピーチの条件を考えた。担当者側の負担の大きな単元ではあったが、高3、中２ともにまずまず好評だった。

なお、よいスピーチの条件として生徒が挙げたものは、次のようなものであった。

> 言いたいことを明確に。聞き手のことをよく考えて、聞き手の興味に即した内容を。自分の体験に基づく具体的な話を。個性的なスピーチを。話題に一貫したものがほしい。優しさ、気遣い、思いやりのあるものを。分かりにくい、難しい表現を避けて。結論を最初か最後にはっきりと述べる。ユーモアを込めて。構成を工夫して。はっきりした話し方で。明るい話し方のほうがよい。〈間〉を設けて、聞きやすく。聞き手に語りかけるように。アクセント・プロミネンス・イントネーションを明確に。　（pp.85-89）

これらの条件は、自己PR文のものを合わせてプリントし、全員に配布した。

３　考察とまとめ

町田の二つの実践事例からは、生徒の自主性を最大限に尊重し、主体的に学ぶことの喜びを感じさせるための細やかな配慮がうかがえる。以下、それぞれに分けて考察する。

一つ目の実践事例「自己PR文を書く」の成功の一番の要因は、処理の仕方にあろう。自己PR文は、なるべく多くの読者を得て、どの程度自己がPRできたかを検証できるものでなければならない。実践では、全員で自己PR文集を作り、どの生徒も全員の文章を読んで楽しめるようになっている。

二番目の要因は評価方法にある。まずは全員のものに目を通した上で、改めて自らのPR文を読み、自己評価を具体的にまとめる。次に、他者のPR文の中からよいと思った文章を上位三位まで理由を添えて選ぶ。最後に、「どのような文章が『よい自己PR文』なのか」について、見解をまとめる。

最初に書く自己評価は、他者のものを読んで、自らのものと比較・対照を経たうえで行うため、具体的にならざるを得ない状況での評価となる。次に、上位三位を選ぶ評価は、「理由を添えて」という条件によって、丁寧に読み込まざるを得ない状況におかれる。さらに、最後にもう一度、自己PR文についての見解をまとめる課題が出される。何重にもわたる評価によって、「よい自己PR文」の条件が自ずと明らかになる仕組みである。

三番目の要因は、ベストスリーの発表にあるだろう。担当者が集計にかける時間の負担は大きいが、学習者には、楽しみである。教師の講評も、自ら書き、評価もした自己PR文に対するものなのだから、興味深く聞かないはずがない。

後に印刷して配付される、生徒たちが書いた「よい自己PR文」の条件は、四重、あるいは五重の目をとおした評価として、学習の最終確認の機能を果たしている。学期はじめの授業で、自己紹介の変形として真似てみたい単元学習である。

二つ目の実践事例「後輩へのアドバイス――早実生活を充実させるために（2分間スピーチ）」について考察する。

成功要因の一番目に指摘できることは、「高校3年生の生徒に、同じ系列校の中学校2年生にアドバイスのスピーチをさせる」というアイデアの秀逸さである。「体験に即して具体的に」という指導は、この実の場の設定によってすでに８割方は成功していると言えるだろう。指導者が校種の異なる生徒を同時期に指導していたという偶然もあろうが、日ごろからの創意工夫の姿勢があったからこそ生みだされた妙案と思われる。

二番目の要因は、授業の１週間前に参考資料を配付する事前指導にある。生徒たちは、１週間後にスピーチを録音して提出しなければならないため、読まざるを得ない状況におかれる。教室で指導者の解説を一斉に聞くよりも、はるかに真剣に目をとおすことだろう。

三番目は、重層性を持った評価方法である。中２生は、各スピーチに対して、評価票を用いて、主題・構成・表現の三観点、５段階による評価を行い、コメントを付けて高３生のめいめいの封筒に入れる。また、班ごとに、もっとも印象に残ったスピーチを二つ、理由を明確にして選出する。これら以外に、授業全体の感想も記す。中２生が１時間の授業でこなすにはかなりの作業量だが、周到な準備に加えて先輩のスピーチを聞くという楽しみが、その煩雑さを打ち消して余りある。

一方、スピーチをした高３生は、テープ提出後１週間で、中２生 10 名ずつの評価票を受け取る。クラスサイズの大きかった頃で、生徒を自在に活動させる指導者の苦労がしのばれるが、高３生にとっては、後輩からの評価票は、楽しみな報酬であったろう。

中学での投げ込み授業終了後、町田は中２生の評価票を見ながら、再度（回収直後に一度、一通り聞いている）高３生一人ずつのテープを聞き、指導者による個別評価を行う。２クラス総勢 100 名分、中学での投げ込み授業を含めて回収後１週間で返却する計画である。

１週間後の高３の授業においては、中２生によって選ばれたスピーチを全員で聞きながら、指導者の講評を聞き、最後は、高３生各自が中２生の評価を読んだ上で自己評価をしてよいスピーチの条件について考えて学習を締めくくる。

四番目に、二つの事例に共通する成功要因として見出せるものは、「教師からの一方的な知識の伝達ではなく、生徒が自主的に学びとることを大きな眼目にした」（p.62）という町田の授業実践に対する姿勢である。どちらの事例においても、町田が教壇に立って知識や技術について一斉講義をすることはなかった。自己ＰＲ文もスピーチも、必要な知識や方法に関する情報は事前に配付され　事前学習から作品作成過程、作品の交流から評価まで、すべて学習者の主体性にまかされており、後に指導者が行う評価や講評も、生徒たちの評価活動を経た上で行われていた。

町田は、別事例でテープ鑑賞した際の生徒たちの評価について次のように述べている。

> 生徒たちは、熱心に他班の作成したテープを聞いた。時には歓声を挙げながら聞き入る彼らの表情は、いつになく生き生きとしていた。だが、彼らの相互評価はなかなか厳しく、また的確であった。（p.61）

生徒たちは、教え込まれなくても、必要性を感じて、その気になれば、そしてそこに、指導者の適切な支援（今回の場合は、授業のアイデアや計画、事前資料の配付など）があれば、「厳しく、また的確」に評価し、学び合うのである。

双方の実践について、一つの難点は、町田も述べるように、あまりに一担当者当たりの学習者の人数が多いために、個別評価が困難なことである。しかし、学習者たちが「よいPR文の書き方」、「よいスピーチの仕方」としてあげた条件は、町田が「厳しく、的確であった」というように、高く評価できるレベルに達している。生徒同士の相互評価は、ときに大きすぎるクラス人数という難点を克服する効果を持っている。

多人数の学習者を対象とした実践において、このように大きな学習成果があがるのは、指導者の「学習者が相互に学び合う場の設定」のうまさに起因する。指導者が、知識・技能を一方的に伝達する授業における生徒の学びには限界がある。しかし、上述のような単元を設定すれば、生徒数の多さに比例して大きな学習成果が生み出せるのである。

少人数指導は望ましいが、まだまだ現実が追いつかない中で、町田の実践には貴重なヒントがいくつもあった。本節の第１項、第２項の研究は、学校や研究会といった組織としての取り組みであるのに対して、町田の単元学習は、一個人の取り組み事例である。組織が長年にわたって大人数で取り組んだ研究には、目を見張るような大きな成果がある一方で、町田のような個人の創意工夫による実践にも高い到達レベルを示すものが見出せる。

筆者は、この町田の実践から、大学における単元学習を構想するヒントを得た。

第２節　大学における文章表現指導

第１項　木下是雄の言語技術

１　『理科系の作文技術』と『レポートの組み立て方』

物理学者の木下是雄は、学会での研究発表や論文の作成能力において、日本の若い研究者の能力不足を痛感したと言う。そして、「日本の（中略）作文教育は仕事の文書の文章を書く基礎教育として役立っているのだろうか？」[13] との問いのもとに、次のような考えを持つに至る。

> 私の考えでは，日本の学校における作文教育は文学に偏向している．遠足についての作文は，「どこに行って何をし，何を見たか」がどれほど正確に，簡潔に書けているかによってではなく，書いたこどもの，またその仲間の心情の動きがどれだけ生き生きと描かれているかによって評価される．（中略）
>
> こういう作文教育もあっていいと思う．しかし私は，そのほかに，正確に情報をつたえ，筋道を立てて意見を述べることを目的とする作文の教育——つまり仕事の文書の文章表現の基礎になる教育——に，学校がもっと力を入れるようにならなければならないと考える．（p.10）

従来の国語科における作文教育への上記のような批判から、木下自らが言語教育に取り組んだ結果生まれたのが 1981 年発行の『理科系の作文技術』と 1990 年発行の『レポートの組み立て方』[14] の２冊の著作である。

13　木下是雄（1981）『理科系の作文技術』中央公論新社
14　木下是雄（1990）『レポートの組み立て方』筑摩書房

前者は理科系の研究者や技術者、および学生を、後者は、主として文系の学生と一般社会人を対象として書かれた表現技術のテキストである。前者は、作文技術だけではなく、パラグラフ理論[15]を日本に紹介した書物としても評価が高い。

木下は、学習院大学において、同じ問題意識をもつ教師たち（国語科・国文学、文系に限らず専門を横断する）と、1977年に「学習院言語技術の会」を立ち上げ、小学校から高校まで一貫した言語教育の教科書を作り上げている。「読み・書き、話し・聞き、考える」すべての領域において、小学校からしっかりとした論理教育を行うべきだとの考えによる。日本の国語教育ではそうした教育がなおざりにされているとする危機感が背景にある。こうした活動の合間に、木下が刊行したのが上記の２冊の言語技術の著作である。

『理科系の作文技術』は、30年以上前の刊行物にもかかわらず、2012年６月12日現在、すでに71版を重ね、販売数は90万部を突破し、今もよく売れている。文化系の学生を対象に同様の内容で書かれた『レポートの組み立て方』も20年を越える年月を経てなお、大学の文章表現指導のテキストとして現在もよく採用されている。中公新書が、東大と京大で読まれている新書のベスト10として発表したランキングにおいても、東大、京大ともに１位に選ばれているのが『理科系の作文技術』である。このように、木下の「作文技術」が根強く支持される理由を、文化系を対象に書かれた『レポートの組み立て方』を中心に考察してみる。

２　言語技術重視の内容

『レポートの組み立て方』の目次は次のとおりである。（下位項目は省略）

15　英語の文章で一般化している段落の構成法である。一つのパラグラフは、一つの話題について記述される文の集まりで、主張を示すトピック・センテンスとそれを支える根拠や具体例などを詳しく述べるサポート・センテンスから構成される。各パラグラフのトピック・センテンスをつなぐと、文章全体の要旨となる。

1　レポートの役割

　1.1　レポートとは　1.2　大学生のレポート　1.3　社会人のレポート

2　事実と意見の区別

　2.1　事実と意見—言語技術教育との出会い

　2.2　事実とは何か　意見とは何か　　2.3　事実の記述の比重

3　ペンを執る前に

　3.1　レポート作成の手順　　3.2　主題をきめる

　3.3　目標規定文（主題文）3.4　材料を集める

　3.5　いろいろの制約　　3.6　レポートの構成

4　レポートの文章

　4.1　読み手の立場になってみる　4.2　叙述の順序

　4.3　事実の記述・意見の記述

　4.4　レポートの文章は明快・明確・簡潔に書け

　4.5　パラグラフ—説明・論述文の構成単位

　4.6　すらすら読める文・文章　　4.7　文章の評価

5　執筆メモ

　5.1　原稿の書き方　5.2　出典の示し方　5.3　表と図

　5.4　読み直し　修正

主な内容をまとめると、次の３点になる。

１．事実と意見を峻別する。

２．「目標規定文」で主題をまとめ、その目標に収束するように全体の構成を練る。

構成の型として、古典的なＡ型「序論・本論・結論—型」と、木下が推奨する現代的な、情報化時代の要求に合うＢ型「概要・序論・本論・議論—型」の二つが紹介されている。

Ｂ型の構成の特徴は、次の３点である。

（ａ）「ポイントを真っ先に書け」という情報化時代の要求に沿って、レポート全体の〈概要（結論の要旨を含む）〉を最初に書く。

（ｂ）結論は、Ａ型の場合のように独立の〈結論〉という説を立てて書くのではなく、〈本論〉の一部としてその末尾に入れる。

（c）〈論議〉（あるいは〈考察〉）という節を設ける。自分の調査・研究とその結論について、第三者になったつもりで検討する。自己評価に相当する部分である。

3. 構成に従って順序よく、明快・簡潔に記述する。

2. と 3. の双方において、パラグラフ理論に基づく記述が行われ、記述に際して必要な文種は、事実を書く「記述文」「説明文」と意見を書く「論理を展開する文章」に限られている。

木下の主張は、「レポートに書くべきものは，事実と，根拠を示した意見だけであって，主観的な感想は排除しなければならない」とするもので、「この点に，レポートといわゆる作文との大きな違いがある.」（p.2）としている。

『理科系の作文技術』は、この『レポートの組み立て方』の内容とほぼ同様であるが、さらに「手紙・説明書・原著論文」と「学会講演の要領」の二つの章が加わっている。「学会講演の要領」については、作文技術ではなく口頭発表による言語技術の方法を具体的に詳しく解説しており、学会発表の経験の少ない若手の研究者には実用的な手引き書となっている。日本の学会では、こうした専門領域の発表技術は、子弟間での個別指導や平生身近で見聞きして、知らず知らずのうちに身につけることが一般的とされている。木下のように、口頭発表の要領（技術）を、具体詳細にわたって解説する書物は他にあまり類を見ない。密かにベストセラーである要因は、このような点にあると思われる。

論文に限らず、仕事に必要な実用的な文書から口頭発表まで、「目標規定文」（木下の新造語、いわゆる主題文に相当する）のもと、集材、配列、構成まで、一貫してコンポジション理論の考え方[16]によって説明されている。研究者や技術者が使う科学的技術支援のための解説書、参考書としては、とりわけ実用的でわかりやすい。

16　レトリックの役割も兼ねた「効果的な文章の構成法」。第１章第２節第１項「アメリカにおける言語教育」において論じた。

しかし、すでに書き慣れた人が参考書として使用するのは便利であるが、高校あるいは大学の教室で、いわゆる初心者が文章表現の教科書とするには工夫が必要である。詳細ではあるが解説中心で、ワーク部分が少ないことが理由として上げられる。教科書として採用するには教師が必要な課題や学習活動を組み合わせて、参考書として役立たせるといった実践的見識が求められる。

３　言語技術と言語活動

言語技術（language arts）は、言語活動や言語生活を適切かつ効果的に営むための技術である。実用的・実践的なコミュニケーション能力としての読み方・書き方・話し方・聞き方の技術である。実用文を速く的確に読み取る技術、達意の文章を書くための論理的な作文技術、議論するための説得や反駁の技術などが主なそれである。

日本の国語教育では、言語技術がなかなか具体化されず、系統化も不十分で、「言語事項」に含まれる文法などを除くと、教科内容として明確に定位されないままであった。2008（平成20）年の学習指導要領の改訂では、「言語事項」が「伝統的な言語文化と国語の特質に関する事項」に改められ、「知識及び技能の習得と活用」を重視する立場から、全教科にわたって「言語活動の充実」が謳われている。その「言語活動」を活発かつ効果的なものにするためにも、指導すべき「言語技術」の具体化と体系化は欠かせない。

これまで、一般の学校現場で言語技術教育が不振だった背景について、鶴田[17]は次のように述べている。

> この背景には、心情主義・道徳主義・教養主義的な国語教育観、文学教材の偏重とその詳細な読解指導、言語技術に対する偏見や意識の低さ、魅力的な教材（教科書）の不足や効果的な指導法の未確立といった問題があった。
> （p.295）

17　鶴田清司（2009）「言語技術教育」田近洵一・井上尚美編『国語教育指導用語辞典〔第四版〕』教育出版

言語技術は表層的なマニュアルに準ずるものではない。文章作成の際に、アウトラインを作成し、種々の叙述の順序に従って配列を工夫することによって、われわれは思考を整理し、新たな展開を図るのである。言語技術は、書き手の内面的な認識の深化や論理的な思考力、ひいては表現力に大きく関連している。

また、言語技術が無ければ、異なる立場の人々と適切なコミュニケーションを図ることもままならない。アメリカ・ドイツ・フランスなど欧米諸国では、言語技術教育が盛んである。国際化、情報化が進む社会において、日本の若者がグローバルに活躍するための基盤づくりといった観点からも、言語技術教育はもはや避けて通れないものとなっている。

日本においては、木下が言語技術教育の先陣を切った。現在では、三森ゆりか[18]が、ドイツの国語教育の系統性を紹介しながら日本の作文指導に「言語技術の導入」を提言している。三森以外にも、アメリカ、イギリス、フランスなど、欧米の母語における言語技術教育[19]を日本に紹介する等の例が増えている。

言語技術は、表現に限定されるものではなく、それを支える思考にこそ深く関わる。日本の母語教育は、これらグローバルな言語技術の基準にどう対処していくのか、考えるべき時期に来ている。

第２項　井下千以子の認知心理学に基づく研究

１　『高等教育における文章表現教育に関する研究』

井下千以子の研究成果は、2002年12月『高等教育における文章表現教育に関する研究――大学教養教育と看護基礎教育に向けて――』と題して

18　2006年６月12日 言語力育成協力者会議（第１回）配付資料［三森委員説明資料１］文部科学省ＨＰ http://www.mext.go.jp/b_menu/shingi/chousa/shotou/036/shiryo/06061520/007.htm

19　第１章第２節第３項、渡辺雅子の「日・米・仏、思考表現のスタイル比較」参照。

風間書房より刊行されている。日本女子大学より博士学位を授与された学位論文である。以下、井下の引用はすべて本書による。

研究の目的は次の三点に設定されている。

1．従来の作文教育の問題点を指摘した上で、「文章表現教育」の定義と高等教育における位置づけを明らかにすることによって、本論文で扱う「文章表現の指導」が何を目指すものであるかを明確に規定する。
2．文章産出に関する基礎研究を実施し、その結果に基づき、設計（PLAN）－実施（DO）－評価（SEE）のサイクルで体系的なプログラムを開発する。
3．特に、基礎研究においては、認知心理学の理論的な枠組みに則り、文章産出過程においてメタ認知がどのように働くのかを実証し、その成果を教育プログラムの開発に生かす。（pp.34-35）

上記の目的からわかるように、研究の柱は認知心理学の理論的な枠組みに則って実施される文章産出に関する基礎研究である。さらに、その研究成果を基に、「大学に学ぶ留学生のための（大学教養教育に向けた）文章表現教育プログラム」と「看護基礎教育に向けた看護記録作成指導プログラム」を開発した実践的研究である。自らの実践を研究の基盤に据えている点が筆者と共通しており、認知心理学に基づく基礎研究については参考になる点が多い。実験の対象人数が少ないことが気になるが、それを基礎研究として、体系的なプログラムの開発につなぎ、さらには実践による検証、評価にまで展開している点に説得力がある。

基礎研究として行われた実験は、「事実と意見を識別する課題が文章の再生に及ぼす影響」に関する文章記憶実験で、被験者により事実と判断された文の再生率が高いことが明らかにされている。さらに、事実と意見の識別だけでなく、なぜ事実と意見の区別が必要なのか、事実あるいは意見をどう表現すべきなのかを分析的に教授された学生は、具体的事実を根拠として意見を展開する文章が書けるようになることを明らかにしている。

実験の応用発展的事例として「看護記録」を取り上げ、事実を正確に記述し伝達することの重要性を、看護婦や看護学生がどのように認識しているかについて、面接調査を実施している。その結果、すぐれた看護記録は、常に読み手の知識状態を把握して、読み手に向けて情報を整理し表現を吟味していることが明らかにされている。自己の思考内容や記録行為を、読み手を意識した上でモニターしながら記録を作成する過程をメタ認知ととらえ、こうしたメタ認知能力を高めるためには、情報伝達の必要性を書き手が十分に認識し、読み手を分析的にとらえる力を育成することが重要であるとする。

上記の実験で明らかになった結果を基に、学部留学生を対象に大学教養教育に向けたプログラムと看護基礎教育に向けたプログラムの二つが提示されている。とりわけ看護基礎教育に向けたプログラムは、研究成果を採り入れた具体的で実証的な内容となっている。二つのプログラムはともに実践され、その評価も行われており、受講生からの反応も含めて「自らの文章をモニターするメタ認知を働かせることで文章表現力を養う」という目的が達せられたと結論している。

上述のように、井下の論文は、高等教育における文章表現教育の問題を、認知心理学の知見を基にした基礎的理論的研究と応用的実践的研究の両面から追究したものである。同じく、大学における文章表現指導を研究対象とする筆者は、実践に基づく体系的教育プログラムの開発に多くの示唆を得た。中でも、「プログラム開発への示唆」として提示されている「メタ認知を促す３段階モデルの提案」は、筆者の指導計画作成の際の観点とも通じるものがある。

「メタ認知を促す３段階学習モデル」とは次のようなものである。

知識学習 → メタ認知を促す学習 → 自己学習力の習得

（p.131　図 4-2 「文章表現力育成のための『メタ認知を促す３段階学習モデル』」の部分）

知識伝達型の授業だけでなく、「メタ認知を促す学習」（筆者の理解では、「知識を活用する言語活動」）を組み込むことによって、学習者に目標とする文章表現力を習得させようとするものである。要点は、どのような課題を精選し、それに見合うどのような言語活動を構想するか、さらには、たしかに習得がなったかどうかの評価をどのように組み込むかという問題にもつながっていく。

井下は、この著書の刊行時点での今後の課題を次の４点にまとめている[20]。

1. 高等教育で必要とされる文章表現力とは何かを専門教育との連携においてさらに分析を深め、プログラムを開発していくこと。
2. 第１．の課題を受けて、学生や教師の文章表現力に対する認識を把握すること。
3. 授業を担当する教師の問題。教師教育の研究も課題。
4. 教育カリキュラムやプログラムの開発のための基礎研究をより充実させること。

これら４点の課題について、筆者からの考察は次のとおりである。

まずは、高等教育における文章表現指導のプログラムを基礎研究から提案、実践、そして評価まで詳細に論じた点に、先駆的意義を認める。認知心理学の方法論、とりわけ「メタ認知を促す３段階学習モデル」に示唆を得た。

次に、２．および３．に記された当事者の実態把握の問題は、指導計画の開発上不可欠の要因である。筆者の研究は、学習者と指導者の実態把握から出発している。

最後に、井下の言及する４．の基礎研究については、小・中・高の国語科教育における作文指導に、その蓄積があるものと考える。

２　文章表現指導の体系化

１で見てきたように、筆者と井下の研究のちがいは、井下が認知心理学から、筆者が国語科教育学からのアプローチであるという点にある。共通点としては、双方ともに大学初年次生のための文章表現指導を研究対象に、学習者の「自己発見」の学びのプロセスを支援している点にある。

20　pp.167-168 に基づく筆者の要約引用。

井下の研究のその後は、学士課程４年間を視野に入れ、初年次のスキル学習にとどまらず、２年次や専門分野での学習へとつながる、体系的なカリキュラムの開発へと展開している[21]。アメリカが先行するライティング・センター[22]についても調査を進め、日本においてもその設置が進んでいる４大学（東京大学教養学部・早稲田大学国際教養学部・龍谷大学・京都精華大学教育推進センター日本語リテラシー教育部門）の例についても紹介している[23]。いずれも興味深く、引きつづき注目しているところである。

以上のように、井下の研究からは、大学における文章表現指導の先行研究として多くの示唆を得てきた。とりわけメタ認知を促す認知心理学的方略については、筆者がすでに実践していたことの理論的裏付けを得ると同時に、新たに調査に向かうきっかけを得た。メタ認知を活性化させるための方略として、相互評価や自己評価の視点を実践の当初より意識的に取り入れることができたのは、井下の実践に負うところが大きい。本論文、第４章以下の実践の記述、及び第７章における新たな指導計画の提案に際しても、方法論としてその学恩が生かせるものと思う。

一方で、文章表現指導の中核である文章表現技術、そしてその具体的な指導法に関しては、国語科教育学が長い歴史を持っている。文章表現技術は、国語科の教科内容であり指導事項そのものであるからである。とりわけ筆者は、これまでの実践をとおして、大学初年次生の作文能力および彼らが小・中・高において受けてきた作文学習の実態を見極めるべく、受講生を対象に繰り返し調査を実施してきた。度重なる調査結果の分析から、学生や教師の文章表現能力に対する認識、さらには、小・中・高における作文学習の実態について理解を深めてきた。

井下は、初年次教育から２年次以降の専門教育へ、さらには卒業後の職

21　井下千以子（2008）『大学における書く力考える力――認知心理学の知見をもとに――』東信堂

22　組織的な読み書きクリニック

23　早稲田大学のライティング・センターについては、次の第３項「佐渡島紗織の学術的文章作成指導」において触れる。

業にも配慮した指導体系を構想している。筆者は、初年次以前の、初等・中等教育をも視野に入れ、高等教育から生涯学習までを一貫する「書くことの教育」を構想している。

第３項　佐渡島紗織の学術的文章作成指導

学生数５万７千人というマンモス大学で、パソコン配信によるオンデマンド文章作成指導を立ち上げたのが、早稲田大学オープン教育センターである。いずれは9800人に及ぶ初年次生全員に「学術的文章の作成」指導を行うことを目標に掲げている。報告書[24]によると、2011年度は、合計3500人余の学生を指導したという。

文部科学省大学教育・学生支援推進事業・大学教育推進プログラムの支援を得て実施された「学術的文章の作成」は、次のような特徴をもって推進されてきた。

①初年次科目である。②eラーニングである。③個別指導を行う。④大学院生が指導に当たる。⑤全学規模で展開する。⑥電子ポートフォリオで専門分野における文章作成へ繋げる。

以下、オープン教育センターにおける佐渡島の報告部分（pp.128-131）をもとに、その成果と課題を概観[25]しつつ、考察を加える。

１　成果

１．１　初年次科目として学術的文章作成を指導した成果

佐渡島は、授業アンケートの回答などから、履修者は学術的文章作成の授業内容を新鮮なもの、役立つものと捉えていることが分かったと述べて

24　早稲田大学オープン教育センター（2012）『全学規模で行う学術的文章作成指導――大学院生が個別フィードバックする初年次eラーニング・プログラム――（平成22～24年度）最終報告書』

25　授業の概要については同書第Ⅰ章「本授業における指導」（pp.9-25）を参照のこと。

いる。さらに、文章作成力調査の結果から、履修者が文章作成力を向上させていることも明らかになったという。

また、同じ文章作成力調査から、学年に関わらず履修者の文章作成力が伸びていたという結果が出たことから、学年を重ねて単にレポートを書く経験を積んだだけでは、学術的文章作成力を身につけることは難しいことが示唆されるとする。学術的文章作成力を明示的、系統的に指導することの有効性が浮き彫りにされたというのである。

「明示的、系統的指導の有効性」[26]については、国語科における作文指導にも参考にできる重要な指摘である。本研究第Ⅱ部における筆者の実践においても、同様の点が検証できている[27]。

1.2　eラーニングで学術的文章作成を指導した成果

文章評価調査により、eラーニングで指導を行っても文章作成力の向上が見られることが明らかになったという。ただし、これは、毎回の授業ごとに文章作成が課され、作品に対して個別指導が行われたという一連の指導に支えられた上での成果である。受講生が指導者と一対一でやりとりができる環境が整えられている点が成果につながっている。

eラーニングに携わる指導員たちは、週に一度の対面ミーティングを重ねることでフィードバックについての迷いや不安が解消されたという。受講生とは非対面でも、指導者同士は一堂に会して協議をする機会を保証している点が成果につながる要因である。

週ごとの課題と個別指導が文章作成力を向上させている。練習と評価を繰り返す点においては、eラーニングも一般の対面授業も基本は同じである。

早稲田大学の特徴的なところは、指導員同士の学習の場をきちんと準備しており、それがよく機能している点にあるとみられる。eラーニング指導の成果というよりも、むしろ指導者の学習の機会を保障した点が、本事

26　本報告書の「2.　指導目標と指導内容」pp.10-13 に示される文章表現の具体的な技能が参考になる。

27　第6章第1節および第2節に検証の論述がある。

業を成功に導いた第一の理由と考えられる。

１．３　個別指導を行った成果

ｅラーニングによる一斉指導に、個別のフィードバック指導が組み入れられている。毎回の授業で文章表現技能について解説し、受講生はそれを課題の文章に反映させる。フィードバックと評価は、解説された文章表現技能に基づく評価観点によって行われる。佐渡島は、指導と評価を一体化させた点が効果に結びついたと報告している。

受講生は、自分の書いた文章にコメントをつけることができ、指導員がそれに応える「双方向のコミュニケーション」の仕組みを整えていることが、個別指導を効果的にするという。コンピュータ上の「顔の見えない関係」による個別指導を、この「双方向のコミュニケーション」によって補った点が、文章作成力向上に結びついた要因であるとしている。

一斉指導による知識伝達をｅラーニングに任せ、文章作成指導に不可欠の個別指導を、大人数の大学院生に委ねた点に、事業成功の第二の理由が認められる。

１．４　大学院生が指導に当たった成果

指導員を務める大学院生は、15週にわたる訓練により、専門的な知識と指導法を習得している。院生が指導に当たる妥当性や有効性についての詳しい分析は今後に譲るとしているが、受講生の文章作成力が向上していることから、その成果は有るとする。

佐渡島は、観察による実感として、「大学院生は、みずからも修士論文や博士論文を書いている学習者の立場から、教員よりも履修者に寄り添った指導ができるようである。」と述べている。また、指導員である大学院生自身が、文章力や指導力を伸ばしている点にも注目する。評価する立場に身を置いて学んだことを、みずからの書く力に転移することができたと見ている。

個別指導に対処するためには、受講生数に見合う指導員数が求められる。その解決策に、大規模大学に多数在籍する大学院生を当てたことは秀逸なアイデアである。アメリカの高等教育で行われているTA[28]に相当す

るもので、佐渡島が指摘するように「大学院生自身が、文章力や指導力を伸ばしている」点が、個別指導の根幹を支えているのだろう。

国語科の教師に関していえば、指導者自らが文章力を高めるという機会が保障されない点に、作文指導の一つの課題が存在すると筆者は考えている。教員養成の一環として、早稲田のこの取り組みは参考になる。

1.5　全学規模で展開した成果

学術的文章作成は、それぞれの専門科目で指導されるのが一般的である。佐渡島は、この点について、以下のように述べている。

> 本取組においては、領域横断型の科目として、内容を精選した。指導員も、研究科の別なく育成し、指導する大学院生と履修する学部生の専門領域を一致させずにクラス分けを行った。こうした、授業の内容と運営方法を、一貫した方針で連動させることが大切であろう。　(p.130)

個別指導に対応するために、一人でも多くの指導者を確保しなければならないという大きな問題に対して、佐渡島らは大学を上げて大学院生による指導を推進する環境を整えていった。その結果、大学院生である指導者同士が「異なる分野に所属するもの同士の議論は、非常に有益なものであった」と言える程、多くの指導者が育っているのである。

文章表現については、異なる分野に、異なる慣習、異なる研究方法が存在する。専門分野が異なる場合には、たとえ学問の場であっても、差し障りのあることは避けて通る場合が多いものである。そうした中にあって、全学を対象とした「学術的文章作成」授業のために、その評価基準やコメントの仕方について異なる分野に所属するもの同士が議論を行い、種々の議論を深め、高め合いながら授業を生み出していることについては、高く評価できる。

1.6　電子ポートフォリオで専門分野における文章作成へ繋げた成果

ポートフォリオは、効果的な評価法として国語科においても活用が広がっている。早稲田大学のこの科目では、電子ポートフォリオを次のような構成で提供している。１人の学生に対して６つのフォルダを提供し、各

28　第１章第２節第２項「米・英の高等教育事情」参照のこと。

フォルダに自由にシートが作成できるようになっている。フォルダは、ファイルをまとめるバインダーのようなイメージである。なお、添付できるファイルの種類に制限はなく、文章だけでなく写真や音声などの蓄積も可能である。また、授業に関する取り組み以外のどのような用途で利用してもかまわないとのことである。モニター学生による試行期間を経て改良を重ねたうえで、すでに「学術的文章の作成」において運用が開始されており、今後全学的な展開が目指されている。

ただし、2011年「学術的文章の作成」においては、秋学期から正式運用が開始されたにもかかわらず、電子ポートフォリオを利用した学生は、全履修者の約15％に留まっている。利用者からは、ポートフォリオの公開に対する要望が大きいことが報告されているが、セキュリティ上の問題もあり、まだ公開できるような仕組みは提供されていない。

筆者は、ポートフォリオによる評価を、すでに20年近く以前から行い、その価値の高さを実感している。学生が各自、紙ファイルに作品を収めていくというアナログ形式であるが、指導者、学習者双方に利便性が高い。電子ポートフォリオは、セキュリティ上の問題をはじめとする技術的な課題を解決しつつ、近い将来、一般化することが予想できる。

２　今後の課題

佐渡島は、授業における今後の改善点を５項目、研究課題を３項目あげている。

改善点

⑴ 有効な作文課題の開発

これまでの経験を踏まえ、話題、指導言、与える参考文献を研究する必要がある。

⑵ 必修化に伴う、領域における慣習の指導

書き方の領域別慣習をどこまで指導するか、必修化を希望する学部が増えた場合の課題であるという。とりわけ、理工系、社会系、人文系によって異なる参考文献の書き方の指導に検討の余地がある。

⑶ 文章作成技能の活用と定着

授業で学習した技能の定着と発展について、初年次における指導とその後の指導に何らかの関連を持たせる仕組みを作ることが課題である。

提案としては、授業で紹介している「早稲田大学ライティング・センター」[29]との連携を図り、有効な定着、発展指導につながる仕組みを作ることを考えている。

⑷ 文章指導経験の有効性に対する学内での周知

文章指導の経験が、自らの文章作成力や文章指導力の向上につながることを周知し、早稲田大学に在籍する約8000人の大学院生に、この授業への理解を深めるとともに指導員としての協力を求める。学内の教員の理解を得ることも課題である。

⑸ 文章指導経験の社会での認知

文章指導力は、学術界に限らず、広く社会でも必要とされる能力である。指導員を経験した大学院生の実力が認められるような文化を希望する。

研究課題

⑴ 指導員によるコメントが、履修者の文章作成力向上にどのような影響を与えているか。

⑵ 履修者と指導員のやりとりは、履修者の文章作成力向上に影響を与えるか。

⑶「学術的文章の作成」授業を１年次で履修した学生と、履修しなかった学生とが、２年次におけるレポート評価点において異なるか。

以上、早稲田大学オープン教育センターの取り組みを、佐渡島の報告を基に概観した。大規模大学が初年次生を対象に「学術的文章の作成」に限り、その基礎的な技能を教えるための授業である。受講生の多さに対応す

29　学生や教員が自由に利用できる、文章作成の個別支援機関である。指導に当たるチューターは、本授業の指導員と同様の大学院科目で訓練を積んでいるため、履修者が学習した学術的文章作成技能を熟知している。日本国内のライティング・センターについては、井下（2008）に詳しい紹介がある。

る手段としてｅラーニングを採用した取り組みであることに加えて、個別指導に対応するための人材に、大規模大学だからこそ多数在籍する大学院生を活用した点が斬新である。２年間に収集したデータから導き出された上記の３つの課題はどれも、「学術的文章の作成」授業そのものの評価（効果の測定）、ひいては今後の授業改善につなぐための検証課題として興味深いものである。

文章表現指導の観点からは、学術的文章の作成技能（アカデミック・スキル）に限定した指導が効果をあげている一方で、履修者（学習者）の受講前後の文章作成能力との連携が語られない点に不足を感じる。技能の活用と定着に関して、初年次におけるこの授業と、専門に進んでからの指導との連携については、今後の改善点（3）として取り上げられている。筆者が指摘したいところは、大学入学前および卒業後との連携である。

初年次生は、小・中・高の12年間の長きにわたって国語科で作文の学習を積んでおり、さらに大学卒業後には広い社会で、生涯にわたって言語生活を営むのである。そのことに対する言及のなさが、取り組み全体を矮小化している。

まずは、受講生の作文能力、さらには授業に期待するものの実態が明らかにされなければならない。大学教育の観点から初年次生に期待するものについては、指導目標にも内容にも明示され、８回の授業として体系化されており、個別指導にも十分な配慮がある。初年次以降、専門に進んでからの学年との連携に関しては、改善課題として上げられている。今後は「学術的文章の作成」に限らず、さらに視野を広げ、学習者の作文能力の実態およびこれまでに「国語」の「作文の授業」で学んできたこととの関連、さらには、卒業後の言語生活にもつながる上位の指導目標を掲げた文章表現指導を目ざすべきではないか。大学院生を活用して大人数の個別指導に対応できている点からも、十分に解決できる課題であると考える。

大学における文章表現指導は、初等・中等教育における作文学習に無理なくつながるものでなければならない。学習者の実態からスタートし、大学における研究生活にも日常の言語生活にも対応しうる文章表現の指導計画を考えたい。その成果が、学習者の大学卒業後、生涯にわたる学習に確かな基盤となって生きる、そんな大学における文章表現学習を、筆者は構想している。

第4項　石塚修の「国語」教育

石塚修（2002）[30]は、所属する筑波大学において、全国の大学に先駆けて設置されている共通科目「国語」の趣旨を次のように紹介している。

> 自国語による正しい効果的な表現ができることは、指導的な地位にある社会人として必須の資格であるという見地から、欧米の大学では、いずれも自国語の訓練と習熟とを重視しており、多く自国語の表現を必修科目としている。専門科目の単位が充足していても、自国語の学力が合格点に達しなければ卒業を認めない大学も多い。
>
> ところが、日本の大学では、外国語を必修科目としながら、自国語については放任というのがほとんど通例になっている。そのためであろうか、日本の大学生は、日常の学習活動における表現や伝達で意を尽くせないばかりでなく、時には、自己の専門分野の事項についても十分な表現のできないことさえある。（p.41）
>
> （林四郎ほか『共通科目「国語」の概要』1981年による）

大学に限らず、日本社会が外国語にコンプレックスを抱き、母語教育に対して熱意に欠けるのは、上記の概要から30年以上経過した今も同様ではないだろうか。

筑波大学は1973年の開学以来、「研究」と「教育」が分離されており、さらに、当初より教養学部を持たず、全学共通の一般教養と専門教育を並行して受講させる教育体制が取られている。

筆者はかねて、私立大学に比べて国立大学に日本語表現法科目の設置や関連情報が少ないことに疑問を抱いていた。しかし、1990年代に入って、京都大学高等教育研究開発推進機構が、私立大学で指導経験のある研究者

30　石塚修（2002）「大学における『国語』教育はどのようになされるべきか」日本国語教育学会編『月刊国語教育研究 No.358』2002年2月号

（井下千以子）と連携して実施した授業情報[31]を、インターネットを通して頻繁に発信するのを見聞きするに至り、その心配がやや消えた覚えがある。筑波大学が、現在でも遜色のない趣意書をもとに、一般教養課程において長く「国語」の教育を行っているにもかかわらず、他の国立大学への影響が見られないことを残念に思う[32]。

筑波大学でこの「国語」を担当している石塚は、同稿（石塚2002）において、自らの二つの実践を紹介しながら、大学における「国語教育」のあり方について述べている。本項においては、先に紹介した設立の趣旨を活かしたというこの二つの実践を紹介しながら、石塚の「大学における『国語』教育」について考察する。

まず一つ目の、「国語Ⅰ」（十時間）のシラバスは次の①から⑩のとおりである。見出しのみはじめに引用し、内容については、後で筆者が解説を加える。

① なぜ大学で「国語」を学ぶのか
②・③ 「自分」について考える
④ 「定義する」ということ
⑤ 引用の大切さ
⑥ 「引用」して書いてみよう
⑦ 「綴る文」から「構築する文」に
⑧・⑨ 実際に書いてみよう
⑩ 相互批評してみよう

①②③では、「思考のための言語」としての「国語」の役割について考えさせ、表現を交流させることで、自らの「個性」についても考えるきっ

31　井下千以子（2008）『大学における書く力考える力』において詳しく紹介されている。

32　大学における文章表現科目設置状況については、第１章第１節第１項１に述べた。「大学の『国語』教育」については、豊澤弘伸（2002）が「大学・短大における『国語』教育」『月刊国語教育研究 No.358』2002年２月号、p.37のなかで、大学において「言語（日本語）の教育を目的とする科目による教育」とする見解を述べている。

かけを与えている。

④⑤⑥では、「定義」や「引用」のスキルを演習によって学習させ、「ブレーンストーミング」の方法なども知識として与えている。

⑦では、文章全体の構成について、「導入・問題提起・事実・分析（考察）・結論」の組み立てで考えさせ、読み手に効果的に伝えるための構想メモを作らせている。

⑧⑨は、自宅での課題としてではなく、授業時間を二時間かけて、下書きと清書に当てている。

⑩は相互批評の時間である。４、５人で回覧、コメントをつけ合い、最後に書き手本人のコメントも書く。印象批評でなく、わかりやすい表現・印象に残った表現・わかりにくい表現を具体的に指摘するよう指示している。

①から⑩まで、文章表現技術の要所をおさえた指導である。加えて、指導者主導ではなく、学習者による学習活動を優先し、言語表現について、つねに学習者に考えさせようとする姿勢がある点が特長である。

今ひとつの実践は、「専門性を重視した『国語』の実践」の紹介である。「大学での『国語』教育は学生の興味関心が、専攻によって明確になっているから、ある面でもっともやりやすいはずだ」と述べ、医学生を対象にした次のような実践報告を行っている。

医師を目指す学生を対象にインフォームド・コンセントの理解を深めさせようと、NIE を活用した授業内容である。

学生たちに新聞記事から印象深かったものを探させて、まずそれに自分のコメントを書かせる。さらにその記事とコメントを他の医学生に回覧してコメントさせ、再度本人にもどして、他の人からのコメントも参考にしつつ、記事への意見を書き直させるという手順である。以下、意見交換の一部分を引用紹介する。

（F・H）医師と患者の間でしっかりと情報交換をし、信頼関係を築くということがどれほど難しいかがわかった。記事の中で医師は、手術の危険性は伝えたと思う。しかし患者には伝わっていない。どちらも嘘を

言っているとは思わない。（以下略）

次がこのコメントに対する他者からのコメントである。

（F・D）まず真実を話すことが正しいのか正しくないのか。そしてそれをしてくれる医師がどこに居るのか。そして自分の病気は治るのか。大きな壁が三つある。満足のいく治療などありえるのか。すごく遠くに真実がある気がした。頼られる医者になりたい。

（M・Y）医者にとって通過点である手術だって患者にとってはその先の一生を決めるかもしれない手術になるのだから、医者がそれを忘れては絶対にいけないと思う。

そして、二人のコメントを読んでから、本人が再度書いた意見が次のものである。

（F・H）インフォームド・コンセントというのは永遠に答えの出ることのない課題だと思う。自分が医者となって患者を診るとき、こういったことをしっかり頭に入れて、冷静で人間的なあたたかみのある判断を下せるようになりたい。　(pp.44-45)

この他にも、体育専門学群では、自分の競技をまったく知らない人に「説明する」文を書かせたり、人を「励ます」ときにはどのような言い方が求められるかを考えさせたりなど、さまざまなケースを想定しながら、「コーチとことば」について考えさせるように努めている、と述べている。

石塚の実践の記述には、「考えさせる」ということばが何回となく繰り返される。必要な技術指導はおさえながら、その技術を使って最終的に伝えるべき事柄は何かを、学習者自身に考え、明らかにさせようとする姿勢が強く表われている。そしてそのために「考える過程」が、言語表現による学習活動（技術の演習・実作・相互批評）として授業内に過不足なく組織されているのである。

ほとんどの学習者にとって、「国語」は母語であり、思考するための言語として重要な機能を担っている。限られた目的や場面における使い方や技術の習熟練習にとどまることなく、「言語」の「思考する」という機能について、もっとも深く経験させることができるのが「国語」教育なのである。そのことを、石塚の実践は実証している。

石塚の上記二つの実践は、小・中・高において、国語の教師が力を入れて取り組んできた国語科における作文指導を無理なく引き継ぎ、大学で求められる表現技術も取り入れ、なおかつ卒業後の仕事にも配慮した授業内容として、高く評価できる。はじめに紹介した実践を前半期に据え、後半の専攻に配慮した実践を後期につなげば、通年分の十全な文章表現の指導計画が完成するのではないか。

大学における単元学習を構想している筆者の考えと共通する部分が多く、「国語」教育として学ぶ点の多い実践報告であった。

なお、石塚は、国語教育を専門としながら、日本近世文学の井原西鶴に関する研究を進めている。所属学会は全国大学国語教育学会、日本国語教育学会、日本近世文学会、日本 NIE 学会、日本読書学会、茶の湯文化学会、等である。こうした専門分野の研究に裏づけられた知識や理解力、それを核とした幅広い教養が、石塚の大学における「国語」教育の質を高いものにしていると考えられる。学習者の専門領域、さらには卒業後の社会生活にまで目配りした石塚の実践は、「自国語による正しい効果的な表現ができる」ということを指導目標に据えた、筑波大学における「国語」教育の実践を体現している。

第３章　関連諸科学からの示唆

第１節　認知科学が明らかにした文章産出モデル

作文の指導をすれば気づくことだが、長い時間とかなりの労力をかけて添削作業、いわゆる赤ペンによる指導をしても、指導者の良かれと思う指導言が学習者にそのまま届くことは少ない。むしろ、思いとは逆に作文嫌いにさせてしまうことも多い。それは避けたいと、赤は赤でも、ようやく書き上げて提出した書き手の心情に配慮して、内容に対する共感や次回への励ましに力を入れることになる。しかしそれは、指導者にとってさらなる時間的、心理的負担となり、学習者にとっても、書き上げて提出したことに対する承認とはなっても、作文指導のあるべき評価とは言えない。

何をどう書けばよいのか、何の手立てもわからないままに、与えられた題目と制限字数だけを手がかりに書かれた文章は、学習指導の成果として、評価の対象にすることはできない。評価は、目標に伴う十分な指導と一体のものでなければ、意味がない。目標のあいまいさ、つまりは何を教えるかがはっきりしないことが作文指導およびその評価を難しくしている。

まずは、文章はどのようにして書かれるのか、制作過程の全体像をとらえたい。そもそも文章を書くときに、書き手はどのようなことをしているのか、その実態がつかめれば、自ずと何をどう指導すべきかが見えてくるはずである。「いかに書くのか」を第一の問いとし、その答えが見えれば、次に、「なぜそのように書くのか」「なぜ書くのか」といった書くことの本質につながる第二の問いの答えも見出せるのではないか。以上、二つの問いを持って、認知心理学分野の文章産出に関する研究成果を探ってみる。

第１項　人はどのように書いているのか

認知心理学においては、人がさまざまな領域の問題を解決する際に、頭の中でどのような心的操作が行われているか、その過程を解明しようとする研究が盛んに行われている。文章を書く際の心的過程の解明もまたそのひとつである。

まずはこの第１項で、今日に至る認知心理学分野の文章産出に関する研究の流れを押さえ、続く第２項、第３項で、現代に広く言及される三つの文章産出モデルを詳しく見ながら、文章表現指導に示唆するものを探る。

1　ローマンの段階モデル

ローマン（Rohman,1965）[1]は、文章があまりうまく書けない人は、そもそも書き始める前にあまりよく考えていない、ということを指摘し、文章を書き上げる前には、３段階の作業があると述べた。その３段階とは、「書くための前作業」(prewriting)、「書くこと」(writing)、「書き直し」(rewriting）である。「書くための前作業」は、書く前に頭の中で何を書こうか考える段階で、書き出す前にやることすべてを含む。この段階は「内容生成」(idea generation）や「構想」(planning）とも呼ばれる。「書くこと」は、前作業で考えたことをペンを手にして実際に紙に書く段階、「書き直し」は、書いたものを読み直して修正する段階（「推敲」(revision）とも呼ばれる）である。文章を書くということは、この３段階の作業を段階的・単線的（linear）に進めることで成り立つとローマンは考えたのである。

アメリカの教育現場では、このようなローマンの考え方から、書く前に内容を考えるための準備作業が重要であることや、書いた後では読み直して修正することも重要であることを学び、実際の指導に生かされるようになった。それまでは、書かせた文章を、指導者の基準で評価するばかりで

1　Rohman, G. (1965) “Pre-writing:The stage of discovery in the writing process.” *College Composition and Communication, 16,* 106-112.

あったことを考えると、学習者側に段階別の作業ヒントが与えられたことは大きな進歩であった。現在でも、アメリカの文章構成のテキストには、ローマンの示した３段階に分けて練習するものがある。

２　単線的（linear）段階モデルに対する批判

70年代の後半から80年代初頭にかけて、上述のローマンの段階モデルに対する批判が出てきた。単線的３段階モデルは、単に外から観察できる作業の段階を記述しただけだというのである。当時、認知心理学においては、論理、三目並べ、数学パズル、チェスなど多様な領域の問題について、それを解決する際に、目には見えない頭の中でどのような心的操作が行われているか、その過程を解明しようという研究が盛んに行われるようになっていた。そうした流れの中で、文章を書く際の内的過程についても研究が進んだのである。

関心が内的過程に移ったことによって、書く過程には、いくつもの内的作業が重層的に存在し、しかもそれらは「再帰的」（recursive）に機能するものだと考えられるようになった。要するに、書く作業は、はじめに書く内容を準備し、次に書き、書き終わったら読み返し、修正を加えて完成させるというように、段階的、単線的に進むものではなく、書きながら考え、書き進んではまた戻り、始終読み返し、書き直しながら仕上げるものだと考えられるようになったのである。

３　フラワーとヘイズ（Flower & Hayes）の文章産出モデル

以上のような研究の流れを受けて、文章産出の内的な過程をわかりやすく説明したものが、フラワーとヘイズのモデルである。二人（Hayes & Flower, 1980; Flower & Hayes, 1981）は、大学生と社会人コースに入学した作文の教師[2]とを対象にして、作文を書きながら頭に浮かんだことをすべて言わせる「発話プロトコル法（think-aloud method）」を使って、作文を

2　いわゆる初心者ではなく、熟達者と考えられる人々である。

書く過程でどのような認知状況が書き手の頭の中で生じているかを明らかにしようとした。そのデータを基に作られたのが、【図１】に示すモデルである。

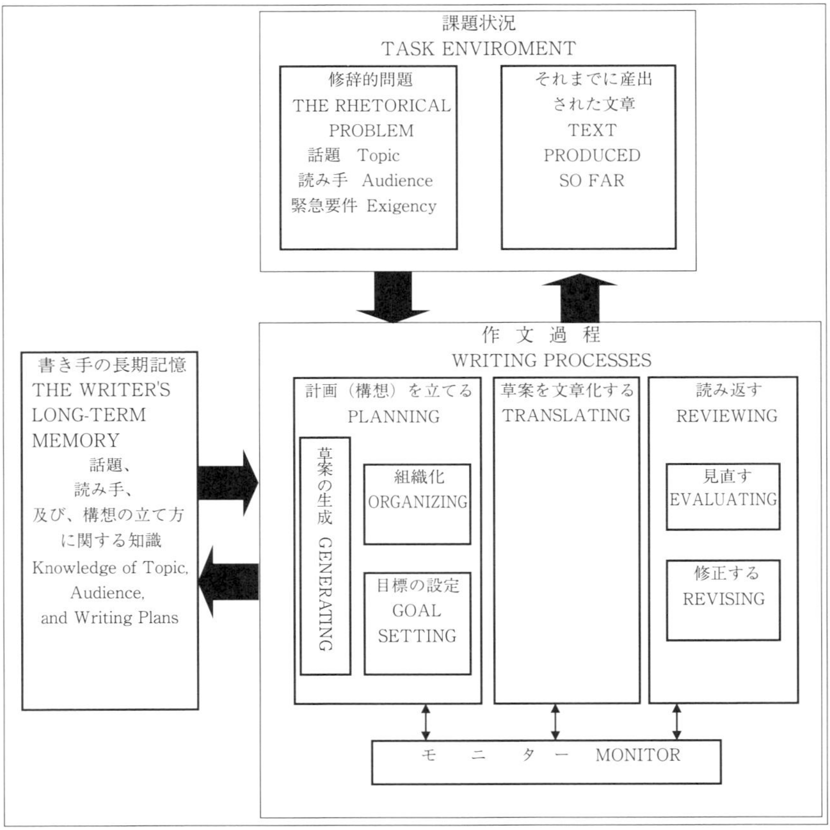

【図１】Structure of the writing model　フラワーとヘイズの文章産出モデルの構造
（Flower & Hayes, 1981, p.370 ／英文は原文どおり、日本語訳は金子が行った。）[3]

3　Flower, L.S. &. Hayes, J.R (1981) "A Cognitive Process Theory of Writing." *College Composition and Communication*, Vol.32, No.4, 365-387

このモデルは、以下の三部分から成り、太い四つの矢印が示すように、それらは相互に緊密に関連し合っている。

・課題状況：書き手の、書こうとしている作文の課題状況に関する認識
・書き手の長期記憶：書き手が文章産出に関してもっている既有知識
・作文過程：実際に文章を産出する認知過程

まず、書き手は、与えられた課題状況を認識し、書くことに対する構えをもつ。同時に、実際の作文過程が始まるが、その際は長期記憶に蓄えられている知識を想起しつつ計画を立て、言語への置き換え（文章化）が進む。同時に、計画を立てる段階で設定された課題目標に照らして、読み返し、見直しと修正が行われる。さらに、このような作文の進行過程を支え、作文過程全体を監視する役目を果たすのが「モニター」部である。「モニター」機能の詳細については明らかにされていないが、長期記憶の探索や課題状況との整合性のチェック、下位層（計画を立てる・草案を文章化する・読み返す）間の相互作用など、まとまりのある文章を仕上げるまで、常にその進行過程を監視する重要な機能を果たしているものと推測できる。

内田伸子（1992）[4]は、フラワーとヘイズのモデルが示唆するものを、次の３点にまとめている。

> まず第１に、作文は思想から表現へと段階を順に追っていくのではなく、プランニングやモニタリング、読み返しなどのさまざまな下位過程がダイナミックにからまり合っていることを明らかにした。
>
> 第２に、作文に関わる下位過程の存在が明らかにされたことにより、生成された命題を言語に置き換えるときにはどういうことが起こっているのか、モニター機能はどう働いているのかなど今後取り組むべき課題が示唆された。
>
> 第３に、彼らの報告しているプロトコルをみると、作文過程は、書き手と書き手の想定した“読者”との対話というように、書き手と読み手の区別は明確ではない。むしろ自分自身で伝えたいこと（思想）と生み出された表現とのズレを調整しようとする自己内対話がきわめて連続的に生じて

4　内田伸子（1992）「文章の理解と生成」吉田甫・栗山和広編『教室でどう教えるかどう学ぶか』北大路書房

いることがわかった。（p.79）

杉本卓（1989）[5]も、同モデルの意義を次のように述べている。

> まず第一に、書くという過程には、さまざまな下位過程があり、それが階層的な構造をなしている、ということを示していることがあげられる。つまり、「書く」過程の中に大きく３つの下位過程（「構想を立てる」「文章の形に置き換える」「見直す」）が埋め込まれていて、その下位過程のそれぞれにさらに下位の過程が（たとえば「見直し」の下に「評価」「修整」といった具合に）埋め込まれている、といった構造をなしていると言っているわけである[6]。（中略）
>
> 次に、最も重要なことだが、段階モデルの単線性を否定し、書く過程というのは下位過程が相互に行き来しながらダイナミックに行われているものだということを強調していることである。これは前に述べた、単線型段階モデルに対する批判を考慮に入れたモデルになっているということでもある。（p.9）

内田、杉本の指摘にあるように、フラワーとヘイズのモデルの重要な点は、これまでの段階的、単線的モデルを否定し、作文の過程は、階層構造をもつ下位過程が相互に作用を及ぼし合いながらダイナミックに展開するものだということを示した点にある。さらに内田は、まとめの２点目で、下位過程の内実を明らかにすることを今後の研究課題であると述べた後、３点目に、作文過程において「自分自身で伝えたいこと（思想）と生み出された表現とのズレを調整しようとする自己内対話が極めて連続的に生じている」という興味深い考察を示している。作文を書く過程は、自らが伝えたい内容を適切な表現に変換する目標指向的な情報処理（問題解決）過程であり、この過程において、どれほど効率的に「自己内対話」が促進されるかが、文章表出のカギになると言うのである。

フラワーとヘイズの文章産出モデルの構造は、下位層間の相互作用に代表される「モニター」機能を活性化させることが、文章産出を促進するこ

5　杉本卓（1989）「文章を書く過程」鈴木宏昭他著『教科理解の認知心理学』新曜社

6　杉本と筆者の訳に異なるところがある。

とを示唆している。つまり、指導においては、この「モニター」機能に対する支援が求められると考えられる。

４　文章作成方略

作文過程では、「伝えたい自分の思想と生み出された表現とのズレを調整しようとする自己内対話が生じている」と指摘した内田（1986）[7]は、次のような仮説を設定した。

> 表現を思想に合致させるべく工夫し、逆に表現したことによって思想の側も変化する可能性がある。作文過程では、この思想と表現の調整ということに注意の大部分が払われているらしいのだ。書くことにより認識が深まるかどうかという議論は、作文過程がこのような自己内対話であることを示す証拠によって実態を与えられることになるのではあるまいか。
> （p.166）

書きながら考え、考えながら書く過程で起こる「自己内対話による思想と表現の調整」活動にこそ、認識の深化をもたらすカギが存在するのではないかと言うのである。

このような仮説のもとに、安西裕一郎・内田伸子（1981）[8]は小学校２～６年生の子どもを対象にして作文過程をつぶさに観察すると同時に内観報告を分析するという方法で、「子どもはいかに作文を書くか？」について実証研究を行っている。

分析された内観報告は、「プラン」「検索」「喚起」「言語表現化」「読み返し」などのカテゴリーに大別され、下位カテゴリーに分類した20個のうち、15個が作文「方略」として推定できるとしている。たとえば、「プラン」カテゴリーには「プロットプラン」「テーマの意識化」「局所的プラン」「組織化」「しめくくり」の５個の下位カテゴリー名がある。「プロッ

7　内田伸子（1986）「展望　作文の心理学――作文の教授理論への示唆――」日本教育心理学会『教育心理学年報第25集』

8　安西裕一郎・内田伸子（1981）「TABLE2　ポーズにおける内観報告の分類カテゴリー・定義・例」「子どもはいかに作文を書くか？」日本教育心理学会『教育心理学研究第29巻第４号』

トプラン」と「テーマの意識化」の定義は、それぞれ「作文全体の大筋・内容構造についての計画。」、「作文全体の主題の意識化。」と記されている。

これと関連して、内田（1992）は、次のように述べている。

> 書き手は自分が書きたいと思うことと書くことのズレが意識されると，読み返し，もっと適切な表現はないか（表現の正確化），うまい表現はないか（修辞的工夫），読み手にわかってもらえるか（読み手の意識化）など言語表現に置きかえるときの方略を用いて評価し，表現の修正を行なおうとするらしい。（p.82）

個人差や発達段階にもよろうが、書き手は、安西・内田（1981）や内田（1989）[9]によって推定されたこれらの方略を使って、文章を作成していることが明らかにされた。作文をする際に、どうも思ったように書けないが、どう直してよいのかわからないということはよくある。そのような場合に、ここで示されているような方略、たとえば「プロットプラン」や「テーマの意識化」が作文の手引きとしてあれば、学習者はそれを手がかりに、作文全体の構造計画を立てたり主題を意識化したりして、思うことと表現のズレを主体的に修正することができるだろう。内田の示す「推敲方略」は、「モニター」機能に対する具体的な支援策、言いかえれば、文章産出を促進する指導法として参考になる。

第２項　熟達者と初心者のモデルの違い

1　知識表出モデルと知識変形モデル

フラワーとヘイズのモデルがそれまでのモデルと大きく異なっている点は、作文過程をモニター部分が制御しているとしたところにあった。以前は、作文過程を順序が決まった一連の作業と捉え、モニター部の発想はなかった。

しかし、実際に学生たちが作文を書いている様子を観察してみると、フ

9　内田伸子（1989）「表６　推敲方略の種類」「子どもの推敲方略の発達――作文における自己内対話の過程――」『お茶の水女子大学人文科学紀要第 42 巻』、p.94

ラワーとヘイズのモデルが示すようなモニター部の活動を十分に行っている様子は窺えない。思いつくままに書き連ね、字数が満ちたら読み直しもせずにさっさと提出して終わらせようとする。思わず「一度読み返してから提出したら」と声をかけてみるが、せいぜい一文字、二文字、誤字を正したり、読点を加えたりする程度である。

内田（1986）は、フラワーとヘイズの文章産出モデルの構造を、その実験の経緯とデータの少なさから「このモデルは、データに基づいて作ったというよりは理論上考えられるモデルを、データによって補ったり手直ししたりしたと考えた方がよさそうである。」（p.165）と述べている。杉本（1989）も同様に、「彼らの提示したモデルは、熟達者の理想化されたモデルとでも言えるものである。」（p.19）と述べる。

作文の指導者としては、熟達者よりもむしろ、初心者[10]の書くことにおける内的過程が知りたい。熟達者と初心者とでは、書く過程がどのように異なるのか。また、どうすれば初心者が熟達者同様の産出過程をたどれるようになるのか。指導者の知るべきはこうした点にあろう。

ベライターとスカラダマリア（Bereiter & Scardamalia, 1987）[11]は、人間の高次の能力に二種類のものがあると考えていた。一つは、たとえば日常会話の能力のように意識的に教わらなくても通常の社会生活を通して自然に獲得され、無意識的・自動的に使用できるようになる能力。もう一つは、たとえば高度な数学の能力のように意図的に学び長い間努力して訓練することが必要で、無意識的・自動的に使いこなすことが困難な能力である。

「書く」ことの能力には、この二つの側面が含まれる。思いついたことをただ文字にするだけならば、日常会話と同じで、単に音声を紙上の文字に移しかえるだけである。これが、前者の能力である。それに対して、い

10　筆者は、熟達者をうまく書ける人、初心者をうまく書けない人と理解している。

11　Bereiter,C.,& Scardamalia, M（1987）*The psychology of writt?n composition.* Hillsdale, N.J.: Lawrence Erlbaum Associates

わゆる課題作文やレポートを書くことは、訓練が必要な後者の能力に属すると彼らは考えた。つまり、初心者の文章産出過程は前者の能力に基づき、熟達者のそれは、後者に基づくというのである。その違いを明らかにしたものが、「知識表出モデル」（knowledge-telling model）【図２】と「知識変形モデル」（knowledge-transforming model）【図３】である。

２　初心者の知識表出モデル

知識表出モデル【図２】では、まず書き手は与えられた課題について理解を深め、次いで課題に関するトピックや文章のジャンルに関する情報を設定する。そして、それらをもとに記憶検索のための手がかりを構築し、その手がかりを利用して記憶から内容探索を行い、関連事項を想起することで内容を生成する。途中、生成した内容をテストして、適切だと判断すれば書きとめ、そうでない場合には別の手がかりを利用して繰りかえし記憶の探索を行う。このように、知識表出モデルでは、書き手は手がかりから連想した事柄を、次々に書き連ね、出尽くしたらそこで作文終了となる。このモデルの書き手は、常に「次に何を書くか」に関心があり、あらかじめ文章全体の構成を考えたり目標を設定したりといった計画を立てることはない。そのため、各文の意味はつながるものの、全体として一貫性のある文章をまとめることは難しい。しかしながら、単純なテーマで少ない字数の課題であれば、このモデルでも内容を大きく逸脱することなく無難に書き上げることはできる。そのため、作文を苦手とする学習者は、たいていこのような方法で、学校で出される作文の課題を適当にやり過ごしていると考えられている。

知識表出モデルの最大の問題点は、作文過程全体を監視、調整する機能を持たない点にある。安西・内田（1981）の研究から、作文過程ではプラン（作文全体の構成・主題）とズレていることが意識されてはじめて、思想と表現のズレの調整が行われるということが示唆されている。しかし、【図２】からわかるように、知識表出モデルには、構想過程が存在しない。書き手は、作文全体の構成や主題を意識しないまま、想起した内容をその

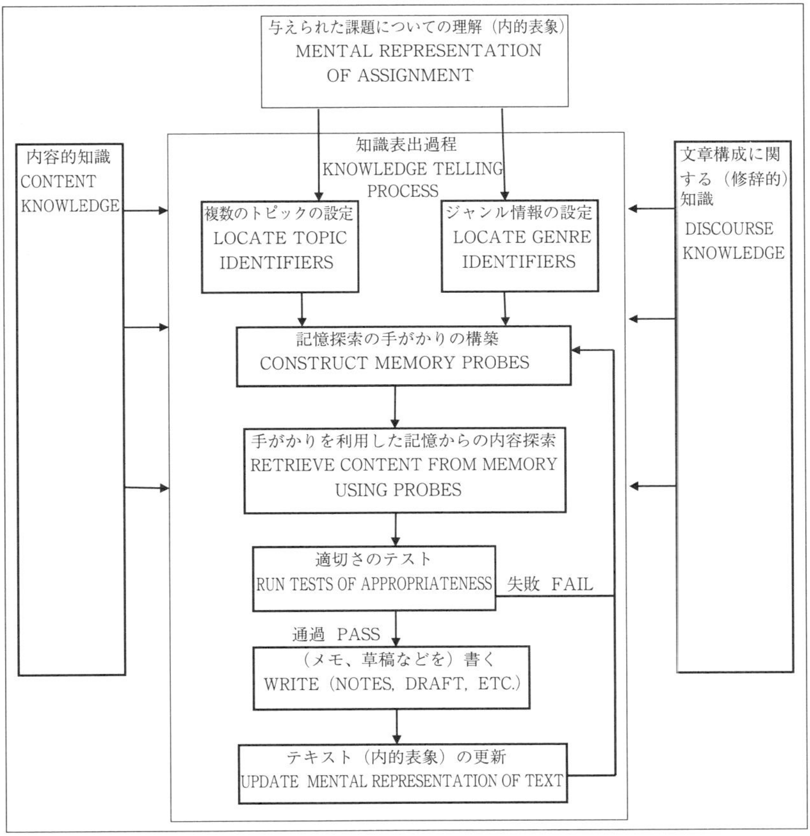

【図２】Structure of the knowledge-telling model.
ベライターとスカラダマリアの知識表出モデルの構造
（Bereiter & Scardamalia, 1987, p.8／英文は原文どおり、日本語訳は金子が行った。）

まま次々と書きつづるのである。つまり、「何について書くのか」は意識されていても、「何を」「どのように書くのか」を吟味する過程がないのである。安西・内田（1981）の言う「ズレを意識化する装置」がないため、書いている途中や読み返しの際に、語句の正誤や文のつながりはチェックできても、内容の一貫性を修正するまでには至らない。フラワーとヘイズのモデルにあった、作文過程を調整するための「モニター」機能は発動しにくいと考えられる。

一方で、計画を立てる過程が存在しないということは、その分、書く上での認知的負荷が軽いということでもある。深く考えずに短文を書く程度ならよいが、自らの主張を、ある程度長い文章としてまとめるには、認知の過程が単純過ぎて、内容を十分に生成、吟味する余地がない。内田(1992)の言う「書くことによって認識が深くなる」経験を学習者に与えようとしても、この知識表出モデルによる文章作成ではその効果は期待できないことになる。

３　熟達者の知識変形モデル

連想したことをそのまま次々と書き連ねるところに知識表出モデルの特徴があった。単純なモデルでとりつきやすいが、簡単な短文以外の文章をまとめる際には問題があった。

意見文などの長い文章をまとめるには、あらかじめ文章の主題や構成を考える必要がある。記憶から引き出した内容を順次紙面に書き出すだけではない熟達者のモデルとはどのようなものなのか。ベライターとスカラダマリアは、熟達者の作文過程モデルを知識変形モデルと呼び、【図３】のような構造を示した。

熟達者の知識変形モデルは、下位過程に初心者モデルと同様の知識表出過程を含むが、「与えられた課題についての理解（内的表象）」に次いで「問題分析と目標設定」の過程があり、さらに内容生成の過程において、「内容（何を書くか）」と「修辞（どのように書くか）」の間に、「問題の翻訳」と称される相互作用過程が存在するのが大きな特徴である。

例えば、修辞的問題空間で自分の意見を主張しなければならないという問題が生じた場合、その意見の裏付けとなる具体例を内容的問題空間での問題として翻訳し、逆に内容的問題空間で手詰まりになったときには、「わかりやすい具体例を出そう」「二つのものを対比して述べよう」などといった修辞的問題空間の問題として翻訳する。このように、内容的問題空間と修辞的問題空間が相互に作用を及ぼし合いながら、「何を（内容）、どのよ

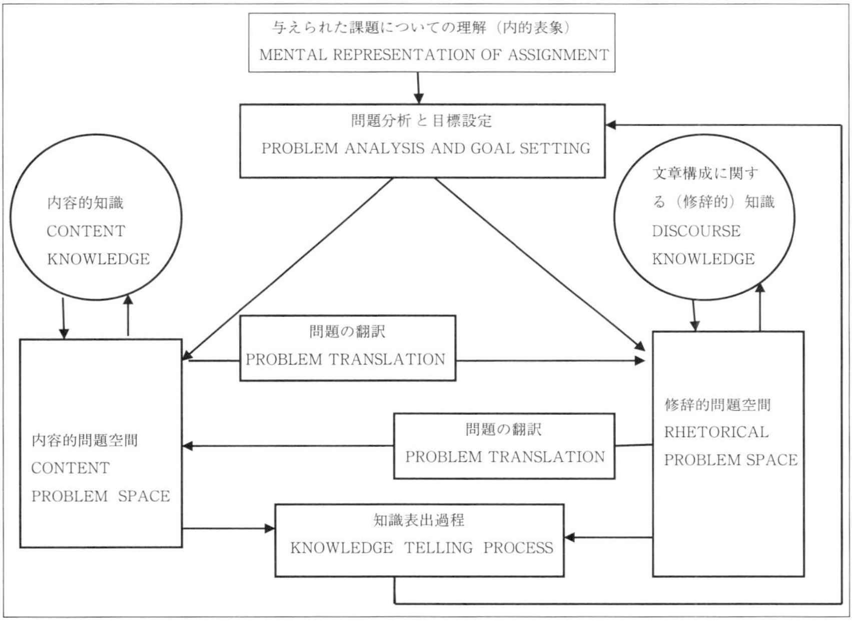

【図３】Structure of the knowledge-transforming model.
ベライターとスカラダマリアの知識変形モデルの構造
（Bereiter & Scardamalia, 1987, p.12／英文は原文どおり、日本語訳は金子が行った。）

うに（修辞）書くのか」を吟味、生成し、その後、知識表出過程でそれぞれの空間から記憶検索を行う。初心者の知識表出モデルでは、「次に何を書くか」の記憶検索に重点が置かれていたが、熟達者の知識変形モデルでは、「何を、どのように書くのか」を吟味する過程に力が注がれている。書き手の所有する内容的知識や修辞的知識を、単純にそのまま使うのではなく、それぞれの問題空間を行き来して問題を翻訳する相互作用過程があることで、知識のあらたな組み換えや独自の思想の生成の可能性が予見できる。

以上をまとめると、知識表出モデルでは、書き手の関心は主に「次に何を書くか」にあり、主題、構成の整った一貫性のある文章作成を意識するものではない。また、内容的知識や修辞的知識を持っていても、文章を書く際に利用する様子も見られない。これに対して、知識変形モデルは、知識表出過程以前に、「内容」と「修辞」の二つの「問題空間」で相互作用が行われる特徴があり、ここにおいて書き手が独自の内容を生成する可能性がある。

上述の考察から、知識変形モデルで示されている「問題分析と目標設定」、および「内容」と「修辞」の二つの問題空間の相互作用を活発にするための工夫が、作文指導の有益な支援策となることが推測できる。つまり、「なんのために（目的）、何を（内容）、どのように（修辞）書くのか」、学習者がそれぞれを相互に作用させながら考えるための支援策を工夫することが、初心者を熟達者に近づける指導方略と言えるであろう。

第３項　書き手の声の創造

１　「いかに書くのか」から「なぜ書くのか」まで

ここまでに見てきた文章産出モデルは、人はどのようにして文章を書いているのか、その内的認知過程を明らかにしようとするものであった。

しかしここで、各モデルが追究してきた「いかに書くのか」に加えて、「なぜそのように書いているのか」、さらには「なぜ書くのか」という点についても考えを深めてみたい。

このことに関して、杉本（1989）は次のように言う。

> 「どのようにして書いているのか」という問いに答えようとするだけでは、人間の書くという営みを十分に理解することはできない。「どうしてそのように書いているのだろう」「そのような書く能力というのはどのようにして獲得・発達したのだろう」という問いをつきつめていくことが重要だと思われる。（p.39）

さらに続けて、次のような観点を示している。

> 書くことの根底には、他者に何かを伝えるという目的がある。「伝える」というと、ただ単に書き手の側にある情報を聞き手の側に送信するという意味にも取られてしまいがちである（略）が、ここではそのように狭い意味では考えない。書き手と読み手とが共通の理解を作り上げる活動として

とらえる。（p.40）

杉本は、「どうしてそのように書いているのだろう」という根源的な問いを追究することの重要性と、「書くことの根底には、他者に何かを伝える（書き手と読み手とが共通の理解を作り上げる活動）という目的がある」ことを指摘している。

また、茂呂雄二（1988）[12]は『なぜ人は書くのか』の「はしがき」において、「ことばについてのさまざまな問いの中から，“書くということは，どういうことか”という問いを取り立てることにしたのである.」（p. vii）と述べ、その答えを求めるための基本的な見方として「ことばを成り立たせる状況や場に注目し，複数の人々の間で行われるやりとりという出来事に問題の中心を置いて，ことばを吟味し直す道」を選択したと書いている。さらに、次のように述べる。

> いかに書けばよいのか，この問いには本書は答えていない.（中略）本書の目的は，書くということをより根源的なところから問い直すことである．書くことを規範として描くのではなく，人々が書くことで何を作り出し，またそれによってどのように作られるのかを描き出すことがこの本の基本的な目的である.（はしがき p. viii）

「いかに書くのか」を明らかにする文章産出モデルを、「こう書くものだ」として短絡的に指導につなぐことは避けなければならない。まずは杉本の言うように、「なぜそのように書いているのか」とその理由を問い、ひいては茂呂の問う「書くということは、どういうことか」「なぜ書くのか」の答えに近づきたい。

２　書くべき内容の生成と表現の吟味

第２項で考察した知識変形モデルが明らかにした「いかに書くのか」に対する答えは、書き手は内容に関する知識と修辞に関する知識を相互に作用させながら、「何をどう書くか」を吟味した上で記憶探索を行い文章化しているという事実である。またこの吟味のすべての過程で、課題に対す

12　茂呂雄二（1988）『なぜ人は書くのか』東京大学出版会

る「問題分析と目標設定」が関わっている点も重要な要素であった。つまり、熟達した書き手は、課題分析によって作文の目標を設定し、その目標達成のために必要な内容と修辞に関する知識を利用した上で、文章化を進めるのである。

それではなぜ、このように重層的で複雑な文章産出過程をとるのか考えてみよう。書くことの根底にある目的は他者に何かを伝えるということである。この目的を達成するためにこそ、こうした重層的で複雑な文章産出過程を経るのである。目的が産出過程を規定するのである。この産出過程において独自の内容が生成され、適切な表現がなされるからこそ、他者に何かを伝えるという目標が十二分に達成されるということなのである。

「なぜ書くのか」という問いから、読み手に伝えるという前提条件に照らして、「書き手自らが、独自の書くべき内容を生成し、適切な表現を吟味するために書くのだ」という答えが導き出された。

3　まとめと今後の課題

認知心理学分野の文章産出研究から文章表現指導にどのような示唆が得られるかを探るうちに、「なぜ書くのか」という書くことの本質論に行きついた。「いかに書くのか」と同時に、「なぜ書くのか」という書くこと本来の目的を問うことの重要性に気づけたことは、文章表現の指導者としてはもとより、自ら「書くこと」を学ぶ者として、目が開かれた思いである。

「なぜ書くのか」に対して茂呂（1988）が「終章」で出した答えは、「われわれは、他者とのさまざまな関わりを通して自分であることの探求を続け、自分自身の声を作るために書くのである。」というものであった。これは、第３項２で筆者が見出した「書き手自らが、独自の書くべき内容を生成し、適切な表現を吟味するために書くのだ」に通じるものである。自ら見つけた独自の内容を、自ら吟味した表現で書くことは、他者にもっともよく伝わるものであり、まさしく書き手が「書き手自身であることの探求を続け、自分自身の声を作るために書く」ことにも通じるものであろう。

こうした答えを得たことにより、逆説的ではあるが、そのための「方法」

(「いかに書くのか」)を工夫することに迷いがなくなった。文章表現指導は「学習者が、学習者独自の書くべき内容を生成し、適切な表現を吟味するために書くのだ」という答えを押さえてさえいれば、少なくとも、その指導が、自由か課題か、文芸か実用か、はたまた内容か技術かといった二項対立の一方に極端に偏ったり、指導者自身の考えを学習者に押しつけたりというような狭量な指導に陥ることはないだろう。

今後は、自らの「大学における文章表現指導」実践に関して、認知心理学の科学的知見をもって実証できる部分は実証の拠り所とし、問題点については改善のための指針としながら記述を進める。そしてその実践の記述を通して、学習者の文章産出に寄与する作文方略の創出を目指す。なおその際には、「なぜ書くのか」の問いを筆者自らの声によって追究する姿勢を忘れず、その上で、「いかに書くのか」に関して、さらなる指導上の工夫を加えていきたい。

第２節　実践研究のための方法論

第１項　授業研究と授業様式のパラダイム転換

１　「技術的実践」と「反省的実践」

授業研究は、1960年代の行動科学の発展を基礎としていた。わが国においても1960年代以降、科学研究としての分析的で原子論的な授業研究が普及した。

しかし、実証主義からポスト実証主義への転換、心理学における行動科学から認知心理学への転換、そして、文化人類学やエスノメソドロジーの影響を背景として、1970年代半ば以降、大きなパラダイム転換が遂行される。現在、授業研究をかつてのような実証主義の定量的分析の枠組みで考える人は多くない。

「授業研究」を含む包括的ジャンルである教育方法学の研究は、現在次のような二つの性格を異にする研究に具体化され、その往還の中で新しい実践の学が模索されている。

○　教育方法学の対象（授業、学習、カリキュラム、教師）に関する問題を特定の学問分野を基礎として探求する研究。

○　教室における具体的な問題の解決を追求する実践的探求。

前者は、教師が直面している実践的な問題について、特定の学問分野からの知見を提供するものである。複合的要素によって構成される複雑な教育実践に対して確かな基礎を示すと同時に、理論的な反省と批評のための支援となる。

後者の「実践的探究」の方は、教師がすでに教室で展開している省察や選択や判断を対象として反省や批評を行うものである。前者が学問分野を限った一面的な支援であるのに対して、後者は、学際的、総合的な知見を具体的な実践上の問題解決において統合し、実践的な見識（practical wisdom）を形成することを目的としている。まさに、教育の実践学であり、教師による実践経験の報告や反省や批評そのものに相当する。

授業におけるパラダイム転換は、1980年代の半ば以降、「技術的実践」から「反省的実践」への転換として議論されてきた。「技術的実践」の授業では、教師の実践は科学的な技術や原理の適用過程、すなわち、有効性が実証された科学的なプログラムや教授原理で授業の過程を外側から統制する過程と見なされたのに対して、「反省的授業」では、授業実践の過程を通して、教材やプログラムが再構成され、教師自身の抱いている認識も修正され発展するものと考えられている。「技術的実践」が理論の実践化を遂行するのに対して、「反省的実践」における理論は、実践を通して実践者の中で生成され機能する。つまり、「反省的授業」における理論は、教師の内面において思考や活動を統制する「枠組み」として機能し、新たな理論をも生みだすのである。

「技術的実践」を志向する授業研究は、法則・原理・技術の一般化を求めて、客観的な「命題（パラダイム）的認識」を追究し、システムやプログラムや技術の開発へと向かう。それに対して、「反省的授業」の研究は、特定の教室に生起する個別具体的な経験や出来事の意味の解明を目指し、主観を尊重した「物語（ナラティブ）的認識」を追究して、教師の実践的な見識の形成と教室における経験の意味と関係の再編へと向かっている。

二つの様式は、稲垣・佐藤によって以下のように対比されている。

授業研究の二つの様式

	〈技術的実践の授業分析〉	〈反省的実践の授業研究〉
目的	プログラムの開発と評価	・教育的経験の実践的認識
	文脈を越えた普遍的な認識	・文脈に繊細な個別的な認識
対象	多数の授業のサンプル	・特定の一つの授業
基礎	教授学、心理学、行動科学	・人文社会科学と実践的認識論
	実証主義の哲学	・ポスト実証主義の哲学
方法	数量的研究／一般化	・質的研究／特異化
	標本抽出法／法則定立学	・事例研究法／個性記述学
特徴	効果の原因と結果（因果）の解明	・経験の意味と関係（因縁）の解明
結果	授業の技術と教材の開発	・教師の反省的思考と実践的見識
表現	命題（パラダイム）的認識	・物語（ナラティブ）的認識

（稲垣忠彦・佐藤学（1996）『子どもと教育　授業研究入門』岩波書店、p.121）

筆者の授業に対する思考や見識は、自らの実践年代から鑑みて、上記の「反省的実践の授業研究」の様式に多くを学びつつ形成されてきたものと判断できる。

本研究をまとめるに当たり、筆者の授業研究の様式は、〈反省的実践の授業研究〉の「目的・対象・基礎・方法・特徴・結果・表現」に沿って行うものとする。すなわち、自らの文章教室に生起した個別具体的な経験や出来事の意味の解明を目ざし、初年次生に特異化した事例研究法によって質的研究を中心に進める。主観を尊重した「物語的（ナラティヴ）認識」（多様で多義的な認識）を追求しながら、いっそうの反省的思考を促し、同時に実践的見識を高めることを目標とする。

一方で、プログラムの開発と評価、授業の技術やアンケート分析など、〈技術的実践の授業分析〉による先行研究から学ぶ点は多い。どちらも、一面性と限定性からまぬかれえないとするならば、目的とするものに合わせて、複数の方法を総合して活用してよいのではないか。学習者の主体的な学習および有益生を優先的選択基準に、両様式を必要に応じて採用する。

教育は、科学的技術のみでは解決できない複雑で難解な問題の解決に立ちむかっている。筆者の「物語的認識」による一事例研究（臨床的研究）が、興味、関心を同じくする人々の「実践的知識」を高めるための一角を担うことができることを願うものである。

第２項　実践の記述

1　記述方法

質的研究によって作文指導の授業研究を進めるに当たり、実践の記述方法を「エスノグラフィー」の考え方に学びたいと思う。藤田英典（1998）[13]に以下のような記述がある。

> 量的・統計的方法や仮説演繹的アプローチでは捉えることのむずかしい課題領域や対象世界がある。とくに多元的で遂行的な日常生活世界の構造やその文化的特徴について研究しようとする場合、当事者のレベルで対象世界を捉えることが重要であるが、エスノグラフィーはそうした課題に応えようとするものである。（p.49）

自らの実践の記述に際して、指導者と同時に学習者の立場に立って作文指導の研究世界を深めるために、上記で藤田が述べるエスノグラフィーの考え方を採用する。なお、その際の具体的な方法論は志水宏吉（2005 a,b）[14]

13　藤田英典（1998）「現象学的エスノグラフィー　エスノグラフィーの方法と課題を中心に」志水宏吉編著『教育のエスノグラフィー　学校現場のいま』嵯峨野書院、pp.49-77

14　志水宏吉（2005 a）「学校文化を書く――フィールドプレーヤーとして」pp.37-49／（2005 b）「エスノグラフィー――私と世界との対話」pp.139-162　秋田喜代美・恒吉僚子・佐藤学編『教育研究のメソドロジー　学校参加型マインドへのいざない』東京大学出版会

と鯨岡峻（2005）[15]を参考にした。

志水（2005ｂ）はエスノグラフィーについて、自らが属する文化を読者に理解可能なかたちで提示しようとする営みであり、その中心的な営為は、当事者がその中で生活している文化を、主観的意味づけに即して記述することにあると述べている。そして、記述する際にとりわけ重要なことは、外からの枠組に、書き手の文化をあてはめるのではなく、内側の視点から生き生きと描きだすことであると言う。

本研究の実践の記述に当たっては、鯨岡（2005）の「エピソード記述のために」の「(3) 一つのエピソード記述が満たすべき要件」と「(4) エピソード記述の評価」がとりわけ参考になった。

まず、「(3) 一つのエピソード記述が満たすべき要件」について見てみる。

エピソード記述は、エピソード場面そのものを描くことで完結するのではなく、そのエピソード場面を取り上げるに至った記述者の興味・関心との関連を明らかにし、そのエピソード場面が直接に示す意味を超えた「メタ意味」を把握してはじめて、一つのエピソード記述になるというのである。そして、そうするためには、記述したものについての省察という意味での「メタ観察」が、必ずエピソードの本体に合わせて提示されなければならないという。オーソドックスなエピソード記述の提示の仕方は、①背景の提示、②エピソード本体の提示、③メタ観察の提示、という三段構えである。この三段構えの場合は、エピソード本体の中に、記述者が感じたこと、思ったこと、間主観的につかんだことをいっしょに描き込む。そうすることが状況をより生き生きと伝えることになるが、エピソードが長くなって、時間的な経過がつかみにくくなる難点がある。

そのような場合は、①背景の提示、②客観的なエピソードの流れの提示、③第一次メタ観察、④第二次メタ観察、のような四段構えの記述も可能だという。この場合は、まず②でエピソードの流れを明示し、流れのポイン

15　鯨岡峻（2005）『エピソード記述入門　実践と質的研究のために』東京大学出版会、pp.127-132

ト、ポイントで、自分の主観や背景についての解説を加えていくのが③の第一次メタ観察である。特に、エピソード場面が複雑で、一本の流れで示しにくいときなどは、このやり方が分かりやすい。④の第二次メタ観察は上記三段構えの③の「メタ観察の提示」と同じである。

「⑷ エピソード記述の評価」に関しては、次の三点が観点としてあげられている。

①　読み手として読んで、背景からその場面に至るまでの流れがかなりしっかりとイメージできるかどうか。

②　その場面のアクチュアリティ（生動感）がその記述から読み手に把握できるか。

③　背景となる興味・関心、あるいは理論との関係において、そのエピソードのメタ観察が十分で、関与観察者の問題意識が十分に掴めるか。

(pp.130-132)

上記、鯨岡の方法論について、筆者の実践論文と対照させて考えてみると次のようになる。本研究の第Ⅱ部実践編に納められた多くの論文は、一度は、所属機関あるいは専門を同じくする学会あるいは研究会の機関誌に実践論文として掲載されたものである。そのうち、どの論文を収録するか、決定に至る選択過程に第一次メタ観察が存在した。さらに、第二次メタ観察は、収録決定に伴って実施された推敲および、新たに書き加えられた「考察」が相当する。背景の提示については、各論文のまえがき、および論文同士の配列関係を示す前後の記述によって明らかにした。

実践の記述部分が冗長にならないように、上記の「四段構え」の採用を中心に考えているが、実際には、全体の流れを明確にするために、何重にも「考察」が加わった、五段、六段構えのメタ観察が行われる。このことは、筆者の省察を深める意味でも、また論文を読みやすくする意味でも効果があるものと考えている。

２　エスノグラフィーの立場をとる意義

鯨岡（2005）は「エピソードを書くことの意義」を以下のように説明している。

> エピソードを描くことを通して、自分の関与のあり方、観察のあり方が自分にとって目に見えるものになり、それによって関与のあり方が問い直され、関与の質を高めていくことに繋がります。ここにこそ、いま現場に従事する人たちにとって、エピソードを描くことの大きな意義があるのではないでしょうか。（p.262）

書くことが、自らの指導を目に見えるものにし、それによって指導を問い直し、質の向上につながるという考えは、これまで実践論文を書きためてきた筆者の研究姿勢と一致する。すべての実践論文が、関与した学習者の細部を照らし出し、自らの指導の「質」を問い直すことにつながった。そのような「問い直し」の繰りかえしが、指導技術を磨くと同時に学習の質を高めることにもつながってきたと考える。

第３項　国語教育学における先行研究

１　野地潤家の「国語教育個体史」の概念

ここまで、教育学における質的研究の方法をエスノグラフィー、とりわけエピソード記述に絞って述べてきた。ひるがえって国語教育に目を向けてみると、遡ることじつに半世紀も前に、国語教育界に豊かな先行研究があった。野地潤家（1998）[16]の提唱する「国語教育個体史」の考え方である。野地の「国語教育個体史」の定義は次のとおりである。

> 国語教育の実践主体が、自己の国語教育者への成長過程、さらには国語教育者（実践主体）としての実践営為の展開、国語教育者としての生活を、主体的に組織的有機的に記述したものを国語教育個体史と呼ぶ。（p.20）

実践主体が、自らの実践の営為の展開、および自らの生活を、「主体的

16　野地潤家（1998）『野地潤家著作選集　第１巻　国語教育個体史研究　原理編』明治図書

に組織的有機的に記述する」というくだりは、まさにエスノグラフィーの考え方と相通じるものである。

浜本純逸（1998）[17]は、野地の「国語教育個体史」に関して、その意義について次のように述べたうえで、野地自身による「個体史」と「個体史的研究」の定義を紹介している。

「国語教育個体史」の発想は、先生独自のものである。「個の実践をたいせつに」という思想に根ざしており、野地先生の国語教育史研究のみならず野地国語教育学をプロダクティブなものとし彩り豊かなものにしている。（中略）一九六三年八月に、「個体史」と「個体史的研究」とをつぎのように定義しておられる。

一個の実践主体が一定の期間に実践した営為を、一定の秩序・組織によって再録し、その展開過程を記述し、その成果を解析し、かつ自己の実践を歴史的社会的に位置づけていく。個の実践をたいせつにし、個体の実践をみずからの歴史としてとらえ、述べていく。こうしたいきかたを、教育実践史の上で、個体史と呼び、その視点に立った研究を、個体史的研究と、わたくしはかりに呼んでいる。

（『国語教育通史』p.231）

『国語教育通史』の発行は1974年であるが、大槻和夫（1998）[18]によれば、「国語教育個体史」の発想そのものはさらにそこから20年近くも遡ると言う。

野地の「国語教育個体史」の考え方は、実践を生みだす指導者の主体のあり方が大きくクローズアップされるものである。指導の当事者が、自らの主観的意味づけを大事に、臆することなく記述し、「学びの実存」を明らかにする態度が、すなわち「振り返りの機能」「省察の機能」につなが

17　浜本純逸（1998）「実証性と物語性――野地潤家先生の国語教育史研究――」中西一弘編『野地潤家著作選集　別巻②　野地潤家国語教育論を読む』明治図書、pp.34-39

18　大槻和夫（1998）「国語教育個体史研究の意義――国語教育実践・研究の確かな拠点の構築――」中西一弘編『野地潤家著作選集　別巻②　野地潤家国語教育論を読む』明治図書、pp.17-19

るというエスノグラフィーの考えに見事に通じる。浜本は上記に続いて、次のような野地のことばを紹介している。

> この「個体史」をふまえることによって、一つの安心感が得られるようになった。自己の最初の実践体験を、このように「実践史」（個体史）としてまとめえたこと、刻みえたことは、近代国語教育史を理解していくのにも、有力な足場になった。一つの教科の小・中・高にわたる一般国語教育史は複雑であって、にわかには究めがたい。時としては、どこからどう手をつけていいのか、見当のつかぬことさえある。そういう見定めがたさをもつ森林や山峰のような国語教育史の実態を理解していくのに、一個の実践主体の足跡を見つめ、とらえていくという試みとその経験は、陰に陽に、実践をつかむとはどうすることか、それを歴史としてとらえるとはどうすることなのかを会得させてくれる点で、あずかって力があったのである。
>
> （p.234）

教育学に方法論を学びながら、自らの専門分野である国語教育学に、同様の考え方を、しかも、より早い時期にすでにあったことを見出せたことは大きな喜びであった。とは言え、野地が求めるような「個体史」の記述が筆者にできるかどうか、そして自ら試みた「金子泰子作文指導個体史」が、はたして分析・考察の対象に値するものか、国語教育の作文指導史に定位するなどということが可能なのかどうかはわからない。しかし、野地の個体史的発想に倣って、自らの実践をまとめ、それに考察を加えることから研究を出発させることは、個人の立場で実践一筋に進んできた筆者にとって、もっとも有力で確かな研究方法であると判断した。自らの作文指導者としての主体性を大切に、加えてその実践対象者である多数の学習者の主体性を大切にするためにも、まずは実践それ自体を正確に記述し、分析・考察を加え、国語教育史のどこに定位するか、それを探る努力をしてみたい。

第3節　大学における文章表現指導のための評価
――新たに生みだし、将来に生きるために――

本節の目的は、大学における文章表現指導に焦点を当てその評価のあるべき姿について考えることにある。副題は評価が目ざすものを示している。

初等・中等教育と比べ、高等教育では入試に備えた対外的証明書の作成は求められない。科目担当の講師が、自らの授業の教授目標の達成度を評価し、学習活動そのものの評価や記録を通して、自らの指導および学生の学習活動を内省し、改善するための調整のデータとするのが、評価の主たる機能である。

幸いなことに、文章表現の指導は、学習者が実際に考え、自らペンを持って文章を綴る過程を経た上で作品に仕上げてはじめて、その作品を含む学習者の活動（パフォーマンス）そのものが評価の対象となる構造になっている。指導者の一方的な教授だけでは完結し得ないところが特徴である。評価は、学習者の作品に対して妥当な判断をくだすと同時に、その作品（同時に書き手である学生）が内に秘める可能性を見出し、改善のための具体的な行動指針につながるものでなければならない。なかんずく大学は、学校教育の最終段階に位置するため、まもなく社会に出る学生に、生涯にわたって学習し続ける意欲と能力の基盤となる「自己評価能力の育成」[19]が課題となる。

第1項　評価の教育的意義と変遷

倉沢栄吉（1949）[20]は、評価を次のように定義している。

19　安彦忠彦（1987）『自己評価「自己教育論」を超えて』図書文化、pp.97-100
20　倉沢栄吉（1949）『国語単元学習と評価法』世界社

> 学習の効果を上げるためには——
> 　１．目標をはっきりさせることと
> 　２．有効な各種の指導をすること
> が根本的なので（中略）ある。ところで、この二つを十分に徹底させるためには、たえず批判と検討が、一貫して続けられねばならぬ。それが評価である。（p.113）

評価（批判と検討）は学習効果を上げるためのもので、目標・指導と一体化したものでなければならない。しかも、指導全体を貫いてたえず続けられなければ、効果が上がらないと述べている。シンプルで、明快な定義である。

また、評価の効果については次のように述べる。

> 評価のはたらきが適正に行われれば、当然効果がでてくる。評価というのも、実は効果をあらしめるために行うのである。ただ、従来のと、違うのは、その効果を、一方的な局部的な結果——暗記の量——と考えないで、学習活動そのものの価値——態度とか、習慣のような——も、含める。なぜなら、学習活動を教育の中心と考える以上、「活動そのもの」に価値を認めざるを得ない。教授中心ならば、教えたことが、一義的であるが、学習中心では、活動それ自身が意味をもち、その態度とか習慣の形成が、つねに目標とされるのである。（pp.22-23）

倉沢は、60年以上前の著作において、評価をこのように的確にわかりやすく論じている。評価は、知識や理解（暗記の量）を問うだけのものではなく、学習活動の中で学ぶ態度や習慣の形成といったものも評価の対象となることを教えてくれる。

梶田叡一（1981）[21]は、教育の現場で「評価」が必要とされる理由として次の三点をあげている。

⑴　指導者として説明責任を果たす。

⑵　学習者個々の実態を把握する。

⑶　自己教育の姿勢を育てる。

21　梶田叡一（1981）『新しい教育評価の考え方』第一法規
　三点の要約はpp.4-7の記述に基づき金子が要約引用した。

また、「まえがき」(pp.1-3) においては、「成果に対して責任を持つ教育」を実現するためには、「自分の授業のあり方を評価したり、自分の学校の基本的あり方や学校での教育課程の編成と実施のあり方を評価したりすること」が不可欠だと述べ、「教育評価とはテストとか成績評価のことだ、と狭く限定して考えること」を厳しく戒めている。

教師の仕事は学外者に見えにくいのが特徴である。入学や入社試験に代表される選抜社会において、衆人が関心を示す成績評価にのみ力を注ぎ、教育者としての本来の仕事をなおざりにすることのないよう配慮が必要である。そのためにこそ、評価が活用されなければならない。

1980 年に、児童生徒の指導に一層役立たせるという観点から指導要録が改善され、絶対評価導入による「観点別学習状況欄」が設置された。

このことを契機として、「形成的評価」や「到達度評価」に対する関心が高まり、従来の相対評価による総括的評価のみでは、学校教育を着実に推進し、責任をもって営むということができなくなってきた。梶田 (1981) は、ちょうどこの頃、現場の教師に向けて著わされたもので、「評価理論の新しい展開」は「一人ひとりの成長保障と学力保障とを共に満足する可能性を持つ」ものだと論じている。

その後、2001 年の指導要録において、戦後半世紀にわたって一貫して採用されていた「相対評価」は否定され、全面的に「目標に準拠した評価」に転換する。

第２項　最近の評価の特徴と文章表現指導

田中耕治 (2010) [22] は、2008 年の学習指導要領の改訂に伴う指導要録の改訂について、その特徴を次の三つに整理している。

(1)　2001 年改定の指導要録で採用された「目標に準拠した評価」を継承すること。

22　田中耕治 (2010)『新しい「評価のあり方」を拓く――「目標に準拠した評価」のこれまでとこれから――』日本標準ブックレット、p.3

⑵　2008 年改定学習指導要領の「確かな学力」観を受けて、指導要録における「観点」を変更すること。

⑶　「ポートフォリオ評価」と「パフォーマンス評価」の有効性が明記されたこと。

以下、この三つについて、文章表現指導とのかかわりから考えてみる。

まず、「目標に準拠した評価」が継承されたことは、その教育的価値から当然と言える。課題は、現場での適用如何である。選抜本位の現在の大学入試制度にこの評価をどのように実現するか、その改革の成否が高校現場における「目標に準拠した評価」適用の鍵となろう。

大学入試に関しては、「小論文」や「読解問題に付随する記述式解答問題」等、各大学独自の出題意図による作品評価（採点）ではなく、小・中・高における学習活動を基盤とする「学習目標に準拠した評価」が行える記述問題がふさわしい。そしてそのためには、「文章表現の教育目標」の系統化が求められる。大学は、教育の継続性に鑑み、小・中・高の文章表現学習を確かに継承しつつ、その習得、活用、発展、探求のレベルを高める立場で文章表現の指導を行わなければならない。

次に、「確かな学力」観について考える。かつての「ゆとり教育」政策を支えた「新しい学力」観、それを実現すべく実施された「総合的な学習」は、「学力低下論争」の前にあえなく衰退の道をたどった。代わって登場した「確かな学力」観は「基礎的な知識・技能の育成（いわゆる習得型の教育）と、自ら学び自ら考える力の育成（いわゆる探求型の教育）とを対立的にとらえず、両方を総合的に育成しようとする。かつての「総合的な学習」が振るわなかった要因を精査した上で導き出された解決策である。

2008 年 11 月 7 日、中央教育審議会初等中等教育分科会教育課程部会は「教育課程部会におけるこれまでの審議のまとめ」において、学力の重要な要素を次の三つに整理した。

⑴　基礎・基本的な知識・技能の習得

⑵　知識・技能を活用して課題を解決するために必要な思考力・判断力・表現力など

(3)　学習意欲

また、指導要録の「観点別学習状況」欄における「観点」については、2010年版指導要録における「表現」の変更が特徴である。それまで「技能・表現」と括られていた「表現」が、「思考・判断・表現」に移動したのである。

この「表現」の変更の趣旨に関して、同部会は「児童生徒の学習評価のあり方について（報告）」において、次のように説明している。

> 「思考・判断・表現」として、従来の「思考・判断」に「表現」を加えて示した趣旨は、この観点に係る学習評価を言語活動を中心とした表現に係る活動や児童生徒の作品等と一体的に行うことを明確にするものである。（中略）基礎的・基本的な知識・技能を活用しつつ、各教科の内容等に即して思考・判断したことを、記録、要約、説明、論述、討論といった言語活動等を通じて評価するものであることに留意する必要がある。
>
> （2010年3月24日）

「学習評価」は「言語活動を中心とした表現に係る活動や児童生徒の作品等と一体的に行う」とした点が特徴的である。「作品」のみの評価でなく、作品を生みだすに至る学習活動のプロセスが問われるのである。なお、これら一連の学習活動に、「学習意欲」が、学力要素の一つとして構造的に位置づけられていることも忘れてはならない。

「知識・理解」と「技能」の習得から「思考・判断・表現」による活用へ、「関心・意欲・態度」の「学習意欲」が加わって「探求活動」（課題解決的な学習に基づく研究レポートや研究論文の作成等）へとつながる構造はわかりやすく、そのまま文章表現の指導過程としても使える。ただし、すでに言及したように、文章表現学習の過程は習得から活用、そして探求へと段階的、単線的に進むものではない[23]。文章産出過程は、「何を、どのように書くのか」、学習者個々の頭の中で「自己内対話」[24]が繰り返され、紆余曲折、複雑な経過をたどる。文章表現力は、努力して繰り返し練習を積

23　第3章第1節第1項参照。

24　内田伸子（1986）「展望　作文の心理学――作文の教授理論への示唆――」日本教育心理学会『教育心理学年報第25集』、p.166

み重ねてようやく身につく力なのである[25]。指導者は、このことを十分理解して指導に臨まなければならない。いずれにしても、「表現」が「思考・判断」と同列に位置づけられたことは、言語主体が主体的に考えることなくして実現し得ない文章表現の正鵠を射たものと高く評価できる。

最後に、「ポートフォリオ評価」と「パフォーマンス評価」について述べる。従来、文章表現の指導者がもっとも負担に感じ、指導の障害になっているとまで言われる評価である。解決策となりうるのか、考察してみたい。

「パフォーマンス評価」は、学力が具体的に発現する場面で機能する。その意味で、文章表現は、目には見えない学習者の思考過程が文章として産み出されたパフォーマンスそのもので、パフォーマンス評価の対象としてふさわしい。克服すべき課題は、その評価方法の信頼性を確保する基準の設定にある。

学習者のどのような学力がどのように発現しているか、科学的、客観的な評価を求めて、学力の質と、その達成のレベルの対応関係を示すマトリクス（ルーブリック―評価指標―）による評価が行われている。各種、様々なルーブリックが試みられている中、松下佳代（2007）[26]が紹介している、JELS[27]６年生用のルーブリックが参考になる。算数の文章問題の答案を評価するためのものだが、求める学力概念が「さまざまな状況のなかで、問題を数学的に定式化し、解決し、解釈し、それをコミュニケーションする力」とされており、文章表現にも参考になる。四つの「観点」と四つの「レベル」からなるマトリクスで、観点は「（意味が）わかる」「（手続きが）できる」、「考える」、「伝える」の四つからなっている。中三・高三のルー

25　第６章第２節第２項参照。
26　松下佳代（2007）『パフォーマンス評価――子どもの思考と表現を評価する――』岩波ブックレット、pp.24-25
27　JELS の詳細は、次のウェブサイト参照。
http:www.li.ocha.ac.jp/hss/edusc./mimizuka/JELS_HP/index.htm　2013 年５月６日閲覧。

ブリックでは、もう一つ「洗練度」が加わり観点が五つになる。「観点の説明」には、パフォーマンスの質のレベルに相当する具体的な特徴が書き込まれている。

井上尚美（1980）[28] は、国語科における目標分析に関して次のように述べている。

> 理科や数学の場合には、要求される思考操作とその対象との関係がかなりはっきりしており、細分化も意味があるが、国語科の場合―母国語の特性として―ことばは認識思考の全過程に、更には情意的領域にも密接な関係で結びついていて、要素に切り離すことが難しいから、あまり細分化することは意味がないのである。（p.144）

ここで井上が述べるように、国語科では要素の細分化に意を注ぐより、指導によって伸ばそうとした言語能力がどのように効果を見せているか、自ら作成したルーブリックを用いて、評価が正確にしかも容易に行えることが重要である。

一方、「ポートフォリオ評価」は、学習活動を通じて生みだされる様々な「作品」を蓄積することによって、評価を行うものである。同時に、それらの「作品」を学生自らに編集させることで、自己評価能力の形成を促そうとする。ポートフォリオに綴じ込む内容は、学生の作品に限らず、指導者やクラスメートから得た批評文、学習活動を通じて配布された資料等、多岐にわたる。

ポートフォリオ形式で、学習活動中のパフォーマンスの実際を累積していけば、それによって学生と指導者が学習目標および計画を共有できることに加えて、いつでも自由に学習活動全体を振り返る手立てにもなる。西岡加名恵（2003）[29] はポートフォリオ評価について、「子どもたちの学習に対する自己評価力を育むと共に、教師も子どもの学習と自分の指導をより

28　井上尚美（1980）「評価論――到達目標と個に応じた評価――」増淵恒吉・小海永二・田近洵一編『講座中学校国語科教育の理論と実践　第一巻　中学校国語科の理論』有精堂出版

29　西岡加名恵（2003）『教科と総合に活かすポートフォリオ評価法～新たな評価基準の創出に向けて～』図書文化社

幅広く、深く評価しようとする」(p.3) と述べている。

主体的に学習に臨むためには、学習における自己調整が何よりも必要であり、その核心は自己評価能力にある。それは、教師も同様である。独断、専制に陥りやすい教室環境の中にあって、パフォーマンス評価とポートフォリオ評価は、指導者に自らの指導を謙虚に省みる契機を与えてくれる。

第３項　単元学習と評価

倉沢 (1949)[30] は次のように述べている。

> 評価とは、価値判断のはたらきである。動的なはたらきである。そのはたらきを、いいかげんな、主観的なものにさせないために、評価の基準として、「学習活動の目標」を確認する。目標がどの程度達成されたか、達成されつつあるかを、正しく見つめて行くことである、目標と活動が、がっちりと組み合っている状態を、常に合理的に観測し、判定することを忘れては、学習の効果はあがらない。このはたらきが、学習の発展中に流れておれば、学習は、そこで、まとまるのである。単元学習になるのである。
>
> (p.22)

かねて文章表現指導の最大の難点と言われる評価を、この倉沢の考えのように、「学習の効果をあげる」ものとして捉え直し、単元学習として文章表現指導を構成し直してみるのはどうだろう。本節の第１項で引用した倉沢の「評価の定義と効果」とも合わせて、「学習活動そのものに価値を認める」大学生の文章表現指導のための「単元学習」が構想できる。

以下、大学の文章表現指導のための「単元」計画をたてるに際し、種々の評価が、単元の各段階（授業前、授業過程、授業後）において果たす役割について考察する。詳しい指導計画の提案は第７章において試みるが、以下において、井上 (1980)[31] の時系列の記述を参考に、評価活動の大枠を

30　脚注 20 に同じ。原文は縦書きで、「まとまる」の横に傍点あり。漢字は新字体に訂正した。

31　脚注 28 に同じ。pp.133-138

大学の実践に即して考察する。

a　授業前

①　目標（課題）分析―到達目標の設定

単元計画を作るに際し、まずは、何をどの程度まで学習すればマスターしたことになるのか、目標として設定する。この目標は、できるだけ具体的な行動の形（行動目標）、つまり「・・することができる」という形で定める。

例えば「短大生に必要な書く能力をつける」「読み手にわかりやすい文章を書く」などと概括的な示し方をせずに、授業で出される課題に応じて「二百字作文を二十分以内で書き上げることができる」「内容に見合った副題をつけることができる」「一文を短く、長くても五十字以内にすることができる」「形容詞を使わずに情景を描写することができる」など、課題ごとの達成度を、指導者も学習者も共に客観的に確認できるよう、明確に設定する。

ただし、梶田（1981）の次のような提言は、文章表現のような、高次の思考能力を必要とする学習には欠かせない重要な視点である。

> 到達目標として設定するものは、知識、理解、技能、といった達成目標に限られるものでなく、態度や価値観、論理的思考力や問題解決力などといった向上目標も、さらには、実験や観察、授業でのゆさぶりや追求活動などを通じて得られる感動や発見、触れ合い、等々といった体験目標にも及ばなくてはならない。（p.49）

文章表現の目標設定に際しては、知識・理解・技能などの行動目標で示すことのできる到達目標に限らず、態度や価値観、論理的思考力や問題解決能力などの向上目標や、感動や発見・触れ合いなどの体験目標も指導目標に加え、相乗的な効果をねらう必要があると言える[32]。

②　診断的評価

単元学習を始めるに当たって、学習者が文章表現に関してどの程度の知

32　脚注 21 に同じ。p.69「表 4 の三つの目標類型と目標到達性」参照。

識や技能を持っているか、実態を把握するための評価である。

詳細なアンケート調査は、学習前の受講生には指導者の意図が十分に届かず、取りたてて言うほどの結果が得られないことが多かった。こうした経験から、初回の授業で30分程度時間をとり、「小・中・高における作文学習の成果と課題」について、自由に書いてもらうようにしている。

指導者は、この診断的評価作文の分析結果をもとに、練習作文の課題をはじめとする単元計画を作成する。

b　授業過程

③　授業開き―目標提示、内容提示

授業の導入として、②の診断的評価作文の分析結果を共有しながら、授業で何をどのように学習するかを学生に提示、説明する。これによって、学生は、これからの学習に対して見通しをもつことができ、学習中も全体の流れの中で、今はどの位置にいるかを知ることができる。指導者だけでなく、学生自身が目標や内容だけでなく指導計画全体の流れを自覚していることが、自主学習能力を育てるためにも重要である。

④　形成的評価

授業の途中で、学生の反応や理解の様子を確かめ、その後の授業展開を調整するために行うのが、形成的評価である。指導者は、学生の表情や態度によって無意識のうちに内容や進度を調整しながら授業を進めている。しかし、これをより科学的にするために、単元の指導計画全体の中に、あらかじめ形成的評価を組んでおくことが望ましい。作文は、これまで書き上げた作品について評価が行われることが多かったが、書き上げるまでの学習の過程を視野に入れ、ときどきに形成的評価を組み込むことが、学習者の作文の実態を理解する上で重要である。

たとえば、取材メモ、主題文、アウトライン、書き出し文、草稿、推敲原稿、等、完成までの任意の過程でこまめに評価すると、学習者の思考過程が確認でき、細かな個別指導につながる。

さらに、グループで読み合ったり評価し合ったりするのも、授業途中の形成的評価として効果的である。なお、その際には、批評の観点（既習の学習事項）を改めて確認しておき、表現に即して具体的に批評文が書けるように指導する。また、批評文を書く際には、必ず署名するよう促す。自らの書いたものに責任をもって、注意深く書く癖をつけるためである。細かな注意を払って周到に書く習慣の形成が、やがて大きな力となって生きてくる。

また、種々の形成的評価の際には、必ず自己評価を同時に行わせる。評価は、誰のためでもなく、自らの学習、学力向上のためだということを自覚するためである。自己評価が丁寧に行われていると、教師の個別評価も効率がよくなり、速度も上がる。

⑤　補充、計画の軌道修正

形成的評価によって、目標の達成が十分でない学習者には、補充課題を与える。宿題にしてもよい。一方、目標を十分に達成した学習者については、発展的課題を考える。こうした個別対応が可能なのも、形成的評価の成果である。

なお、学習者全体の達成度が思わしくない場合には、計画自体の修正が必要なことは言うまでもない。

c　授業終了後

⑥　総括的評価

一連の授業終了後に、総決算の意味で行う評価である。ポートフォリオを活用すると、文章表現活動の実態を効率よく振り返ることができる。自らの作品、クラスメートの批評文、自己評価文、さらには指導者の評語と、多面的に見ていくと、自らの文章表現能力が客観的につかめる。ポートフォリオ編集を総括的評価の課題とする一方で、その作業を通して見えてくる「文章表現学習の成果と課題」を総まとめのレポートとして課す。指導者は、この学習者の提出する最後のレポートをもとに、単位認定のための成績評価と自らの指導の総括的評価を行う。

まとめ

学習の成否は評価にかかっている。目標の正否、適否、整合性の判断は、すべて評価のはたらきである。また、評価は、学習全体に一貫してはたらく営みであり、なおかつ指導者と学習者の協力、共有においてなされることが望ましい。評価は、テストや測定といった結果を見定めるだけのものではなく、教育活動全体をモニター（監視）し、常に新たな何かを生成し続ける役割を担うものである。

第７章において、大学における新たな文章表現指導計画を「単元学習」の形で提案する。評価が生みだすものを手がかりに、将来につながる道を探りたい。

第Ⅱ部
実践編：事例研究から見る大学における文章表現指導とその展開

第４章　短期大学における指導経緯

第１節　実践研究に至る「国語教育個体史」の試み

筆者は、本研究の主な研究方法に、実践的探求の道を選んだ[1]。特定の学問分野を基礎とする研究（授業の哲学的研究、学習者の心理学的研究、教育方法の歴史的研究、カリキュラムの政治学的研究、教師の社会学的研究、など）ではなく、自ら教室で展開してきた授業実践を詳細に記述したうえで、それを対象としてさらなる反省や批評を加えるものである。教室における個別、具体的な問題の解決を追究するためには、学問分野を限った一面的な支援ではなく、指導者の、学際的、総合的な知見が求められると考えたからである。筆者に、十分なそれがあるとは言えないが、このような実践的探求の研究方法こそが、指導者としてのさらなる実践的見識（practical wisdom）の形成、向上につながると考えるからである。

こうした意味から、本節においては、筆者の実践的見識がこれまでどのように形成されてきたのか、まずは実践前史を探るために、筆者個人の国語学習の基盤となった学習環境について述べていく。これは、野地（1998）の「国語教育個体史」[2]が言うところの「個の実践をたいせつにし、個体の実践をみずからの歴史としてとらえ、述べていく」態度、ひいては学習者の「国語学習個体史」を尊重する態度につながるものと考えている。

1　第３章第２節第１項に述べた。
2　第３章第２節第３項に述べた。

第１項　書くことによる発見の喜び

1981（昭和56）年春、筆者は短期大学の非常勤講師の職を得た。大学院を修了して二年目であった。長野県上田市にある、上田女子短期大学幼児教育科１年の学生を対象とした、一般教育の中の「国語」の非常勤講師として採用された。「自由にやってくださって結構です」という大学側の言葉に甘えて、かねて関心をもっていた作文指導を始めた。

関心をもっていたとは言え、文章表現に関する指導を受けたことはなかった。書くことは子どものころから好きであったが、自分の書く力がどれほどのものか、評価する力も無かった。どうすれば思うように書けるようになるのか、教えるチャンスを生かして自ら学びながら作文指導をしてみようと考えた。

教員養成大学を卒業し、修士課程も修了した[3]。中学校と高等学校の国語の教師の免許状を得ながら、書くことの十分な訓練を受けたことはなく、当然、自信もなかった。作文の指導法を学ばないまま国語の教師になってよいのだろうかという疑問は、在学中も持ち続けていた。卒業論文も、修士論文も指導教官の指示を仰いで書きあげたものの、書く力がついたという実感はなかった。論文作成途中に、複数の教員から、一文の長さや修飾語の位置、漢字の誤りなど、個々別々に助言を受けたが、論文作成中、あるいは完成間近のことで、もっと以前に、作文技術をまとめて学ぶ

3　大阪教育大学中学校教員養成課程国語専攻卒業、同大学院教育学研究科、国語教育専攻終了。修士修了年は、1979年３月。学部３年生在籍時に、文部省による教員養成大学学部学生海外派遣制度により、１年間米国オハイオ州立大学に特別学生として留学。現地中学校の国語（English）科の授業参観などを経験する。学部、および修士課程の研究テーマは、アメリカとの比較国語教育。卒業論文および、修士論文のテーマは次の通り。「アメリカの中学校の国語科教育の研究――オハイオ州コロンバス公立学校指導要領 ENGLISH LANGUAGE ARTS JUNIOR HIGH SCHOOL の訳出を通して」・「アメリカの国語教育――入門期のリーディングの指導法を中心に」

授業があれば良かったという思いは強かった。

以下、不十分ながら、家庭、学校（小・中・高・大）、その他の世界における、筆者の国語学習に関連する記憶をたどりつつ、現在の知見がどのように培われてきたかを振り返る。

国語の学習は小学校低学年以来、得意というほどではないが、何でも好きで、感想文や絵日記が苦になったという覚えはない。外遊びが好きで、家で静かに本を読むタイプの子どもではなかったが、小学校の中・高学年のころには、友だちと文学全集を（隔巻毎に交互に購入するなどして）読み合い、感想を書き合う交換日記に夢中になった記憶がある。

母親は元小学校教員で、書写や手紙の書式の教育に熱心だった。特に、年賀状や暑中見舞いを出すこと、もらった便りにはすぐに返事を書くことなど、繰りかえし熱心に教えた。他者に手渡す書類は、どのような小さなものでも、まず鉛筆による下書きが原則で、きれいに清書してから出すものだと説いた。厳しい面もあったが、書くことが嫌いになるというほどではなかった。成長するにつれ、書きながら考える習慣を得た。書くことで考える余裕ができ、自己との対話を楽しみ、結果として成長期の精神面の不安は言うに及ばず、これまでのさまざまな人生の苦難を乗り越える助けになった面が大きい。小学校４年生のころ始めた日記は、今に続く生活に欠かせぬ習慣になっている。

小学校１年生当時は、痩せぎすでおどおどした子どもだった。家庭訪問では、担任教師に、「いつもくにゃくにゃした態度で、はっきりものを言わないので、何が言いたいのかよくわかりません」と言われた覚えがある。

そんな子どもがある日、作文で大きな花丸をもらった。食パンを七輪で焼いて、それが口の中で砕けるようすを「ショリショリ」と書いたことがほめられたのである。担任の先生の名前は、松下和子先生。「くにゃくにゃ」の子どもは花丸をもらっただけでなく、クラスのみんなの前でもほめられた。あのときの夢をみているような誇らしさは、今でも忘れられない。その後、作文を書くたびに、「あんなふうに、見たまま、感じたままをことばにすれば伝わるんだ」という自信が、たった一度ではあったが、その後、私が作文する際のかすかな、しかし確かな支えになっているように思う。

中学校時代には、国語の読解の授業中に意見を発表することや、話し合いで司会を務めることなども楽しんでやった。話し合いで他者の意見に触発されて、思いもよらなかった新しい考えが生まれることにわくわくした興奮を覚えた。話し合う時間は、他者の意見と自らの意見をどうつなぎ、どうまとめるのか、考えることが楽しかった。ことばが発見を生みだす過程に夢中だった。

中学校１年生のときに、クラス担任（女性の美術教師、大島美鈴先生）と交換日記をしたことも、書くことを楽しいと感じた良い思い出である。週に２度ほどだったか、ノートのやりとりがあった。確かではないが、ほかにも同じようなことをしていた生徒はいたように思う。返事を待ち焦がれた思いは今でも記憶に鮮やかである。Ｂ５サイズの横掛けノート１ページにもおよぶ感想が、赤ペンでぎっしりと記されていた。誤字の指摘や構成面での指導などはなく、ませた子どもを相手に、対等に思いを共有し、時には自らの悩みや意見を投げかけてくれた。

書くことによって伝え合い、わかり合う喜びを、このときの担任教師との交換日記によって学んだように思う。書きことばへの強い信頼が生まれたのも、今改めて思いかえせば、このときだったと思える。真っ赤なカンナの花を愛し、何枚も油絵にして中学校の文化祭に展示していた。彫りの深い、美しい美術教師の面影は今もはっきりと思い出せる。

文章を書いて考えを深め、理解し合う喜びは、中学校時代から高校、大学に至るまで、日記や読書、課題の作成や友人との便りの遣り取りなどによって知った。そんな中で、自ら表現を工夫するささやかな楽しみはあったが、それが誰かに評価されるという機会はほとんどなく、その優劣を自ら評価する技量も持ち合わせなかった。小学６年生のときに、夏休みの宿題で書いた「ああ、無情」の読書感想文が賞を受けた。担任教師に何度か書き直しを命じられたことを覚えている。受賞はしても、作品が手許に戻ることはなく、どこがどのように良かったのか、後の感想文に活かす手がかりを得ることはなかった。

小学校１年のとき以来、作文でほめられてうれしい思いをしたのは、高校２年のときに「杜子春伝」の後日譚を創作したときのことである。峰地右太郎という男性の漢文教師が出した課題で、創作文であったことが新鮮だった。授業で時代背景を含む内容の理解が十分できていたため、路上の人々の様子が鮮明にイメージできた。作文の技術指導はなかったが、苦に感じることもなく、一気に４、５枚書き上げた。後日、何名かがほめられた中に名前が入っていた。漢文教師の名前とともに、「杜子春伝」のテーマは、深く脳裏に刻まれた。

大学３年生になった20歳のころ、文部省から奨学金を得ておよそ１年間、アメリカのオハイオ州立大学に留学した。外国語による生活を経験して、以前にも増してことばの持つ力の大きさを実感するようになった。アメリカでは、あらゆる場面で意思を表明することが求められる。質問攻めの毎日である。「あなたは誰か」、「何が好きか」、「どうしたいのか」、「どちらがよいのか」、「なぜか」、「それはいつなのか」。日本ならば、「聞かなくてもわかるでしょう」と叫びたい程であった。書いても話しても、身体を使ったジェスチャーでもよかった、とにかく表現しなければ伝わらない、わかってもらえない事実は、日本にいたころには経験したことのないものだった。人種のるつぼと言われるアメリカ社会では、黙っていて、状況が思い通りになることはあり得なかった。

一方で、発信する勇気とわずかの工夫さえあれば、コミュニケーションは次々に広がっていった。こうしたアメリカでの生活は、20歳の学生を戸惑わせ、やがて虜にした。上手下手が問題ではなく、伝えようとする意思があればよかった。拙い英語を精一杯操る異邦人に向かって、「あなたは信頼できる」と言ったアメリカ人ルームメイトの一言は、筆者のことばに対する信頼をおおいに培うものとなった。何をどう言えばよいかに悩むより、行動が先に求められた。表現のないところに理解は生まれないのである。拙さや不備は、後で取り返しが利く。発信の言語行動をきっかけに、自らを知り、成長し、周りの人々とのつながりを築くことができた。

不自由な外国語であったことが、表現することの喜びをいっそう大きくした。

小学校を卒業以降、感想文や種々の課題作文、レポート等を出す機会は、中学校、高校、大学と、それこそ数え切れずあった。しかし、記憶に残る評価を受けて戻されたものはほとんどない。だからこそ、ほめられた記憶が、教師の名前とともに、生涯をとおして宝石のように輝き続けるのだろう。卒業文集や行事の作文を集めた文集で、級友の作文を読む楽しみはあったが、強いて残そうというほどの気持ちになったものはない。

大学卒業までの学校教育の中で、書くことの学習として記憶に残るものは、既述したとおりである。文字の書き方や手紙文については、主として家庭で母親から訓練を受けた。書くことは、日記や手紙、家族とやりとりするメモなどによって、常に生活の中にあった。中でも日記は、考えを整理することができる上に、青年期の不安定な精神を落ち着かせるという意味からも、欠かすことはなかった。

こうして振り返ってみると、筆者の文章表現指導者としての原点は、母から学んだ基礎的な言語生活の技術と小学校１年担任教師の作文指導、コミュニケーションをとるおもしろさを経験した中学校の担任教師との交換日記、そして、創作の楽しみを知った「杜子春伝」の後日譚制作ということになる。また、米国留学の経験も、ことばで表現することの意味を深く考えるきっかけとなった。こうした一連の学習体験が、文章表現の指導者としての素地を育んだことは間違いない。しかしながら、小学校の中・高学年、さらには中学校、高校、大学において、文章表現について体系的な指導を受けた記憶はない。

学習者は、一人ひとりが能力や個性を異にしている。そのことの重要性を理解するために、まずは指導者である筆者自らの個としての存在を、国語学習の側面から生い立ちを振り返ることによって確かめてみた。こうして自らの在り方を理解することが、学習者一人ひとりの在り方を尊重する、学習者主体の授業構築につながるものと信じての試みである。

第２項　二百字作文との出会い

1970年代半ばに、筆者が大学の学部在籍当時、中学校の国語の教員免許を出す教員養成大学のカリキュラムに、文章表現について学ぶ科目はなかった。不安を感じながらも、書くことが好きで、おもしろさを確信しているからこそ、その喜びを分かち合いたい、もっと文章表現の技術を身につけたいという思いは強くもちつづけていた。修士課程修了後に短大の職を得たことを幸いに、教えるという立場を利用して、学生の作文を教材に、自分もいっしょに文章表現について学んでみようと考えた。

どう教えるか。学んだ経験のなかった私は、非常勤講師の仕事を開始すると同時に、日本経済新聞、朝日新聞、朝日カルチャーセンター、ＮＨＫなど、マス・メディアを媒体とした広告を手がかりに、文章の通信添削指導を受け始めた。与えられた課題をもとに書き上げた自分の作品に、いくつもの校正記号と評語が赤ペンでびっしりとついて返ってきた。適切な表記についての助言、わかりにくい修飾語句の指摘や修正、的確な語句の提示、より効果的な文章構成法など、プロの書き手（主として作家や新聞記者のＯＢが講師を務めていた）の赤ペンは疑問の余地がなく説得力があった。知識として知っていることと、実際に使える技術とが異なることを実感した。何より、個別指導によって、自分の表現が読み手にどのように伝わるか（あるいは伝わらないか）が明らかになることの喜びは大きかった。

この経験を学習者にも伝えようと考えた。「何を、どう書くか」は書きながら学ぶしかない。「何を」と「どう」の関係についても表裏一体で、これもまた書きながら同時に学んでいく以外にない。表現学習の経験者として、自ら学びつつある知識・技術を、一人ひとりの学習者に、ふさわしい時期と方法で授けるのが作文の教師の仕事だと考えた。受講生の多さに悩みながら、できる限り、個別指導を充実させようと心がけた。

このようにして、自ら学びながら、参考文献を読むことはもとより、国語教育の研究会にもできる限り参加して、作文の指導計画の作成を模索する日々が続いた。

それにしても、指導を始めた1981年当時は、クラスのサイズが大きかった。１クラス50名、１学年４クラスで、総勢200名である。「国語」は、２クラスずつ100名にして、同様の授業を２回繰り返した。週１回の授業のために、毎週200名の作文を読んだ。一人ひとりに届く指導を目指すものの、200名分の作文を読むには、１日40名分でも５日かかる。分析と整理、授業の教材となる国語通信の作成にも最低一日は必要だった。

当時は、一校のみの非常勤講師の勤めであったことを幸いに、その授業の準備に、かけられるだけの時間をかけて受講生の作文を読み込んだ。それでもなお、満足できるような評語が書けず、苦しい思いをした。今から思えば、十分な指導ができていないのだから、それに伴う評価がさらに苦しいのは当然のことであった。

どうすれば納得のいく指導ができるのか、悩んでいるときに出会ったのが、後の二百字作文につながる「二百字限定作文」である。大学の恩師から、藤原与一の提唱する短作文を活用してはどうかという助言を得てのことであった。

藤原与一（1965）[4]は次のように述べて「書く生活の自然性」を提唱している。

> 何の教育にしても、無理があってはならない。無理があっては、第一、かれらは、たのしくならない。
>
> はじめから、形式的な「作文指導」をやりすぎて、相手に、書くことの義務感を持たせたりするようだと、「書く生活」の教育は失敗に終わる。
>
> （pp.97-98）

毎週200名を対象に、十分な個別指導を試みようとした点に、そもそも無理があった。そのことに気づかせてくれる記述であった。もっと自然に、生活の中でもそのまま活用できるような、楽しくてためになる作文学習、教師の評価もシンプルで楽になる、そんな作文指導は考えられないだろうか。「書くこと」について、教える場合にも、学ぶ場合にも、義務感

4　藤原与一（1965）『国語教育の技術と精神』新光閣書店

を持つようなことは避け、もっと自然に、書くことを楽しむ姿勢を重視することにした。楽しく、しかも生活に密着した学習なら、指導も軌道に乗るだろう。「無理のない、たのしい教育」への模索が始まった。

藤原は次のようにも述べている。

> 私は、おとな・子ども、すべてを対象として、つぎのようなモットーをつくってみている。
>
> ◎ 気がるに筆をとろう。
>
> ◎ 思いついたことをすぐに書こう。
>
> ◎ かんたんでよいから、書いてみよう。
>
> ◎ いつも筆記具を持っていよう。　（p.105）

上記の藤原の「四つのモットー」は、筆者自身が日ごろ常としていたことでもあった。短大の学生たちにも、まずは日常の書く生活におけるこうした態度面の指導から始めることにした。並行して、学習者が専攻している保育の内容に、そして卒業後の仕事にもつながる指導を考えた。

担当した短期大学の学生たちは、幼児教育科に在籍し、将来は保母（現在の保育士）になる夢を持っていた。第１学年の後期には、幼稚園や保育園での初めての教育実習を控えている。幼い子どもを育てながら講師を勤めていた筆者は、保母と保護者の間で毎日取り交わされる「連絡帳」の重要性に気づいていた。幼い子どもたちの日々が、一冊のノートの記録によって支えられている事実を、保母を目ざす学生たちと共有してみようと考えた。

自分の子どもの保育園の連絡帳を、保母の卵たちの教室で教材として使ってみた。卒業後には、自分も書くのだと認識している学生たちは強く興味を示した。指導者である自らも、短作文練習そのものとも言える連絡帳への記帳によって、子どもとの毎日の生活を成り立たせていた。わが子の保育園の「連絡帳」が、まさに「生きた教材」になったのである。そんな講師に、次のような藤原の「短作文教育」の考え方が適合した。

> 従来の作文教育では、なんとなく、作文はかなり長いものを書くべきもの、書かせるもの、との通念があった。そのためにも、作文作業は、特別な、負担感の大きい作業だったのである。長作文の不用意な慣行のために、教

師も児童生徒たちも、「作文」をあじきなくおもうようになった。書くことの自然性はおのずから失われたのである。こうなった作文教育を、本道にもどすために、今は、短作文教育を重視したいと考えるのである。（p.107）

日常生活で、1000字を超えるような長い文章を書くことはまずない。むしろ、買い物や電話などのために、ちょっとした手控えをとることが大半である。まずは、身近な短作文から始めればよいという藤原の指摘に目が開かれた。さらに、藤原は次のようにも言う。

短作文は、実用上、すでにだいじである。実用の言語生活では、伝達の表現は簡潔なのがよい。文章は短ければ短いほどよいとも言える。このような短作文を教育することは、すでに実用の言語生活の目的にかなっている。短作文教育は自己目的を持つと言える。（p.124）

保育園の連絡帳は、まさにこの理にかなっていた。一日の仕事を終えて、ようやく連絡帳に向かう保護者にとっても、園児たちのお昼寝中の短い間に、担当児すべての連絡帳に報告や返信を書き込まなければならない保母にとっても、「簡潔な伝達の表現」は「実用の言語生活の目的」そのものであった。

藤原の短作文は「一語作文・一文作文・二文作文・三文作文・四文作文・『一章』作文・二百字限定作文」とバラエティに富んでいる。短作文による指導を教室に取りいれた当初は、これらすべてを教室で試み、多様な授業を展開した。

一語作文として、段落に見出しをつけたり文章に題名を付けたりした。また、いくつかの単語や条件を与えて文を作り、主述の呼応や、修飾と被修飾の関係を確認するといった、文法の勉強もできる。二文・三文と文の数が増えると、接続詞や文末表現、陳述の副詞などの練習に加えて、構成を考える必要もでてくる。三・四文になると、文章構成の基本型である、序論・本論・結論、や導入・展開１・展開２・結論、あるいは起・承・転・結、などの学習ができる。このように、短作文は工夫次第で、活用法は無限にあった。

しかしながら、修業年限２年の短大生に許された必修「国語」の学習時間はたった半年である。短期大学のカリキュラムは、四年制大学と同様、専門分野の知識を体系的に学ばせることに加えて、２年間に卒業後の職業につながる資格受験資格を与えるという、より実践的な能力の育成に重きがおかれている。短期大学の学生には時間の余裕がないのである。

そこで筆者は、「国語」の授業を、意味のまとまり、長文への展開など、論理面における指導を優先して進めることにした。そして、短作文の中でも、構成指導も同時に行える「二百字限定作文」（以下、「二百字作文」と呼ぶ）にしぼって、表現技術習得の練習に活用した。200字一段落作文なら、一語や一文の文法面の指導から、三・四文以上の構成指導まで、同じ文脈の中で同時に指導できる。時間の限られた中で、多人数の学生にも効率よく指導が進められる。

なお、藤原は「長作文」と「短作文」との関係について以下のような考えを示している。

> 長く書く必然性があって、長いものを書くとなった時、前提として生きるのが、短作文の精神と方法とである。長作文の緊縮は、短作文の緊縮のようでなくてはならない。短作文のばあいの、思考の充実のように、長作文でも、思考の充実がなくてはならない。
>
> また、長作文は、短作文がしぜんに気がるくつくられるのに応じて、同様に、しぜんに気がるくつくられるのでなくてはならない。長作文のために言うなら、長作文が、特別の書きづらい仕事とは思われないようにするために、短作文の教育にほねをおるのである。短作文教育が成功するならば、大きい文章、こみいった文章も、人びとに、気がるくたのしく書かれるようになろう。（p.124）

上記の藤原の考えが基になって、筆者の作文指導は、前半期に「二百字作文」による主として基礎的な技術指導、後半期に長作文作成による本格的な構想指導を行う二部構成の計画として成立することになった。前半の短作文の教育に「ほねをおり」、後半の長作文が、「気がるくたのしく書かれるように」と願ってのことである。詳細は、第５章において記述するとおりである。

崎濱秀行（2005）[5]は、二百字作文を活用した筆者の二つの実践論文[6]に言及しつつ、字数制限の有効性について検討している。心理学の手法によって、大学生を対象に字数制限をした文章産出実験を行い、産出文章を評定したものである。その結果、「字数を短く制限することにより、産出された文章は、必要な情報がコンパクトにまとまった、エッセンスの詰まったものになる」と論じている。

二百字作文による表現技術の学習効果は、第6章第1節および第2節において検証するとおり、予想以上に高いものである。条件を調整することによって、どのような課題にも応用が利き、指導では縦横に活用することができる。

筆者は、指導のかたわら、自ら200字の例文を作成することはもちろん、仕事以外でも200字による創作を楽しんでいる。題材が決まれば、テーマは容易に絞れる。小さなテーマは200字作文一つで十分に表現でき、200字では書き切れない大きなテーマの場合は、200字をいくつも組み合わせることによって、大きな作品として完成させることができる。200字を一つの段落と考えれば、小さなまとまりを積み重ねることで、どんな大きな思想の展開も、また、ジャンルの異なる創作も可能である。

筆記具さえあれば、時間にも、場所にも拘束されず、いつでもどこでも練習できることが短作文練習の良さである。骨の折れる依頼原稿にも、二百字作文の姿勢で少しずつまとまりを積み上げていけば、比較的楽に書きあげられる。随筆、説明的文章、日々の書簡文[7]、どんなジャンルでも、二百字作文の一段落を基本に構成可能である。

今では、長年の経験から、200字が思考の単位となり、与えられた時間と長さに合わせて、それほど苦労と感じずに思考がまとめられる。200字

5　崎濱秀行（2005）「字数制限は、書き手の文章産出活動にとって有益であるか？」『教育心理学研究第53巻第1号』

6　金子泰子（1988）「短期大学での文章表現指導——短作文（二百字字数制限作文）指導の研究——」『上田女子短期大学紀要第11号』、pp.11-26
金子泰子（1989）「短期大学での文章表現指導 その2——短作文指導を通しての文章表現力の展開——」『上田女子短期大学紀要第12号』、pp.23-48

7　とりわけ筆者の愛用する絵はがきは、200字がちょうどの寸法である。

は、作文の指導はもとより、自らの言語生活の大きな糧となって現在に続いている。

短作文は、それ自体、自立的に機能する文章である。記述量を短く少なく書くという条件が、無駄を省き、的確な語を選択させ、結果として、凝縮した文章表現を産み出させる。主題は自ずと焦点化され、一文字、一語、一文をないがしろにしない表現姿勢が身につく。そしてそれは、そのまま緻密な長作文の作成能力につながるのである。

第３項　評価の問題

短大で作文指導を始めてから、長期の休業期間以外は連日、週末もなく評価に追われるようになった。遠出のときには携帯して、車中でも赤ペンを持って評語をつけた。読まなければ翌週の授業準備ができないからである。学習材は学生の作文に求め、それをもとに国語通信を編集して授業を組み立てた。教科書に沿って授業を進めることはしなかった。

経験が重なると、学習者の作文の傾向がつかめるようになる。しかし、同じ課題であっても学習者が異なれば同じ作品が提出されるというようなことはない。当然、授業のポイントも違ってくる。指導者として、頭の中に作文指導の大枠はできても、まったく同じ授業は一つとしてない。毎年、毎回、緊張感を持って授業準備を続けた。

作文指導の最大の問題は評価に時間がかかることである。提出された作品は書き手の思考過程そのものである。指導者が学習者一人ひとりの思考過程を追体験するにはそれなりの時間がかかる。受講生の人数が多ければ、なおさら時間がかかることは言うまでもない。ただし、読んでいるときはおもしろさに時間を忘れる。作品から豊かな情報が得られるからである。講義形式の授業で、自分の知識を伝達するだけなら、そうはならないだろうが、作文の場合は、指導者が学習者から得るものが、想像以上に大きいのである。

問題は、その膨大で豊かな情報をどう整理し、作文の授業および学習活動として再編成するか、それが作文の指導者としての工夫のしどころであった。

大勢の受講生と、半年という限られた時間に配慮して、前半期の練習形式は二百字作文に絞った。その二百字作文に、学習者に身につけさせたいと願う基礎的な表現技術を精選し、課題条件として与えた。

細々とした誤字、脱字や文法の誤りについては、その都度指摘することは避けた。はじめのうちは、書きたい内容に直結する題や書き出し、書き納めなどに目を向けさせるようにした。しだいに、表現効果を考えた、適切、的確な語句や語彙の選択、文末表現の工夫に移り、さらに、一文の長さや表記法（句読点や符号の使い方、かな文字の使い分け、等)、最後に誤字・脱字、読みやすい文字の書き方といった細部にも注意を向ける指導に及んだ。

つまり、まずは全体を大きく捉える視点から指導を始め、徐々に細かな部分にも配慮できるよう指導を進めたのである。部分と全体はどちらも重要だが、はじめから余りに細かな指導をすると、書くことが面倒になってしまう。自分が何を書きたいのか、書こうとしていることがつかめるようになってくると、細部の問題は、指摘されずとも自ら工夫するようになる。まずは、たとえ200字という短いものでもひとまとまりとして、全体を見ることを優先した。

指導の手順、指導事項が明らかになってくると、評価はそれに合わせて焦点化できる。あれもこれもではなく、一つにしぼって指導し、一つにしぼって評価する。このようにすると、徐々に指導と評価が一体化し、評価が楽になってくる。加えて、評価の観点を学習者と共有し、評語を書く際に記号を使うなどの工夫をするにおよべば、作業はさらに効率よく行える。また、指導者が、毎回全員の評価をしなくても、ときには、学習者の相互評価に任せることも可能である。

評価については、第Ⅰ部理論編第３章第３節で論じたが、実践上における詳細については次節以降、随時言及していく。評価を活用した指導計画の検証は、第６章において行う。

第2節　学習者主体の授業運営

文章表現指導に取り組んだ当初10年間ほどは、第1節に述べたとおり試行錯誤の模索過程であった。次の10年には文章表現指導の大枠がつかめるようになり、筆者の関心は、指導者主導の授業から学習者を主体とする授業運営へと変化する。

本節では、学習者の言語活動をレトリックの学習につなぎ、そこにおいて共に学び、生みだしたものを意見文の題材として活用した授業展開について記述する。学習者同士の学び合いが、文章表現の内容を豊かに生成する過程を示すことができればと思う。

第1項　学び合う文章表現学習

1　レトリック活動の場の設定

『朝日新聞』に「自分と出会う」というコラムがあった。1996年8月20日火曜日の執筆者は哲学者の沢田允茂である。コラムの冒頭で沢田は、「自分自身との出会いとは、実は他者との出会いの中から学び、それまでとは異なった自分になった自分と出会うことである。」と述べている。

沢田はまた、このコラムの中で、「私を陸軍の軍人にしたかった父の希望とは反対に、私は徹底して戦争反対で、かつ軍人嫌いだったし、その反対のための正しい思想的根拠を求める気持ちから大学では哲学を専攻した。」と書いている。その彼が、時代背景の中で、否応なく戦争に参加することになる。「私が最も嫌悪し反対し続けてきたものとの否応なしの出会いだった」と記されている。

以下、沢田の「自分との出会い」の場面を引用する。

> たとえば、私の戦友の一人がその日記の中で書いた文章を教官は反戦的で要注意と思ったらしく、哲学を専攻した私の意見を求めた。私は戦争を

避けて平和を求めることは、全ての人間の自然で本来的な欲求であることを、言葉をつくして説明し、私の戦友が現在私たちの置かれた戦場での状況を否定したり逃れようとしたりしているのではないことを教官に納得させることに成功した。これに似たような対話を試みたことは、大きなもので数回は実行した記憶が私には残っている。相手を感情的に刺激してかたくなにならないよう常に注意したことは言うまでもない。

戦争を嫌悪し反対し続けてきた沢田が、戦場において哲学の本質的な行いである（プラトンのいう意味での）弁証論（ディアレクティケー）を実行し、身につけるきっかけを得たと言うのである。ここで沢田の言う「言葉をつくして説明し」、相手を「感情的に刺激してかたくなにならないように」注意しながら「納得させる」行動は、レトリック活動そのものである。

生死をかける程のものは無理としても、文章表現学習の教室においても、学習者が言語活動をとおして「自分と出会う」機会を設定することはできる。身近に席を持つ教室内の他者との出会いを生かし、学習者自らの思想を、言葉をつくして相手に説明し、納得させるためのレトリック活動を教室に生起させる工夫をするのである。

2　表現と理解をつなぐ言語表現の授業

小田迪夫（1986）[8] は、「新レトリック観」の中で次のように述べている。

言語表現は、人為的記号である科学言語を除けば、すべて、対象認識とその伝達の過程で、表現者と理解者の個性、立場、状況などの差異によって、その表現→理解にずれや障害を生じることをその本質とする。一義的意味が正確に伝わらないことをその基本的性格とする。レトリックは、そのことをふまえての、そのことの確固たる認識の上に立っての、有効な表現→理解をめざす言語実践である、と考えるのである。（p.41）

また、「レトリックの役割」の項目では、次のようにも述べている。

国語科で論理の力をどう育てるか、というばあい、形式論理学に抽象化された論理だけでなく、私的なものをパブリックにする言語行為の過程にはたらく論理、すなわち、個人的思考・情報を一般の人に分け与えるレト

8　小田迪夫（1986）『説明文教材の授業改革論』明治図書

リック活動の過程にはたらく論理、その活動を可能にさせている論理というものについて考えるべきであろうと思います。　(p.134)

小田の言う「私的なものをパブリックにさせる言語行為の過程」は、「自分の考えを相手にわかるように伝える過程」と言いかえられる。その過程でこそレトリックが存在し、機能するのである。文章表現の授業でこの過程を創出するには、学習者を書き手と読み手の双方の立場に立たせなければならない。書いて終わり、読んで終わりといった片側通行の授業ではなく、書いたものはどう読まれるのか、読んだものはどう書くことに生かせるのか、表現と理解の相互交通の授業が必要である。表現と理解は両輪であり、双方が一体となってこそ十全な言語によるコミュニケーション活動が成立する。

指導者は、説明や解説によって一方的に知識や技術を教授するといった授業は避け、その教授内容を学習者自身が授業中の活動や作業の過程をとおして発見していくような授業をしなければならない。そのために指導者は、学習者一人ひとりの文章表現（理解）の能力や興味・関心の実態を詳細に観察し、把握しておくのである。筆者は、学期途中３回に分けて、診断・形成・総括の評価に相当する自己評価作文を課し、学習者の意識および能力実態を調査している。(章末注１) 学習者の言語生活全般に目を配りつつ、学習者が主体的に思考を活動させ、それを互いに伝え合い、学び合う学習活動を組織するためである。

３　学習者自身の声の創造

書くことに向かわせる最大の動機付けは、書くことによって「自分自身の声を作ること」ができる点にある。文章を作成する過程をとおして、書き手は、他者とのさまざまな関わりを考慮しながら独自の書くべき内容を生成し、適切な表現を吟味するのである。それはつまり、文章を書くということは、書き手が自分とは何かを探求し、自分自身の声を作ることにほかならない[9]。

相互批評会の後で、学習者が書いた自己評価作文を２例紹介する。書く

べき内容を生成し、自分自身の声を作り上げたことに対する喜びと達成感が表明されている。（章末注２）

「しつけのできる母親とは」　M・A

題材がころころ変わってしまって、書くことがなかなか決まらなかった。しっかりした文章を書こうと意気込んでしまい、かなり時間がかかってしまった。しかし、できあがってみると、自分の感じていること、言いたいことを思いっきり書いて文章にしていけて、あやふやだった考えがしっかりと確立でき、自分のものにできたようでうれしくなった。

「はじめての海外旅行」　Y・Y

題材が豊富だったので書きやすかったです。何よりうれしかったことは自分の考えがまとまったことです。ただ旅行に行って帰ってきただけだったので、やりっぱなし状態を解決した気分です。自分で考えてもいなかったこと、気がつかなかったことなど改めて考えるとわかるもので、貴重な体験をしたのだと書いてみて実感できました。

ここで、「あやふやだった考えがしっかりと確立でき」「自分の考えがまとまった」「自分で考えてもいなかったこと、気がつかなかったことなど改めて考えるとわかる」と記されているように、書くことは思考を促し、深く自分を見つめることにつながる。こうした結果が、「自分自身の声を作る」のである。さらにそのことが、「自分のものにできたようでうれしくなった」「何よりうれしかった」「やりっぱなし状態を解決した気分」というように、学習者自身の喜びや達成感につながっていることも確認できる。

書くことは、時間をかけて一人で考えなければならない辛くて苦しい作業である。しかし、そこにこうした「自分の声を作る」喜びがあるために、聞いたり読んだりするより達成感や満足感が大きい。この喜びがあるからこそ、また次の辛い作業にも前向きに取り組めるのである。

ここで忘れてならないことは、「自分自身の声」は、前記、小田の言う「私的なものをパブリックなものにする過程」において生じるという事実である。読み手に伝えることを目的に深く考えて文章を産出する過程が、

9　第３章第１節第３項「書き手の声の創造」において述べた。

それまではなかった新しい自分の声を生みだすのである。

文章表現の指導者のなすべきことは、学習者自身の声の創造過程を支援すること、その一点に尽きる。論理展開のパターンを押しつけたり、指導者自身の声を押しつけたりするような授業ではなく、学習者の主体的な思考を活動させ、その成果を相互に伝え合い、分かち合うような授業を組織しなければならない。

第２項　主体的に取り組む学習の実際

意見文練習の第一の題目として「敬語」が選ばれた。学習者たちが書いてみたいと希望を出し合った中から選んだ三つの題目のうちの一つである。

「敬語」についての意見文作成に先だって、教室のみなで題材集めをしたときの実際を紹介する。

１　取材活動

１．１　ブレーンストーミング

本来、ブレーンストーミングは集団で行われるものである。しかも、気軽に行ってこそ意味がある。書き慣れない学習者が、短時間で十分な題材を要領よく集めるのは難しい。その打開策として、個性あふれる学習者の集う教室で、皆で気楽にブレーンストーミングをしてみることにした。

一人でブレーンストーミングをすると、20分かけても４個か５個、せいぜい10個の題材集めが精一杯である。ところが、100人のクラスなら、たちどころに大量の題材を集めることができる。育った環境も通った学校も考え方も違うからこそ、多様性に富むアイデアが集まるのである。何かと苦労の多い大人数のクラスも、発想を転換すれば、メリットを生かした運営ができる。

板書を活用してアイデアを分かち合うこともできるし、グループごとに活動して、それぞれの成果を配付プリントによって後ほど交流する、などの方法も考えられる。以下では、ディベート形式で行ったブレーンストーミングによる学習活動について紹介する。

1．2　ディベートの相反する論題形式

ディベートでは、相反する二つの立場に分かれて議論を行うのが普通である。今回ここで紹介するブレーンストーミングに際しては、この「相反する二つの立場に分かれる」というディベートの方法を取り入れた。

日常生活においては、明確にどちらかの立場で意見を表明するというようなことはあまりない。しかし、それがかえって問題点を曖昧にする傾向がある。相対する二つの立場は、それぞれの差異を否応なく明確にし、問題点を浮かびあがらせると同時に、思考を大きくゆさぶる。肯定、否定のどちらかの立場に立つことにより、相手側との葛藤が生じ、それが思考を深めるのである。

ここで紹介するものは、「敬語について」の意見文を書くに際して、二手に分かれて教室で行ったブレーンストーミングの例である。みなで自由に話し合う時間を設けた後、各学習者が自分の立場で思いつく限りのアイデアを書き留めて提出する。指導者は、これを参考に、立場ごとに整理してプリント資料とする。次の授業では、このプリントを基に、各自が敬語についてさらに考えを深める。

プリントは、「敬語は必要である」・「敬語は必要ではない」の二つの立場に分けて、次のようにまとめた[10]。

敬語は必要か、必要ではないか？

必要ではない

・フレンドリーになれない
・相手との間に距離を感じる
・敬語が使えないので、相手に正確に意志を伝えられない
・疲れる

10　上田女子短期大学幼児教育科１年生、1996（平成８）年度前期「国語」配付資料。紙面の都合で、下位項目は省略した。

・上下の隔てなく平等がよい
・ない方が、いろいろな人と幅広くつき合える
・接客などで、子供に敬語を使うのも不自然な気がする
・無い方が、よけいな気をつかわなくてよい
・会話が弾む
・急ぐときに丁寧な敬語を使われるとイライラしてくる
・親友はもちろん先生でも、自由に話せる方が心強いし、信頼感もわく
・年上というだけで、尊敬してもいないのに敬語を使うのはおかしい
・家族や嫁姑の間で使うのは、家庭らしくなくて嫌だ
・ことばづかいだけで人間性は判断できない
・もう少しシンプルにして、簡単に使い分けができるとよい

必要である

・目上、上司、先輩を敬うために
・改まった雰囲気や気分を出せる
・上下の関係をはっきりさせ、けじめが付く
・失礼にならないからかえって話しやすい
・接客や電話での対応には便利
・何かを頼むとき、謝るとき、断るとき、意識的に距離をおきたいときなど、相手の機嫌を著しく損ねないで、比較的気分よく事をはこべる。
・気持ち（感じ）がよい
・尊敬や感謝の心が伝わる
・日本の文化として残していきたい
・大人としてのステイタスシンボル
・一種の礼儀である
・かたぐるしく感じるのは、慣れ親しんでいないから
・剣道で小さいときから身に付いた
・祖母や母から厳しくしつけられて、いまになって感謝している

二手に分かれて行ったブレーンストーミングによって、上記のように多彩なアイデアが集まった。このときのブレーンストーミングでは、「必要ではない」という立場に立った学生が多く、日ごろの戸惑いや疑問点などを正直に書き出している。「敬語は必要である」という立場をとった学生も、「必要ではない」という立場からの意見を参考に、「敬語」の短所にも

気づくことができた。

配付されたプリントを食い入るように読む学習者の姿が目立った。大きくうなずきながら読む姿もあった。自分やクラスメートのアイデアが掲載されており、身近な話題であることが理解を促進するためであろう。敬語について解説したり練習問題を解いたりする授業では見ることのない光景である。

1．3　体験談の収集

ブレーンストーミングを行い、意見文作成に向けて、各自が主題を考えはじめたところで、「敬語」にまつわる各人の体験談を、ブレーンストーミングと同様、集団で集めた。文章を構成する際の、効果的な題材として役立つと考えたからである。各学習者が、敬語に関して印象に残る体験談を一つ、二つ書いて提出したにすぎないが、クラス全体では、それぞれの立場から、次に紹介するような例が数多く集まった。

集めた体験談は、指導者が整理して、プリントにし、クラスで共有した。最終的には、意見文の主題を支える経験談として本人が採用することはもとより、逆に反駁のための題材として、他者の体験談を採用するといった効果が出た。

敬語に関するエピソード集　一部抜粋例示[11]

・電話で気分良く

父は、「お宅のお嬢さんは、電話の応対が上手だね」とほめられたとうれしそうに話した。普段何気なく使っていたのに、そう言われると私もうれしかった。このときほど、しっかり敬語を使っていてよかったと思った日はない。改めて、敬語は、相手にも自分にも気分の良いものだと思った。

・自分では気づかない

電車の中で、女子高生が二人で会話していたのが聞こえてきた。語

11　学習者は、脚注10に同じ。見出しと下線は指導者（筆者）による。なお、下線は各エピソードのトピックセンテンスと考えられる部分に筆者がつけたものである。

尾がはっきりしない、流行語が混じったような男っぽい口調。私は、「ああ、頭悪そう。礼儀なさそう」と感じた。女子学生の本当の人柄はわからないが、その場限りでの私の中での印象は、最悪。

私は、言葉遣いの悪い様子を見て、初めて自分の言葉遣いを客観的に振り返ってみた。自分が気にしていなくても、他人の目は厳しいのだと自分で気づいた。敬語も同じなのだろう。

・クラスメートに敬語は使わないで

ある日、友達に「敬語なんか使わないでよ」と言われてしまった。今まで、普通の言葉と同じような感覚で話していた私は、「えっ」と思ったが、クラスメートに敬語で話されると相手は嫌な気持ちになるということがわかった。

私はそれ以来、クラスメートにはあまり敬語を使わなくなった。そうしたら、今までよりもみんなを近くに感じられるし、ふざけたこともいっぱいできるようになった。

・先生、敬語でけんかする

普段話している言葉だと、会議などでも自分の意見は通りにくいが、敬語だと、すんなり通ることが多い、という話を先生から聞いた。けんかをするときにも使うらしい。敬語は丁寧に聞こえるばかりではなくて、相手を威圧する力も持っているんだ。この日から私は、いつか目上の人とけんかする時は、敬語を使ってみようと考えている。敬語は使い道いろいろだ。

エピソード集を資料として配付すると、「私も同じ経験がある」という反応が教室のあちらこちらで聞かれた。エピソードには、ブレーンストーミングによって集めたトピックやセンテンスとは異なり、場面に伴うイメージの広がりがある。何を書けばよいのか悩んでいた学習者も、自らの経験を思い出して書いたり、エピソード集を読んで助けられたりしながら、徐々に構想を膨らませる。

２　主題の確定とアウトラインの作成

次は、学習者一人ひとりが、どのように意見文をまとめるか、主題を確定する段階に入る。クラス内の多様な考え方や具体例、自分自身の持つ題材を考慮した上で、自分としてもっとも書くに値する主題を設定するのである。

このとき、学習者同士の交流や話し合いをとおして、多くの学習者が敬語について賛意を示した考え方は、「日常の飾らない言葉づかい[12]と敬語は上手に使い分けることが肝心」というものであった。

２種のプリントから得た豊富な材料を活用して、「敬語は必要ではない」という立場を最後まで堅持して説得力のある意見文に仕上げた学習者も何人かいる。「敬語は必要である」という立場を貫いた文章も、題材が豊富に集まった分、説得力のあるものが多かった。ディベート形式で意見をたたかわせたことにより、自分と異なる意見を持つ読み手に対する反駁の視点を得たようである。

身近な論題について、異なる意見を対比しながら、さらには体験談まで掘り起こしたことにより、学習者たちの「敬語」に関する考えは大いに深まった。記述前の指導に、十分に時間をかけることによって、書きたいことの中心が次第に明らかになり、文章にまとめる意欲が高まるのである。

ブレーンストーミングによる材料集めや体験談の紹介などで、思考を深め、材料の収集は十分できても、最終的にそれらをパブリックに理解可能な形で言語表現（伝達）するためにはそれ相応の論理が要求される。この読み手を意識しながら表現を工夫する過程において、論理的な思考力が強く鍛えられるのである。アウトライン作成を中心とする構想、構成の指導に関しては、第５章第２節「指導計画の詳細」で詳しく論じる。ここでは、一連の学習を終えた後に、アウトライン作成の効果について述べた学習者の５段落の文章を、各段落の要点を抜き出す形で紹介する。

文章表現と私　　　　　　　　　　　　M・S[13]

第１段落　どうすれば自分の言いたいことをよりわかりやすく表現できるか。

第２段落　悩みの一つは、書き始めるまでが悩んでしまうということ。

12　学習者たちは、「ため語」（同程度の相手と交わす言葉）という俗語を使っていた。

　　　　また、課題が決まっていても、そこから内容を広げていくことが難しい。

第３段落　今まで、文章を清書するまでの段階、ブレーンストーミングからアウトライン作成、下書き、推敲までを無理に頭の中でやってしまおうとしていた。

第４段落　頭の中だけでは文章の各部（導入部・本論、結論）の比重配分がよくわからず、書きたいことを整理しきれないなどの失敗があった。

第５段落　以上のことを解決するには、清書以前の段階、ブレーンストーミングからアウトライン作成、下書き、推敲まで、手を使って、文字にして、目で確認できる形で段階を追って作業していくこと。それによって、すべてを頭の中で行う面倒臭さ、苦労といったものを軽減できる。

頭の中の計画では、思うような文章はできない。作文を書くときの面倒臭さ、苦労は、アウトライン作成によって目で確認できる形で段階を追って作業をしていくことで軽減されると述べている。

この学習者が述べるように、アウトラインは、文章作成のすべての過程で利用すべきものである。文字化、図式化によって文章全体が見渡せるようになることから、無駄を省き、重複を避け、字数のバランスをとるなどによって、部分と全体との関係を把握しつつ、説得力のある文章へと深めていくことができるのである。

アウトラインは、与えられてあてはめるために使う型ではなく、書き手がそれを利用して考え、内容を生成、整理するためのものである。アウトラインは、それを作ることが目的なのではなく、その作業を通して論理的に思考することが目的なのである。

13　1995年度信州大学人文学部「日本語表現論」（筆者担当、隔年前期開講科目）の一受講生。

第３項　相互評価とまとめ

文章表現学習では、相互評価の機会を学習計画の中にかならず設定する。表現したものは、理解されてこそ価値が判定できるからである。読み手の反応（応答、感動）が、よりよい表現への手がかりとなる。言語表現の多様性と同時に、読み手の多様な読みとりを理解するために、学習者がそれぞれの言語作品を読み合う批評会を行うことは欠かせない。表現論理と理解論理を対照させるための大事な学習活動である。

作品を回収して、指導者が提出を認める印を押して戻すだけでは、伝達過程の学習は完全に無視されてしまう。また、個別に評語を入れるとしても、一人の教師ができることには限りがある。グループで集まって、互いの作品について批評し合えば、学習者は、グループ人数分のフィードバックを得て、各自伝達の論理を考える機会を得るのである。

合評会を開く前には、「合評会の要領・批評の方法とその観点」をまとめたプリントを配付し、学習者に相互に批評する目的と方法を十分理解させてから、合評会を行う[14]。

相互評価に関して、力を入れて指導する部分は、表現に即した批評文の書き方である。「おもしろかったです」「私も同様の経験があるので、よく理解できました」といった感想を書くのではなく、何が、どのように書かれているから、どのような表現効果が出ているか、作品の書き手に向けてわかりやすく指摘するのである。

以下、「合評の実際」を、本文は省略して、合評の部分のみ紹介する。・がグループのメンバーによる批評文、◎が本人の自己評価作文である。グループは７人で、各学習者６名分ずつの批評を行う。ここでは例として３名分の批評文を紹介する。

14　意見文の合評会の要領については、中西一弘編（1996）『基礎文章表現法』朝倉書店、pp.110-119 参照。二百字作文の合評会の要領については、巻末資料編[資料１]参考資料３参照。

合評の実際 （章末注３）

「共同生活における私の考え」　　A・J

（本文略）

合評欄

・「私にとって今二人暮らしをしている家も小さな社会であるかもしれない」というたとえは効果的で、私もその通りだと思います。人と人がつき合うことで人に合わせることの難しさと大変さを理解するのだと思います。それをバネにして頑張ろうとしている気持ちが伝わってきました。　M・S

・二人暮らしの大変さが読んでいてよく伝わってきました。「違う二人だったからこそ、助け合うことがあっただろうし・・・」という表現から、相手を非難することだけでなく、相手もしっかり受け入れ、自分も変えていこうとする気持ちが伝わってきました。字も読みやすくて、よかったです。

K・K

・同じ人間でも考えたり感じたりすることは違う。同じ家でずっと生活していくという事は大変だと思っていたが、これを読んで私が想像していた以上に大変だということが、とてもよくわかった。しかし、「互いに話し合い・・・」というところが、偉いと思った。身近なことだけど、あまり普通の人には体験できない内容だったのでよかった。　M・S

◎正直言って、書き始めのころは、ただの悪口になってしまうのではないかと心配だった。でも、最後まで書き終えたとき、改めて自分でも頑張っていこうという気持ちがでてきて、今、自分はどうすることが本当に大切なのかがわかった気がした。書いてよかったと思う。　A・J

批評文は、カギ括弧を用いて表現を取り出し、それに即して自分の考えを述べようとする姿勢が確認できる。本人の自己評価作文では、書くことによる発見の喜びが表明されている。グループのメンバーによる批評文によって、伝わったことが確認できたこともその喜びを後押ししたにちがいない。

批評会は、学習者各自の作品と互いに書き合う批評文を介して、書き手と読み手がコミュニケーションをとる状況が成立する。話しことば学習では記録しづらい、表現者と理解者双方の思考の過程も、書きことば学習では明らかにできるのである。

こうした学習を繰り返すことによって、学習者は、自らの表現を客観的に検証し、今後の課題を確かめつつ次の表現学習につないでいくことができる。

指導者主導から学習者主体へ

長い文章の指導に行き詰まりを感じているときに、小田（1986）の「新レトリック観」に出会うことができた。「学習者同士の伝え合いによる学び」や「私的なものをパブリックにする言語行為の過程にはたらく論理」などについて、小田の考え方を理解したことが、これまで指導者主導の授業に傾いていた筆者の授業を、学習者を主体とした授業に転換するきっかけとなった。

まずは、学習者の二百字作文を積極的に学習材として活用し、効果的な言語表現について学習コミュニティ[15]で検証し合う授業を実行した。「敬語」を文題とする意見文作成の指導においては、ディベートを応用したブレーンストーミングやエピソード集めを実施し、文章作成過程の学習活動に学習者の主体的な参加を促し、表現意欲の喚起を図った。アウトラインの作成は、決まったモデルにあてはめる指導ではなく、アウトラインを利用することで、より深く考え、新たな考えが生成される過程を、段階を踏んで実践に移した。実態調査に基づいて生みだされた指導は、学習者からの好意的な評価につながった。

指導者による説明や解説は極力避け、個々の学習者の主体的思考を活動させ、それを相互に伝え合う授業、小田の言うところの「私的なものをパブリックにさせる授業過程」を学習活動として組織する努力をした。その成果の一端を示したものが本第４章第２節である。

表現学習が、学習者の主体的な表現（理解）実践の過程でこそ実効ある

15　大塚雄作（2005）を参考に、学習コミュニティは「あるテーマに関する関心や問題、熱意などを共有し、その分野の知識や技能を、持続的な相互交流を通じて深めていく人々の集団」と定義している。第６章第１節第１項にも関連の記述がある。

ものとして成立することは、本節で提示した学習者の自己評価作文の内容から明らかである。引きつづき、学習者主体の授業運営を追究する。

注

1　調査結果については、次の三つの紀要論文にまとめた。
　①金子泰子（1999）「短期大学での文章表現指導――学習者の実態と願いを探る――」国語教育学研究誌第 20 号　大阪教育大学国語教育研究室　②金子泰子（1999）「小論文の指導　その１――学習者の実態調査をもとに指導上の問題点を探る――」上田女子短期大学紀要第 22 号　③金子泰子（2001）「小論文の指導　その２――アンケート分析をもとに指導上の問題点を探る――」上田女子短期大学紀要第 24 号

2　上田女子短期大学幼児教育科１年生 1994（平成６）年度後期、半年間の「国語」の授業の最後に、意見文を書き上げ、それを教室内で合評し合った後に記した自己評価作文である。意見文のタイトルを各批評文の前に「　」に入れて記した。

3　上田女子短期大学幼児教育科１年平成８年度前期「国語」受講生の合評例である。
　合評学習に入る前に、「合評の要領」及び「批評の方法とその観点」のプリントと同時に、前年度の「合評の実際（表現に即した形で、うまく批評文が書けているグループの例）」のプリントを参考資料として配付することにしている。口頭での説明だけでは、「表現に即した形」を理解させることが難しいので、こうした参考資料は例年欠かさず配付している。

第５章
大学における文章表現指導計画の開発に向けて

本章においては、短期大学における実践についてまとめる。これは、第４章「短期大学における指導経緯」で論じた、未熟な指導者が試行錯誤の末に到達した実践の総括である。

実践の記述に長い時間を要した。作文指導についての体系的な知識が不足していたためである。第Ⅰ部理論編の研究を進めながら記述の修正を繰り返した。やがて記述したものが資料となり、それに分析と考察を加える段階に移ることができた。

この第５章の作業を基に、第６章において評価の理論を実践に応用する段階に進むことになる。記述が実践を整理し、その内容の評価が次なる課題を生みだしたのである。

本第５章は、論文全体の基盤であると同時に出発点でもある。

第１節　短期大学における指導計画

第１項　実践の背景と経緯

１　学習者の実態

筆者は、上田女子短期大学幼児教育科の１年生を対象に、1981 年から 2001 年の 21 年間にわたり実態調査を併用しながら文章表現指導を続けた。実践をとおして見えてきた学生たちの書く力についての実情は、意欲はあるけれども練習経験が少なく、技術についての知識も応用力もないために、どのように書き表せばよいか途方に暮れるといった様相であった。

こうした実情は、それまで彼らが小・中・高を通して受けてきた国語教育における書くことの指導の問題点をそのまま反映しているように思えた。自己表現への意欲は強いのに、それを満足のいく形で具現した経験がないため、文章表現に対して萎縮してしまっている状態である。

OECDの2003年度PISA調査[1]の結果が明らかにしたように、日本の高校生のPISA型読解力[2]は、他国に比べて決して高いとは言えない。この事実と照らし合わせてみても、高校卒業間もない現在の短大1年生は、基礎からの表現指導を求めていると判断できる。

2　授業時間と受講生数

短期大学の必修「国語」に与えられた時間は、当初、通年週1回45分授業であった。一クラス50人を2クラスまとめて100人単位で授業を行った。全4クラスを2クラスずつ、2回に分けて授業を行い、毎週200名を超える受講生の作文を読み続けた。

受講生の多さと授業時間の短さに悩みもしたが、受講生の多さは、読む作文の多さにつながり、それが結果として受講生の抱える普遍的な問題点をつかみやすくした。同時に、授業方法の工夫と改善につながった。

3　指導原理

表現学習は、習熟度を高めるために練習を繰り返すことが必須である。学んだ知識は、すぐに運用することは無理でも、求めに応じて試してみることは出来る。一度試せば、次の機会には経験を基に工夫し、使いこなせ

1　PISA調査とは、経済協力開発機構；OECD（Organisation for Economic Cooperation and Development）によって実施される生徒の学習到達度調査（Programme for International Student Assessment）の略称である。OECD加盟、非加盟にかかわらず、参加希望国および地域を対象に、2000年から3年ごとに実施されている。

2　読解力とは、「自らの目標を達成し、自らの知識と可能性を発達させ、効果的に社会に参加するために、書かれたテキストを理解し、利用し、熟考する能力」である。「PISA（OECD生徒の学習到達度調査）2003年調査」文部科学省HPより。

るようになる。短作文も長作文も、まずは同じ一つの型で練習を繰り返した。指導の原理は、指導目標を絞り、反復練習で習熟度を高めることに置いた。

当初は、藤原与一の著作[3]に学びながら、種々の短作文（一語、一文、二文、二百字、四百字作文まで）を利用し、さまざまな文種（生活作文、自己紹介文、説明文、描写文、報告文、勧誘文、書簡文、ほか）を取り混ぜて指導を行っていた。毎回学習者の作品の出来を頼りに、次の授業を組み立てる拙いものであったが、作品の質的な豊かさと表現に対する学習意欲の強さが、指導者である筆者の感動を呼び起こし、指導に対する意欲を強化した。

文章表現の場合、たとえ課題や字数が制限され、型が規定されたとしても、内容面での自由は保証される。むしろ、一定の規制がよりよい表現への工夫の契機ともなる。指導者の仕事は、学習者の意欲喚起を図り、達成感を与えることに意を注ぎつつ、効果的に習熟させる機会を準備することだと考える。段階を踏み、一段一段丁寧に指導を進めれば、どの学習者も各自の力に合わせて確実に表現力を伸ばしていく。

以下、上田女子短期大学における実践に即して記述を進める。

４　具体的な指導法と目標

２で述べた当初の状況の下において試行錯誤を数年続けた後、「国語」の授業が週１回 90 分、半期の授業に変更された。通年の受講生の総数に変わりはなかったが、半期になったことで、４クラスを２クラスずつ前期、後期に分けて授業ができるようになった。結果として、一度に評価する作品の数が半減した。

ただし、授業期間は半期である。さらなる工夫の末にたどりついたのが二百字作文[4]を中心に据えた指導計画の開発であった。試行錯誤期の実践

3　藤原与一（1955）『毎日の国語教育』福村書店／（1965）『国語教育の技術と精神』新光閣書店／（1967）『作文の基礎演習』中央図書出版社／（1909）『ことばの生活のために』講談社

において二百字作文を用いた指導の手応えが大きかったため、これを軸に、半年間の指導計画を組み立てたのである。

短作文は実用面でも十分に機能する長さである。指導においてはその処理面での手軽さゆえに繰り返し練習が可能である。加えて、まとまりを持った文章として構成指導も同時に行える点が魅力である。しかし、一方で、短作文では、他科目において成績評価の対象になるレポートや論文の作成には対応しきれないことも事実である。

その点を考慮して、指導計画は半年の前半期を短作文による基本的表現技能訓練期、後半期を長作文による発展応用練習期とした。

5　目標設定と表現技能

上田女子短期大学の学生の場合、まずは何よりも書く機会を増やし、基本的表現技能（章末注1）を習得することが自信回復への一番の手だてになると見極めた。

指導計画は、書き慣れと基本的表現技能の習得を主目標とし、それを達成するための反復練習を指導法の軸とした。同時に、読み手を意識した、わかりやすい文章の作成を目指した。「書き慣れて、読み手に伝わる文章を書くこと」が学習目標である。

基本的表現技能については、「読み手に伝わるかどうか」という目標に照らして、問題のある表現を学習者の作品から拾いだし、多くの学習者に共通する課題を貯めていった。系統化の原則は、文章全体に関わることがらを先に考え、しだいに文、語句、語、文字といった部分へと移るように考えた。漢字や文字・表記に関する細部の誤りよりも、全体の意味に大きく関わる題のつけ方や書き出し文、書き結び文を優先した。とは言え、この順位は、細部を軽くみなすということではない。書き慣れるにつれて学習者自らがいずれ習得、修正できるような知識・技能は後回しにし、どのような文章作成にも普遍的に役立ち、すばやく応用がきくと思われるもの

4　第4章第1節第2項「二百字作文との出会い」参照。

を先にしたのである。学習者の反応と効果を確かめながら体系化を進めた。

筆者の指導が目標とするものは、多くの大学において、現在その基礎教養課程で実施されているアカデミック・ライティング、いわゆる学術的な文章の書き方指導の基礎として必要な能力である。

第２項　二つの研究と指導の改善

１　研究その１――継続的考察――

短作文を基軸とした指導計画を組み立てるについては、次の研究が役立った。受講生の中から学習者数名を任意抽出し、指導に沿って継続的にその作文能力の展開を考察した研究[5]である。この際の分析手法は、飯田恒作の『綴る力の展開とその指導』および藤原与一の『小学校児童作文能力の発達』[6]を参考にした。

それまでは、毎授業時に提出される学習者の作品を相対的に評価し、その結果を基に教室における一斉講評を行っていた。言い換えれば、その時々によく書けている学習者の作品だけを取り上げ、個々の学習者の表現力の伸長過程や指導の全体像をとらえることなく、単発的な指導を行っていたのである。

しかし、この一人の学習者を継続的に考察する研究を行ってからは、一時点での相対的評価だけではわからなかった、一学習者の表現能力の伸長と展開の過程が把握できるようになった。また、指導者の評語についても、指導当初から終わりまで、一学習者の全作品を通して一覧する機会を得たことにより、問題点が明らかになり、赤ペンの入れ方にも工夫するようになった。細部にわたって赤を入れなくても、自己訂正や学習者同士に

5　金子泰子（1989）「短期大学での文章表現指導その２――短作文を通してみた文章表現力の展開――」『上田女子短期大学紀要第 12 号』pp.23-47
6　飯田恒作（1935）『綴る力の展開とその指導』培風館および藤原与一（1975）『小学校児童作文能力の発達』文化評論出版

よる相互評価で修正が図れることも確認できた。こうして、個別評価にめりはりがつき、評価にかける時間が大幅に省けるようになった。

2　研究その２――学習者の意識調査――

二百字作文を軸とした指導計画がほぼ完成期に入った1998年に、担当するクラスが前・後期、各１クラス（50名）となり、担当学生数が半減した。文章表現指導にかかる時間的な負担を考慮して、担当者が増員されたことによる。これを機に学習者の文章表現学習に対する意識調査を実施した。

それまでは、指導の体系化と表現技能の精選に意識が向きすぎ、学習者の意識については手薄であった。長作文による意見文指導に力を入れはじめた時期で、どうすれば学習者の論理的思考力を高めることができるか、効果的な構成の指導方法を模索していた。文章を書く過程における学習者の意識が明らかになれば、新たな指導法が開拓できるのではと期待した。

具体的には、学期を通して３回、授業はじめの診断的自己評価作文、授業途中の形成的自己評価作文、授業終了時の総括的自己評価作文を学習者に課し、その分析を通して学習者の実態と願いを探ったのである。（章末注２）

3　二段落を核にした構成指導

上記の意識調査の結果、意見文指導に関しては二百字作文と長作文をつなぐ指導が欠けていることが明らかになった。200字から一挙に800字、1000字に移ることへの戸惑いが総括的自己評価作文に記述されていたのである。200字（１段落）作文の次には400字（２段落）作文を、その次には600字（３段落）作文を、さらには800字（４～６段落）作文をという具合に、学習者は、段階を踏みながら進む丁寧な指導を求めていた。この意識調査の結果によって、「段階を追いながら練習を繰り返す」という表現指導の基本に立ち戻ることができた。

この結果を基に考案した構成指導が、「段落積み上げ方式」[7]である。２段落を書き分けてから４～５段落に文章を展開、構成する指導である。これによって、一人の例外もなく、すべての学習者が意見文を完成させることができるようになった。

４　指導目標と学習目標の共有

継続的考察と意識調査を基とした指導計画の改善を経て、指導目標を学習者と共有することの重要性にも気づいた。意識調査の結果から、学習者の意識と指導者の想定に食い違いがあり、それをすり合わせる必要性が生じたことからである。

指導を始めた当初、筆者は、短期大学におけるレポートや報告書の作成、あるいは、就職試験で求められる小論文の書き方にも対応できるような一般的な文章表現作成力の育成を指導目標として掲げていた。ところが、短期大学の学習者の目的意識は、幼稚園における教育実習の記録の書き方や教育実習先に送る礼状、さらには、就職後、園児の園生活の様子を保護者に連絡するための連絡帳の書き方など、学習者の言語生活に密着した、非常に具体的なものであった。

短期大学において、卒業後の仕事を視野に入れて学ぶ学生[8]にとって、当面する学習目標は切実な要求であった。学生たちは、目前に迫った幼稚園・保育園実習や就職を視野に入れ、保育日誌や保護者との連絡帳への記入といった、より実践的、実用的な学習を期待していたのである。短期大学の２年という短い学習年限は、学生に卒業後の就職を身近に感じさせ、高い就職意識を保持させていた。指導者である筆者の意識がずれていたのである。

学習目標は学習意欲に直結する。短期大学に学ぶ学生の生活実態に合わせて「国語」の指導目標を調整した。幼稚園、保育園の連絡簿への記入を楽にするための短作文、実習先への礼状、就職試験対策としての意見文などを学習内容に取り入れた。意見文の構成指導についても、学習者による

7　第２節において詳しく解説する。
8　当時の発表者の実践現場、上田女子短期大学幼児教育科の場合、大多数の受講生の志望は保育士になることであった。

自己評価作文の記述を参考に、構成モデル提示型から「段落積み上げ方式」に指導法を変更した。

学習者を対象に実施した意識調査の結果が、指導者の指導目標と学習者の学習目標とを一致させ、やがて共有へとつないだのである。

第２節　指導計画の詳細

本節においては、上田女子短期大学幼児教育科の学生を対象に、2000年度後期に14時間にわたって実施した「国語」の授業についてその詳細を述べる。授業計画が前半期と後半期の二部構成であるため、第１項において前半期を、第２項において後半期を記述した。第３項がまとめである。

なお、全体の授業計画とその他の参考資料は以下のとおりである。

巻末の資料編に資料１としてまとめて収録した。

・参考資料１　授業計画（第１時から14時の授業内容の詳細）A4横置き、横書き（pp.318-329）

前半期：短作文（二百字作文）による基本的表現技能訓練期（第１時から７時）

後半期：意見文作成のための「段落積み上げ方式」による発展応用練習期（第８時から14時）

・参考資料２　国語通信例 A4横置き、縦書き（pp.330-332）

・参考資料３　合評会の要領 A4横置き、縦書き（pp.333-334）

各期の詳細な記述に入る前に、半年間に実施される作文練習の課題、および基本的表現技能一覧をここに提示する。

半年間の指導計画における作文練習の課題、および基本的表現技能一覧

前半期　短作文（二百字作文）による基本的表現技能訓練期

第１時　二百字作文　課題１「短大生になって１週間」生活作文
①副題をつける。
②書き結び文に配慮する。

第２時　二百字作文　課題２「私の楽しみ・小さな自慢」（自己紹介）説明文
③文体を統一する。
④わかりやすい（自分の）言葉づかいをする。

第３時　二百字作文　課題３「私の大好物」説明文
⑤五感や客観的スケールを効果的に使う。付：決まり文句を使わない。
⑥書き出し、書き結び文（首尾の照応）に配慮する。

第４時　二百字作文　課題４「風景描写」描写文（1）
⑦文を短くする。
⑧叙述の順序を考える。（空間・時間）

第５時　二百字作文　課題５「人物描写」描写文（2）
⑨ことばを的確に選ぶ。付：同じことばを繰り返し使用しない。

＊第１時から通して、語彙指導、また、第３時から５時にわたっては、文脈を通して、主観と客観的表現効果の違いを考えさせる。

第６時　二百字作文　課題６「ある日の出来事」叙事文
⑩文末表現に変化をつける。付：無駄なことばを省く。

＊第１時から５時の総括的課題。発端、出来事、結末を抜かりなく、読み手が出来事の経緯を正しく理解できるように書く。

第７時　形成的評価課題　グループ別「二百字作文合評会」

＊①から⑩の表現技能、毎時の通信を通して行ってきた相互評価、自己評価、および、添削による個別評価の知識を総動員して、互いに批評文を書き合う。自己の文章表現を客観的に評価し、今後の文章表現に役立つ力を養う。

後半期　意見文作成のための「段落積み上げ方式」による発展応用練習期

第８時　意見文　課題１「短大生生活についての２段落作文」
①比較対照の段落構成で、２段落を書き分ける。

＊意見文の３題目「短大生生活」「食事」「敬語」は受講生の希望による。

第9時　意見文　課題2「食事についての2段落作文と副題つけ」
②2段落を書き分けるとともに、内容を比較検討し、テーマ（意見）につながる副題をつける。
第10時　意見文　課題3「敬語についての2段落作文と副題・主題文・アウトライン作成」
③2段落作文をもとに副題をつけ、さらに文章全体の主題文を書き、800字に展開するためのアウトラインを作成する。
第11時　意見文　課題4「意見文の草稿をまとめる」
④課題1～3の2段落作文の中から一つを選び、副題、主題文、アウトラインを備えた800字以上の意見文を書き上げる。
第12時　意見文　課題5「推敲の方法を学ぶ」
⑤アウトラインと本文との照合によって、段落間の関係と流れを確認し、短作文で習得した表現技能を使って説得力のある文章に仕上げる。
第13時　意見文　課題6　グループ別「意見文合評会」
⑥他者および自己の文章表現に対する批評文の書き方を学ぶ。
第14時　最終課題7「期末レポートをまとめる」
⑦期末レポート「文章表現学習を振り返る」を作成し、半年間の全課題作品、通信と共にファイルに綴じて提出する。

以上

第1項　前半期の学習指導

1　二百字作文と表現技能訓練

指導計画は、前半期と後半期に二分している。まずは前半期から、記述していく。必要に応じて上記の「指導計画における作文練習の課題、および表現技能一覧」と巻末の参考資料1「第1時から14時の授業内容の詳細」を参照されたい。

第１時の課題１は、生活作文である。文章を書き慣れない、入学間もない学生が、自らの生活体験をもとに気楽に取り組めるものと考えて、「短大生になって１週間」という課題を与えた。新入生の生活の一断面を切り取ることのできる題目で、第１回の課題としてはよく機能する。加えて、相互評価・自己評価、また、学習コミュニティ形成のための情報交換にふさわしい課題であると考えた。

二百字作文は、毎回 90 分授業の後半約 30 分で書き上げる。作文に入る前には、指導の手引きとして課題および表現技能の解説を行う。第１時には、①「副題をつける」と②「書き結び文に配慮する」の二つの技能目標を与える。

①の副題は、与えられた題目だけでは話題が絞りきれず、内容がまとまらない短大生の実態から考案した。副題は、書き手自らが内容を絞る手助けをすると同時に、読み手には内容を読み取るための手掛かりとなり、また興味を引くための役割を持つものでもある。学習者に前もってこのことを説明する。②の書き結び文に関しては、多くの学習者が無造作に「充実した学生生活にしたいです」「しっかり頑張りたいと思います」といった、教訓的な決意表明文で書き結ぶ傾向があるため、学生作品の中から実例を示し、内容にふさわしい結び文にするように手引きする。

二百字作文では、厳しい字数制限と課題および技能目標が与えられるが、内容は自由である。技能については、そのとき一度きりの練習目標ではなく、他の課題においても練習できるため、学習者個々の速度で習得できる。例えば、副題をつける練習は、２回目以降も同様に繰り返されるため、一度目にうまくできなくとも、次の課題においても同様に練習できる。つまり、課題１から課題６まで、技能が累積していくことになる。練習は、１課題につき１から２技能に絞り、前半期６課題につき合計 10 技能に精選した。

第２時の表現技能は、第１時の作文の評価を踏まえて導き出す。この期の学生たちは、③「文体を統一する」④「分かりやすい（自分の）言葉づかいをする」が第２時の重点表現技能となった。初回の課題１では、「副題」と「結び文」以外の表現技能指導は行わなかった。その結果、提出された作文には文体がさまざまに現れた。通常は、丁寧体が半分強から３分の２、常体が３分の１以下、ときには１割を切ることもある。また、無意識に文体を混同するものが１割強程度ある。この事実をもとに、文体の表現性の違い、使い分けや表現効果について考え、２回目の実作時には表現技能として「文体の統一」を掲げた。また、課題１では、書き慣れない学生にありがちな、必要以上に堅苦しい言葉を使う傾向が見られたため、表現技能の④として、「自分のことばで、読み手にも分かりやすい言葉づかいをする」をとりあげた。学生の作品を基に、課題となる事柄に対しては常に実例をあげて説明するよう心がけた。そうすることが、練習作文の課題条件についての理解を高めた。

なお、課題２は、自己紹介を兼ねて「私の楽しみ・小さな自慢」から、どちらかを選択する課題を与えた。新入生は選択課題に抵抗を示す傾向がある。自分で選択するという経験があまりないようである。なるべく自分で決め、自分らしさを出す支援を心がけた。統計上、大多数が「私の楽しみ」を選ぶ中、「小さな自慢」を選択した学生に内容の濃い作品が生まれる傾向があるのは興味深い。「自慢」となると、ある程度充分な根拠、つまりは知識や経験がなければ書けないためでもあろう。

課題３「私の大好物」は、好きな食べ物の味を伝える課題である。

次のような手引きを与えた。

・「おいしい」と書かずにおいしさを伝えよう。「大好きだ」と書かずに、好きで好きでたまらない様子を伝える工夫をしよう。
・「何とも言えない」「ことばで言い表せない」も禁句である。適当なことばで済まさないで、「このことばこそ」と言えるものを探そう。
・決まり文句は避けて、自分のことばで表現しよう。決まり文句の例；「雪のように白い」、「ホクホク顔」、「ほっぺたが落ちるようだ」、など。
・五感（視覚・聴覚・嗅覚・味覚・触覚）を働かせて正確に描写する。色、大きさ、音、におい、味の種類、触感など、読み手が思い浮かべることができるように描きだそう。

・「多い」「大きい」「厚い」「軽い」「高い」などは、できる限り具体的な数値によって示そう。形容詞による主観的な把握よりも、読み手と共通のスケールを使って数値で表示する方が正確に伝わる。

　例：大きなにぎり寿司のネタ　→「厚さ１センチ、長さ７センチ」

　　　背の高い人　→　身長195センチの男子バスケットボール選手

・食べる場所、時間、いっしょに食べる人、調理方法など、その場の状況を描きだすことも「おいしさ」を引き立てる要素になる。

・臭い、汁、よだれを垂らす、壁のシミなど、テーマを表現するときの妨げになるような言葉づかいは避け、工夫して他の文字や表現に変えよう。

表現技能は⑤「五感や客観的スケールを効果的に使う」と⑥「首尾の照応」の二つとした。まず⑤では、頭だけでなく、体を使って（五感を働かせて）書く術を伝えたいと、上記のような手引きを与えた。

金原省吾（1933）[9]に次のようなことばがある。

> 文章の基礎はもとより感激にあるが、その感激は感激の形でなくて、感激せしめた対象の写実の形でなくてはならぬ。
>
> （漢字は現代表記に改めた。p.311）

具体的に描写することの表現効果を、作品を例に皆で確認し合った。

今ひとつの技能目標は、⑥「首尾の照応」である。「首」である「書き出し文」については、無駄な言い訳やまえがきを省き、一気に本題に入るよう手引きする。これまでは意識せずに書き出していたのであろう、課題３で与えるこの表現技能は、学習者の意識に素早く届き、定着率も高い。「尾」の「書き結び文」については、「首」との照応を考えると文章全体のまとまりがよくなることを、例をあげて説明する。書き出しと書き結びの苦労を軽減する表現技能である。

このようにして、第６時までに二百字作文で練習する10の表現技能は、すべて前の時間に提出された学習者の作文に基づいて、精選、配列される。そのため、学習者が入れ替わるごとに微妙な変動がある。学習者が変われ

9　金原省吾（1933）『構想の研究』古今書院

ば技能内容が変わることは当然である。なお、前時の作文がない第１回課題については、診断的自己評価作文を参考に目標とする表現技能を決定し、例文もそれによる。どのような状況においても、目の前の学習者を主体に学習内容を決定する基本を忘れないようにした。

第４時から６時までの詳細は、巻末の参考資料１に譲る。

毎時、課題作成の条件として与える表現技能は、必ず一つ、二つに絞り、訓練を焦点化した。ただし、出された条件は、当日の課題において直ちに作品に反映することができなくても、次回の課題についても運用可能な汎用性の高い基本技能であるため、何度でも繰り返し練習することができる指導案になっている。最終的には、前半期６回の二百字作文課題と後半期６回の意見文課題をとおして各自の進度で一通りの基本的な文章表現技能を習得することを目ざしている。

なお、国語通信を毎時発行している。この通信の実際については、参考資料２として、巻末資料に実物のコピーを添付した。また、国語通信を用いて指導者が行う学生作品についての講評は、後に学習者がグループで行う合評会のモデルとなるよう、注意深く行った。課題の意図や表現技能の手引きは、そのまま評価の観点として使えるように、わかりやすく提示した。

合評会も、通信とともに、自己評価、相互評価のメタ認知を促すものとして、指導計画の中で大きな意味を持っている。前半には第７時、後半には第13時にグループによる学生相互の合評会を設定している。「合評会の要領」、「批評の着眼点」については、参考資料３の「国語通信」に実際を掲載した。

２　二百字作文練習の実際

次に、二人の特徴的な学習者Ａ・Ｂを例にあげ、学習の実際を示す。

［学生作品例］課題１（すべて原文どおり）

短大生になって半年　――季節が変わりはじめ・・・――　学習者Ａ

９月23日秋分の日、こよりの上では秋になりました。しかし、目で見てもにおいもまだ秋を感じさせないと思っていましたが、外を歩いたり、お母さんの話を聞いてみると、もみじの葉っぱが色ずいてきたり、かきがオレンジ色へ変わったり、くり、どんぐりが下に落ちていたりと、よくよく見ないとわからないことですが、小さな秋を知った気持ちです。これから、山のもみじが楽しみになりました。私も早く小さな秋を見つけてみたいです。

短大生になって半年　――これから――　学習者Ｂ

最近毎朝思うことが有ります。受業がいやだ！入学前に夢見たバラ色の生活が今は一体どこへ行ってしまったのだろう。そんな気分です。後期、授業時間が長くなり、毎日ただ出席しています。自分から学ぶ姿勢ではなくやらされているという感じです。これではダメだ！　気づいているのに！　私の夢はなんだろう。もう一度、自分を振り返って考えたいと思います。すばらしい答えが見つかるといいです。明日の朝起きたら、きっと分かる。

Ａは、受講生中最も作文能力が低いと思われる学習者である。作文に対する抵抗感が強く、書くのにも時間がかかった。一方Ｂは、初回から比較的書き慣れた様子の学習者である。Ａは課題１の二百字作文を全４文で書き上げた。各文の文字数は、第１文が26字、第２文が135字、第３文が20字、第４文は19字である。第２文がひときわ長文である。

一方Ｂは、全11文で、平均18字の短文である。Ａに限らず、初回の二百字作文では、一文が長くなる傾向がある。200字を１文で書き上げる学生も、50人中１人、多い学期は２、３人いる。２文で書き上げる学生はもっと多い。また、初回の作文では、必要以上に難しい言葉づかいをする、話しことばをそのまま使う、句読点がつけられない、文体が不統一、論点が定まらない、とってつけたような結び文を書く、など、さまざまな問題点が明らかになる。

初回の授業であるため、二百字作文の書き方の説明をして、表現技能については、条件として与えただけで、手引きや解説は行わなかった。副題と書き結び文については、初回の作品を学習材として第２時の授業中に講評の中で扱うことになる。

つづいて、前半期終了時の、同じ二学習者の最後の二百字作文の様子を考察する。

［学生作品例］課題6（すべて原文[10]どおり）

ある日の出来事　――帰り道に――　　学習者A

土日の休みになると実家へ帰る。その途中でおばあちゃんの家に寄る。二階ぐらいありそうな大きな柿の木の下に車を止める。夜で柿の木の果実がどのくらいなっているかわからない。でも、果実の重みで木が折れていると聞いていたので、いつドサッと落ちてくるかわからない。たまたまお昼に行った時、果実が木いっぱいになっていてその一枝が折れかかっていた。早く果実を取らないと木が重いといっているようだ。日曜日に絶対に取る。

ある日の出来事　――時計の針――　　学習者B

寒い朝、私は七時半に目が覚めた。八時に起きれば学校に間に合うと思い、再び眠ろうとした。でも、なぜか変。物音がしない。七時半といえば父が会社に行く為、ハミガキをけたたましくしてるはずなのに、おかしい。母が台所で働いてる音もしてこない。明らかにいつもとちがう朝。不安になりフトンから起き上がる。ちらっと隣にあった時計に目をやると針が九時近くに向いていた。一時停止状態。針が指していたのは八時半だったのだ。

初回の200字を4文で書いたAは、最後の二百字作文を8文、一文平均、25字の短文で仕上げ、書き終えるまでの速度も他の学習者とほぼ同じになった。ただし最終回の課題「ある日の出来事」は叙事文とは言えず、表現技能⑩「文末表現に変化をつける」についても充分な運用には至っていない。Bは、初回からリズミカルな書きぶりが続き、叙事文としての完成度も高い。しかし、話し言葉や符号を多用する傾向は、最後まで改善されなかった。それぞれ、課題を残して、後半の意見文の学習に進んだ。

10　原文は四百字詰原稿用紙の左半分に縦書き。

第２項　後半期の学習指導

１　「段落積み上げ方式」

後半の意見文指導は、「段落積み上げ方式」で行った。指導者が構成の型について解説し、それに合わせて意見文を仕上げるという指導法では、個別指導を要する学習者が続出して対応に追われたためである。問題は、構成の基盤である段落の書き分け、およびその連結ができないことにあった。

前半期の二百字作文練習とのつながりも考慮して、まずは２段落を書き分け、それをもとに３段落、４段落へと文章を展開させていく、段階を踏んだていねいな積み上げ指導を行った。概略は次のとおりである。

はじめに、意見文の題材として取り上げたい題目を学習者から募った。指導者が提示するよりも、書き手の関心のある題材を取り上げた方が表現意欲が喚起されるからである。一人３題ずつ希望を出しあい、多数決で、短大生生活・食事・敬語の三つの題目が決まった。この三つをもとに学習を開始した。

まず、課題１では、一つの題目について二つの段落を書き分ける練習を行い、段落間の関係について考える。課題２においては、別の題目について、同様に２段落の書き分けを行った上で、主題の見通しを立て、副題を付けてみる。さらに、課題３では、最後の題目について三度目の２段落作文を書いた上で、それを意見文として展開する場合を想定して主題文をまとめ、文章全体のアウトラインを作成する。このように、課題１から課題３まで、２段落の書き分けから、段落間の関係の認識、次には比較・対照による内容の生成から主題につなぐ副題の作成、さらには、主題文とアウトラインの作成へと、２段落の書き分けに、副題、主題文、アウトラインという条件を付与して、徐々に段階を上げていく指導を行った。

課題４では、３回繰り返した２段落作文（課題１、課題２、課題３）の中から、意見文としてもっともよくまとまりそうな一つを選択して、副題、主題文、アウトラインを整えた上で草稿を書き上げる。その後、１週間の時間をおいて、合評会までに、課題５として推敲の学習を行う。なお、推敲過程における主題文やアウトラインの変更については柔軟に対応し、最後まで学習者の思考を尊重する姿勢をとる。作品主義ではなく、学習者自身が思考を深め、文章を完成させるまでの過程を確実に経験することを重視した。

２　意見文作成学習の実際

前半期に紹介した学習者Ａを例に、意見文完成までの学習過程を課題順に考察してみる。Ａは、文章表現を苦手とする学習者である。意見文学習におけるＡの課題１から課題５の作文は次のとおりである。

学習者Ａの意見文作成能力の展開過程

課題１「短大生生活についての２段落作文」（以下、原文どおり）

学習者Ａ

高校生の時は、授業時間が五十分だ。数学・家庭科など自分の好きな科目の時は、時間が短く感じた。英語・社会など自分の嫌いな科目の時は、時間が長く感じた。五十分という時間は、短くもあり長い。しかし、短大生に入って授業時間が九十分に変わった。最初、九十分は一時間半だから、そんなに長くないだろうと思った。九十分は長かった。ノートを取って九十分終わるとき、先生の話で終わるときとさまざまだ。九十分に慣れてきたこのごろ。

高校生の時、白馬高校まで通っていた。家から駅までバイクで十分。電車に乗って五十分、駅から学校まで歩いて十分の所にある。朝、遅くとも六時四十五分に起きないと間に合わない。でも、短大に入って、学校と下宿先が近いので歩いて十分ぐらいだ。朝、早く起きなくていいので楽だ。近いからって、ゆだんはしてられない。

課題２「食事についての２段落作文と副題つけ」

副題――１人と５人の量の違い――　学習者Ａ

我が家では、カレー、シチュー、グラタンなど、手の込んだ料理はいつも私が作っている。例えば、カレー。ジャガイモ中七から八個。ニンジン中二から三本、玉ねぎ三から四個などを入れて作る。大きな鍋に半分も出来る、一人で食べると、ゆうに五日間もありそうな量だ。それを五人で食べる。絶対に誰も面倒くさく、手の込んだ料理を作ってはくれない。そのため、食べたいときは、自分で作らなければならない。

ひとり暮らしを始めて、料理を作り始めた。ところが一人分の量がまったくわからない。カレーを作るにも、ジャガイモは一個かな二個かな、からいろいろ考え始める。最終的には、適当に材料を切る。お鍋にお湯をはり、そこへバランスよく材料を入れていく。残った材料で、ポテトサラダ、粉ふきいもなど、もう一品おかずを作る。何度やっても材料を多く切りすぎてしまう。

一人分の量に早く慣れたい。

課題３「敬語についての２段落作文と副題、主題文、アウトライン作成」

副題――　なし　――　　　　学習者Ａ

十二月十二日の三時間の授業で敬語の勉強をした。普段、敬語を使っても、ため語と混ざっている。なおすように心がけているけれど、敬語の使い方がわからない。私の周りに敬語を話す人はほとんどいない。

私達が中学生の時、コギャル言葉が流行った。私は

（筆者注：中断は原文どおり。考えをまとめ、２段落に書き分けるには至らなかった。）

課題４「三つの課題の中から一つを選択し、副題・主題文・アウトラインをつけて意見文の草稿をまとめる」

選択した課題「食事」

主題文：何事も慣れである。

アウトライン

1. どうしてもなれない
2. 五人分の材料
3. 一人分の材料
4. なんでも時間と経験で慣れる。（まとめ）

草稿

食事――何ごとも慣れである――　　　　学習者Ａ

私は、カレー、シチュー、お菓子作りと手の込んだ料理を作って食べるこ

とが好きだ。本を見ながら作るので、一時間、二時間とかかる。ときどきしか作ることができないので、一人分の材料に、なかなか慣れることができない。

実家でも手の込んだ料理は、私が作っていた。例えばカレーライス。ジャガイモ・中七から八個、ニンジン、中二から三本、玉ねぎ三から四個などを入れて作る。それを家族五人でたいらげる。一人で食べると、ゆうに五日間ぐらい食べられそうな量だ。五人分の材料をあたりまえに切り、作っていることになれている。

ひとり暮らしを四月から始めて、料理を作り始めた。ところが、一人分の材料がまったくわからない。例えば、カレーライスを作るにも、ジャガイモは中一個かな、二個かな？　ニンジンは？　玉ねぎは？　などと考え始めている。最終的には、ジャガイモ、ニンジン、玉ねぎなどを適当に切る。お鍋にお湯をはり、そこへバランスよく一人分の材料を入れていく。残った材料で、ポテトサラダ、粉ふきいもなど、もう一品おかずを作る。何度やっても材料を多く切りすぎてしまう。

一人分の料理を作り始めて、九ヶ月が経った。ようやく一人分の材料にもなれ始めた。カレーを作るにも、ジャガイモ中一個から一個半、ニンジン、中半分から三分の二、玉ねぎ、中半分などとわかった。他にも、ご飯を一合炊けば、朝、昼、夜と食べられる。おみそ汁も、お湯二カップに具を少しずつ入れる。買い物でも、なるべく量の少ないものを選んで買う。例えば、牛乳、五百ミリリットル、卵は四個パックを買う。なかなか一人分の材料になれなかったけれど、時間と経験で何事にでもなれてしまうことがわかった。慣れるまで一年近くかかってしまったけれど、よい経験をしたと思う。

課題５「アウトラインと本文との照合によって、段落間の関係と流れを確認し、推敲を済ませて意見文を仕上げる」

選択した課題「食事」

主題文：時間と経験で何事にも慣れてしまう。

アウトライン

1. どうしても慣れない。
2. 五人分の材料に慣れている。
3. 一人分の材料に慣れない。
4. 一人分の材料に慣れはじめた。

5.　なんでも時間と経験で慣れる。（まとめ）

完成稿

一人と五人の量の違い——何ごとも慣れである——　　　学習者Ａ

第１段落から第４段落まで、ひらがなを漢字に修正した以外はほぼ草稿と同じのため、全文の提示は省略する。

異なる点が二箇所あった。一箇所の小さな変化は、第２段落の一部に「二十八センチの大きな鍋に三分の一から半分できる。」が加わった点、大きな変化は、草稿では第４段落の最後の２文を、以下のように、まとめの第５段落として独立させた点である。

なかなか一人分の材料になれなかったけれど、時間と経験で何事にでもなれてしまうことがわかった。慣れるまで一年近くかかってしまったけれど、よい経験をしたと思う。

３　「段落積み上げ方式」の考察

学習者Ａの例をもとに考察する。

課題１「短大生生活」では２段落の書き分けができなかった。１段落目が短大の授業時間、２段落目が朝の起床時間で、比較・対照のための観点が一致していない。課題２「食事」においては、自らの生活経験をもとに、Ａが得意な具体的記述によって、５人分のカレーと１人分のカレーの作り方を２段落に書き分けることができた。最終的には、この課題２の２段落を核にして４～５段落に展開させることができた。このときの副題「１人と５人の量の違い」が、２段落の書き分けと対応し、主題文の「何事も慣れである」につながった。推敲後の完成稿では、第４段落の最後の部分を、まとめの第５段落として独立させた。

Ａは、アウトライン作成段階において、自発的に指導者の部屋に質問に訪れ、文章の構成を自らのことばで確認してから、意見文をまとめ上げた。課題３「敬語」では、まだ２段落の書き分けには至っていないが、書き分けができた課題「食事」を基に、５段落の意見文を構成することができた。

意見文を書き上げた後、Aが書いた「段落積み上げ指導についての感想」は、次のとおりである。

学習者Ａの「段落積み上げ方式」についての感想

わたしは文章を書くのが苦手で、どう書いたらいいのか分らなかったけれど、一段落ずつ書いて、それにつけ加えていけばいいのが分かり、少しは文章がうまくなったと思う。何にもないところから書くより、四百字の文につけ加えて八百字にする方が、アウトラインも決まって書きやすかったと思う。（原文どおり）

目立たない学生であったが、書き上げたときの達成感に溢れた表情は、指導者にも強く印象に残るものとなった。

こうして、「段落積み上げ方式」は、一人残さず意見文を書き上げさせるための一指導モデルとなった。

第３節　まとめの考察と今後の課題

第１項　各期の考察

前半期と後半期のそれぞれについて、箇条で考察する。

１　前半期：短作文（二百字作文）による基本的表現技能訓練期（第１時から７時）

1）　課題は叙述の四基本形態（説明・描写・叙事・議論）を参考に、説明、描写、叙事の三つを中心に、学習者の取り組みやすさに配慮して考えた。

2）　課題の配列は、生活文から始め、説明、描写、叙事の順に並べ、議論は、後半期の意見文指導に回した。

3）表現技能は、前半期の二百字作文による訓練期に①〜⑩の表現技能を精選し、毎時、一つ二つに焦点を当てて練習した。赤ペンによる個別評価の観点はそれに絞って行った。しかし、国語通信を用いて一斉に行う講評の中では、態度能力や思考力など、指導者の主観が加わる評価についても積極的に行った。

4）授業は、一斉、グループ別、個別の形態を学習の目標に合わせて組み合わせた。中でも、合評学習のためのグループ編成については、各学習者の性格や作品の特性を十分に配慮した。

5）国語通信の目的は、作品の交流にあるが、指導者が行う講評に使うことはもちろん、当日の課題の確認、手引き、評価の観点まで、情報の共有に活用した。学習コミュニティ形成のための必須媒体でもある。

２　後半期：意見文作成のための「段落積み上げ方式」による発展応用練習期（第８時から 14 時）

1）題材は学生たちの興味・関心のあるものを募り、３つの題目を選定した。

2）文章の核となる、比較・対照の２段落を書き分ける指導を３回繰り返した。

3）段落を書き分ける練習をとおして、通信に載る他の学習者の作品や指導者の講評を参考に考えを広げ、自身の主題を絞り込むように支援した。

4）副題、主題文、アウトラインを書く段階で、さらに考えを深め、段落数が増えても文章全体の見通しが持てるように導いた。

5）推敲過程における指導は文章の構成面に絞った。型にはめる指導は避け、各自の思考の流れを段落の配列と照合させた。

6）５時間の指導の中で、各自がそれぞれのペースに合わせて考えを深め、まとまった文章を書き上げるまでの全過程を確実に経験する授業展開を目指した。

7)　期末レポート「半年間の文章表現学習を振り返る」の作成は、意見文による学習内容の反復練習として位置づけた。

第２項　まとめと課題

1　まとめ

短期大学における指導は、学習者の作文に対する心理的抑圧を取り除き、表現意欲を喚起することを最優先の課題とした。記述前、記述中、記述後、それぞれの指導の要点は以下の３点である

1)　記述前には、手引き、活用できる表現技能の解説、具体例の提示など、事前指導を十分に行い、課題に対して、これならできそうだ、という予測を持たせて取り組ませた。

2)　記述中は、机間巡視によって積極的に個別指導をした。筆が止まっている学習者の原因を見極め、その場で対処法を示した。主題が明確でないことや一つの文が長く続きすぎることが書きよどみの原因であることが多く、主題の確認や文を短くするなどの支援をした。

3)　記述後に、個別評価・自己評価・相互評価の三位一体の評価を行う。指導者による個別評価の観点は表現技能に絞る。クラス通信や合評会における相互評価、自己評価の観点も学習した表現技能に統一した。

2　今後の課題

今後の課題について、箇条書きを交えて、前半期と後半期に分けて述べる。

2．1　前半期の指導について

1)　学習者や時代の要請に合った課題を豊かに準備する。

2)　二百字作文の表現技能を、後半期の意見文指導の際の技能項目と関連づける。

3)　段落内の構成（中心文・支持文）指導を加える。

4)　診断的評価、形成的評価を計画的に実施する。

前半期について、汎用的な指導計画を目指すためには、学習者の必要に合わせて、よりバラエティに富んだ課題を準備する必要がある。また、指導目標が、レポートや論文作成に特化される場合は、二百字作文の表現技能に、参考文献表の作り方や引用の仕方など、これまでの指導で欠けていたものを加える必要がある。後半期の長文指導につなぐ意味でも、中心文を備えた段落内部の構成指導が必要である。

２．２　後半期の指導について

1）対象学生の文章作成能力と生活上の必要性に合わせて、種々の文章作成に対応できる構成の指導法を開発する。

2）ブレーンストーミングやマッピングの指導などを取り入れ、意見文作成の構想指導を充実させる。

3）期末レポートの作成と共に、全作品の整理を伴う個人文集の編集を期末課題とする。

4）自己評価作文を用いて指導計画全体の学習効果を検証する。

後半期の意見文指導において、上田女子短期大学では、「段落積み上げ方式」が効果的であった。今後は、対象学生の能力に合わせて、他の構成指導も考案したい。

ディベート方式で行ったブレーンストーミングは、学習者の積極的な学習活動への参加につながった。マッピングの指導など、新しい方法にも挑戦し、構想指導を充実させたい。

指導計画全体の学習効果を検証するために、診断的、形成的、総括的自己評価作文を一体的にとらえる必要がある。

注

1　短期大学における実践当時は「基本的表現技能」という語を用いていたため、第五章の実践記述および巻末資料においては同様の文言が使われている。第六章・七章においては、表現技術を「誰もが訓練を積めば、ある一定のレベルまで高めることのできる普遍的で科学的な能力」と定義し、「基礎的表現技術」という用語で統一している。

2　金子泰子①（1999）「短期大学での文章表現指導――学習者の実態と願いを知る

――」『国語教育学研究誌第 20 号』大阪教育大学国語教育研究室 pp.175-188 ／②（1999）「小論文の指導その１――学習者の実態調査をもとに指導上の問題点を探る――」『上田女子短期大学紀要第 22 号』pp.35-50 ／③（2001）「小論文の指導その２――アンケート分析をもとに指導上の問題点を探る――」『上田女子短期大学紀要第 24 号』pp.9-23 ／④（2003）「小論文の指導その３――二段落からの展開――」『信州大学留学生センター紀要第４号』pp.69-87

第６章　評価を活用した指導計画の検証

第５章において、短期大学における実践を基にしてできた指導計画の全容の記述とまとめの考察を行った。この後、実践の現場においては、４年制大学において新たな学習者を得たことをきっかけとして、評価を活用した指導を進めるようになった。

本章においては、新たな学習者を対象に、同年の前期と後期に続けて行った二つの実践を第１節と第２節に分けて取り上げ、評価を活用した指導計画の学習効果を検証する。第１節は一般学生向けの前期の授業、第２節は前期授業で単位を落とした学生を対象とする少人数クラスの授業である。

本章の成果と課題をもとに、第７章において「大学初年次生を対象とした基礎文章表現法――単元『書くことによる発見の喜びと共有』――」を論じる。

第１節　メタ認知活性化方略の有効性

第１項　メタ認知活性化方略

１　目的と方法

本項における論述の目的は、筆者がこれまで取り組み、改善を重ねてきた大学における文章表現指導計画（章末注１）において、メタ認知（章末注２）活性化方略がどの程度学習効果を上げるかを検証することにある。

筆者の指導計画は、文章表現に関する知識・技術の伝達と、練習・活動時間の確保、および学習者の意識・感情面への配慮という三つの柱を軸としている。文章表現学習は一つの軸だけでは容易に効果が出せないため、三つの柱を軸として指導計画を構成した。

技術の習得には、理解と同時に練習の継続・反復といった学習活動が不可欠である。しかし、それが、機械的なものでは効果は期待できない。学習者同士が互いの作文を読み合い、認め合うといった経験を通して、達成感や満足感を抱いた時にこそ、技術についての深い理解とさらなる学習への意欲が生まれるのである。（章末注３）

筆者は、教室で共に学び合う仲間を学習コミュニティ（章末注４）として重視した。授業の目標や練習課題の問題意識を共有しつつ、学習者間の相互交流が継続的に行われる中でこそ学習意欲が持続し、学習活動が円滑に進むと考えるからである。指導者を含む学習コミュニティの中で意識の一体感を醸成するために、国語通信やグループ別批評会などを活用した。

以下、はじめに、指導計画展開のための具体的方法とメタ認知活性化方略の機能について述べる。次に、学習者による三つ（診断・形成・総括）の自己評価作文を基に、文章表現技術が半年間の学習でどの程度定着したかを検証する。

なお、本検証において用いるデータは、長野県上田市にある長野大学において 2007 年度前期に行った文章表現指導実践に基づくものである。本節においてはメタ認知活性化方略の有効性の検証部分に焦点化し、全容についての解説部分は割愛した[1]。

第２項　指導計画の概略

1　指導計画の目標

半期 14 回の授業は前半期と後半期７回ずつに二分し、各期、および全

1　指導の全容については、金子泰子（2009・3）「大学初年次生のための文章表現指導プログラム――評価作文をもとにメタ認知活性化方略の有効性を検証する――」『長野大学紀要第 30 巻第４号』に詳しい。

体目標は次のように設定した。

前半期目標：種々の叙述形態による短作文練習をとおして、基礎的な文章表現技術を習得する。

後半期目標：文章作成過程を丁寧にたどる練習をとおして、長い文章をまとめるための基本構成モデルを習得する。学習をとおして、考えを深め、まとめるという思考と表現の機能を理解する。

全体目標　：作文の基礎力を身につけ、目的と読み手に合わせた達意の文章が書けるようにする。

2　前半期の二百字作文を中心とした練習

書くことは、聞く・話す、読むことに比べて、より大きなエネルギーを必要とし、上達するには継続的な努力が必要である。そのため、書くことの学習には、動機づけとその維持に何らかの対策を講ずる必要がある。心理学においては、学習者が書くことに対して肯定的な感情が持てるように配慮する必要があり、書くことに対して不安や嫌悪感があると、書くために必要な思考や記憶の検索が妨害されるという研究成果も示されている[2]。

そのために、指導計画の前半期には、二百字限定作文[3]（以後二百字作文とする）を練習作文として活用した。二百字作文は原稿用紙の一マス目から書き始め、二百字ちょうどを句点で終わらせる作文である。学習者の書くことに対する必要以上の緊張感と構えを解きほぐし、気軽にゲーム感覚で練習を繰り返し、書くことに慣れさせる仕掛けである。

なお、前半期には、叙述の四基本形態（説明・描写・叙事・議論）から、説明、描写、叙事文の練習を二百字作文で行った。

さらに、各課題には、学習者が緊張感を保って練習が継続できるように、課題遂行に役立つ表現技術を条件として与えた。基礎的な表現技術が身に

2　Kellogg, R.T.（1999）*The psychology of writing.* Oxford University Press.（Sd）; New Ed. pp.111-115

3　藤原与一（1965）『国語教育の技術と精神』新光閣書店、p.120

つくと自信がつき、やがて意欲となって現れる。その意欲が学習の推進力となる。二百字作文は、知識を生かす土台として用意したものである。

3　後半期の意見文作成を中心にした練習

後半期は、前半期に取り上げなかった議論（意見）文を取り上げ、基本構成モデル（第3項2．4．で詳述）をもとに1000字程度の意見文を書く学習を行う。

前半期で1段落（二百字作文相当）がまとめられるようになれば、次に行う学習のステップは、段落を積み重ね、思考を展開させることである。後半期では、スモールステップで部分練習を繰り返し、文章作成の過程を丁寧にたどりつつ、基本構成モデルを使って意見文を一つまとめ上げる。ステップを踏んで、丁寧に文章作成過程をたどる学習は技術の理解と習得を確実なものにする。

学期末の期末レポート「半年間の文章表現学習を振り返る」は、意見文作成で学んだ基本構成モデルを再度活用する応用練習をかねているため、ほぼ全員が自力でまとまった文章を書きあげるようになる。

4　積み上げ、継続練習

指導計画は、書けない学生を書けるようにするために、小分けしたステップによる積み上げと反復練習を指導の基本方針としている。次の参考資料①において紹介する二つの作文は、作文能力においてもっとも低いレベルと判断した一学習者の、授業前に書いた診断的自己評価作文Aと指導計画終了後に一人で書き上げた期末レポート（総括的自己評価作文）Bである。指導の効果を示すものとして提示する。

参考資料①　A：診断的自己評価作文　B：総括的自己評価作文（原文どおり）

A：診断的自己評価作文（授業初回、記述時間30分）

入学までの作文学習を振り返る　（2段落、200字。誤字脱字を含めて原文どおり。）

今までの作文の学習を振り返ってみたら、私は作文学習のことをあまり思えていない事がわかりました。それは私が作文などを書く事があまり好きではないからだと思います。

私が私の作文を読むとぜんぜんおもしくないし、書くのがとても遅いので作文は嫌いです。でも作文はうまくはなりたいです。自分の気持ちをしっかりと文にできるように、これから気合をいれていこうと思っています。

B：総括的自己評価作文（期末レポート、自宅学習）

半年間の文章表現学習を振り返る　（６段落、760 字）

中学、高校での私は、とにかく文章はどうやって書くものなのかぜんぜん解らなかった。なので、いつも作文などの宿題が出る時は友だちや親に助けを求めるか、途中で諦めて怒られるかのどっちかで、文章を書くことは嫌いになる一方だった。

大学生になって、初めて課題探求力の授業を受ける時は、すごくやりたくないと思っていた。でも、先生はそんなに厳しそうではなかったし、丁寧に教えてくれたので、意外と頑張ることができた。

毎回、違うことを書いて大変だったが、その中でも、風景描写やいじめ、引きこもりの事は、特に大変で、風景描写は四行程度しか書けなくて、いじめと引きこもりは何を書けばいいのか、ぜんぜん思いつかなかった。それにみんな書くスピードが速くてとてもうらやましく思ったけど、自分もそのうち早くなるだろうと思っていた。

比較的、書きやすかったテーマは、私の大好物と高齢化社会で、私の大好物を書いた時、私はお腹がいっぱいだったので、そうでなければもっと書きやすかったかもしれない。高齢化社会のテーマ（の二段落作文；筆者注）では、自分の家の祖父の自慢を書いて、自慢したいことが沢山あったので、一生懸命書けた。

原稿用紙二枚半も書く意見文「高齢化社会」でも、祖父のことを書いた。諦めてしまえばいいやと思う誘惑と戦いながら、とても時間はかかったけど、一人で完成させることができて、自分で自分を誉めてあげたい気持ちだった。それに今までに比べて少し文を書くことがうまくなったような気がしてきた。

家でも文を書く練習をすれば一番良いと思うけど、たぶんそれは無理なので、これからの授業で、今までよりも気合を入れて、今の自分より少しでも文を書くことがうまく、そして好きになればいいと思う。

第３項　メタ認知活性化方略の機能

１　前半期のメタ認知活性化方略

１．１　前半期の授業目標と方針の説明

学習者が主体的に学習に取り組むためには、授業目標と方針の自覚が必要である。出席者はもちろんのこと、欠席者や遅刻による聞き漏らしにも対処するため、目標と方針は、国語通信にも掲載し、学習コミュニティ内の共有事項とする。指導者と学習者が授業目標と方針を共有できていれば、学習活動は円滑かつ効果的に進む。初回授業においては、全体目標とともに、とりわけ前半期の目標と方針をわかりやすく説明する。

１．２　国語通信の発行

国語通信[4]では、前時に学んだ技術を復習し、適切に運用された学習者の作品を掲載する。全文掲載でなく、部分紹介を多くし、学習者全員が学期中に複数回掲載機会を得られるよう配慮する。国語通信は、テキストに準ずる教材というよりむしろ、学習コミュニティが作り上げる独自の主たる学習材である。

また、国語通信によって行われる指導者の講評は、相互評価・自己評価のモデルとなる。さらに、独創的なクラスメートの作品は、学習意欲を喚起、維持する糧ともなる。

なお、創刊号では、授業目標や方針の説明に加えて、次号から使う国語通信の愛称を学習者に募り、学習コミュニティとしての意識を醸成、育成するために役立たせている。

１．３　文章表現に対する事前意識調査

指導計画の開始時に、学習者の文章表現に対する事前意識調査を質問紙法によって実施する。

4　藤田哲也・溝上慎一（2001）「授業国語通信による学生との相互行為Ⅰ・Ⅱ」『京都大学高等教育研究７』、pp.71-87、pp.89-110は、授業国語通信の発行が学習者の“やる気”を維持することを証明している。

指導者は、学習者の意識を基に指導法が工夫できる。一方、学習者は、調査票の質問や選択肢の語彙などから、文章表現に関するメタ認知的知識を得る。さらに、国語通信で発表される調査結果は、学習コミュニティ内の相互評価と自己評価のための手掛かりを学習者に与えるものとなる。

１．４　診断的評価

どのような指導計画も、出発点はまず実態把握である。診断的評価で、学習者が自ら問題だと感じている点を自己申告的に自由記述させると、個別の学習目標が確認でき、指導者はそれを基にして指導方法を、学習者は学習方法をともに考えることができる。

本指導計画では、以下の三評価をそれぞれの時期に課題作文として実施する。

・診断的評価「入学までの作文学習を振り返る」（指導初日）
・形成的評価「二百字作文学習を振り返る」（中間時点－７コマ経過後－）
・総括的評価「半年間の文章表現学習を振り返る」（指導終了時）

以上、１．１．から１．４．までの四点が指導計画の出発点である。

１．５　表現技術

毎授業時の作文練習の課題には、一つないし二つの表現技術（章末注５）を条件として付け加える。

表現技術は筆者が長年の実践を通して、課題の開発と同時に、それぞれの課題にふさわしいものを精選してきた。配列も入学間もない初年次生の要求に合うよう系統性をもたせた。学習者は、計画された課題とそれらに与えられた技術を段階を踏んで乗りこえながら、次の課題と表現技術に挑戦していく仕組みである。

１．６　個別評価

個別評価は、指導者によって赤ペンでなされる評語で、種々の評価の中でも、もっとも個別、直接的に学習者に届く情報である。評語は、指導した事柄に限定し、学習者の表現に即して具体的に指摘、訂正することを心がけた。また、添削記号を学習者と共有し、記号を用いた評語によって、学習者自身が考え、自ら書き直す経験を重視した。

１．７　二百字作文グループ別批評会（前半期終了時）

二百字作文で練習した五つの課題から各自よく書けたと思うものを一つ選び、既習の表現技術を観点にしてグループで批評し合う。各自の作文を直接に介した批評会は、受動的に聞き流すだけではすまされないために、主体的に向かわざるを得ない学習活動の場となる。そして、その活動は、他者との考え方の違いを実感することをはじめ、自らの作文や批評文が理解され、認められることの喜び、達成感、それに伴う自信の回復、学習意欲の喚起、など、指導者による個別評価とは異なる効果が期待できる。この批評会は、前半期の学習活動の総まとめと位置づけられる。

「課題の設定条件」や「表現技術」、「添削指導」などが、書き手の内省を促す外側からの働きかけと考えるならば、批評会は、他者の文章を理解した上でそれに対する自らの考えを批評文として表現するという、内側から外側に向けての主体的な表現行為であり、学習者に新たな思考や表現を発見させる創造的な時間となる。

１．８　形成的評価

前半期終了時（指導計画の中期）に、「二百字作文学習を振り返る」と題した形成的自己評価作文を実施する。初回から７回の授業を経て、二百字作文を用いた課題作文練習を学習者がどのように受け止めているか、指導者が自らの指導を評価するものであると同時に、学習者自身にとっても、学習活動がどのように推移しているのか、自らの学習過程を客観的に捉え直すきっかけとなるものである。

１．９　表現技術に関する意識と達成度調査（前半期分）

表現技術に関する意識と達成度は、前半期と後半期の２回、それぞれの期分の技術をまとめて調査している。指導改善を目指す評価であると同時に、学習者が既習の表現技術について振り返り、自己評価して再確認する機会にもなるものと考えている。説明を聞いた後で練習をとおして運用し、さらには、調査という形で、該当技術に再度意識を向けることが、知識の定着や運用力を促進させると考える。

２　後半期のメタ認知活性化方略

２．１　後半期の授業目標と方針の説明

後半期は、文章作成過程を順次丁寧にたどりながら、長い文章をまとめるための基本構成モデル習得の学習をすることを説明する。前半期の学習との間に隔たりを感じないように、「段落積み上げ方式」で学習を進めることについても事前に説明する。

２．２　生活との関連

前半期は５月の連休を挟む期間に日記を、後半期は、受講生の所属する学部の施設実習に配慮して書簡文（礼状）を課題に取り上げる。書く力は週１回の授業でつくものではなく、日々の生活実践と密接に関連しているということを学習者に気づかせる意図もある。

２．３　興味・関心のある練習課題

「自分が興味、関心のあることを書くのは楽しい」という学習者の意識は、事前・事後の意識調査や三評価（診断・形成・総括）作文からも明らかである。後半期の意見文課題においても、各自の興味や関心をもとにした具体的体験事例をもとに意見をまとめるように助言している。練習課題は受講生から三題募って練習するが、最終的に仕上げる意見文は、各自がもっとも書きたいと思う題目で書くことを認めている。調査や情報収集の時間をとっていないこの指導計画においては、学習者自身がすでに知識と経験を持ち、書く意欲の伴う題目を選ぶことが説得力ある文章につながるからである。

２．４　基本構成モデルと２段落作文

後半期は「三段階５段落基本構成モデル」（章末注６）を手掛かりに意見文の作成練習を行う。文章構成は、段落の書き分けと配置が基本である。前半期の二百字作文練習とのつながりにも配慮して、まずは、２段落の書き分けから意見文の練習を始める。次に示す参考資料②が本指導計画の基本構成モデルである。

参考資料②　三段階５段落基本構成モデル

１	始　め（序論）：書き出し部	・・・・・・	第１段落
		中①対比事例	・第２段落
２	中　（本論）：展開部	中②対比事例	・第３段落
		中③中まとめ	・第４段落
３	終わり（結論）：書き結び部	・・・・・・	第５段落

三段階モデルは、中の部分の調節でどのような長文にも応用できる安定した構成モデルである。1000字の意見文では、中の展開部を三分割し、上記のように中①、中②を比較・対照による２段落とし、中③はそれらをまとめる中まとめの段落とした。指導計画では、これに始めと終わりをつけた「三段階５段落」構成を基本構成モデルとした。

本指導計画の目標は基礎力の養成である。そのため、まずは一つの構成モデルを確実に理解し、体得することを目指して、応用への第一歩とした。

２．５　意見文作成のための表現技術

意見文のための表現技術も段階を踏んで進める。①「段落の書き分け」練習から始める。次に、②「事実と意見」を区別して記述する練習である。学習者の作文から選んだ実例を基に確認しながら説明し、理解を深める。技術③、④では、主題を絞り込むために、まずは「題」をつけ、次にその題をもとに「主題文を書く」ことへと進む。同時に、国語通信で互いの考えを交流し深め合いながら、各自が自らの意見文について全体構想を練る。

三回の練習が終わり、基本構成モデルと２段落の関係を理解し、文章の全体像が見通せるようになったら、いよいよ５段落の配列を示す⑤「アウトラインの作成」に移る。「書き出し部」・「中①」・「中②」・「中③」・「書き結び部」の五段落を並べて、全体像（部分と全体の関係）を確認する。

以上の過程を経て、アウトラインに沿って⑥「草稿」が書けたら、残る技術は⑦「推敲」と⑧「説得のレトリック」である。「推敲」では時間をおくことも大事である。次のグループ別批評会に向けて、草稿の完成から少なくとも一週間の余裕を持って推敲ができるように授業計画を立てる。時間が自分の文章を客観的に見る目を生んでくれる。既習の表現技術は

「推敲」の観点として活かすことができる。

主張が明らかになり、文章の全容が見えてくると、読み手を説得しようとする余裕が生まれる。ここまで来て、ようやく学習者は文章表現のおもしろさに気づき始めるのである。「説得のレトリック」[5]については、発展的課題として、余裕のある学習者に取り組ませる。

２．６　意見文グループ別批評会（後半期終了時）

指導の総まとめとなるのが、この意見文グループ別批評会の時間である。200字の練習から積み上げて完成させた５段落の意見文が、どこまで読み手に伝わるか。同時に、他者の意見文を、どこまで実証的に分かりやすく批評できるか、学習成果を発揮する時間である。批評文の書き方についても、例を示して事前に十分な指導を行ってから臨む。

批評会の成果は、自己評価作文から一部をうかがうことができる。以下、参考資料③として自己評価作文を２例示す。

参考資料③　批評会後の自己評価作文２例

1．読み手を説得しなければならなかったので、どのように書いたらよいのかとても苦労した。しかし、自分の実体験を書いたので、読み手に伝えたいことがきちんと伝わったと思う。
　この作文を書いて、他者を説得することの大変さを体験できた気がする。また、説得の仕方も少しはわかるようになったのではないかと思う。

2．最後は、自分の書きたい題目にしても良かったので非常に書きやすかった。二百字作文とは違って、書く文章が長く、何をどう書いたらよいのか迷ってしまいそうになったが、アウトラインのおかげで書きやすかった。もっと自分の意見がうまく書けるようになりたいと思うようになった。

（ともに、記述時間10分）

5　使用テキスト、中西一弘編『新版やさしい文章表現指導法』朝倉書店、p.152参照。

2．7　総括的評価（期末レポート）

期末レポート「半年間の文章表現学習を振り返る」（総括的自己評価作文）は半年間の学習の集大成である。基本構成モデルを使って、独力で書き上げる。学習者がファイルに保管している診断的自己評価作文、形成的自己評価作文もレポートの題材となる。構成については、意見文の授業で学習したため、事前に内容面について簡単なアドバイスをするだけで、ほぼ全員がまとまりのあるレポートを書き上げる。期末レポートを自力で書き上げることが、意見文構成学習の応用練習を兼ねている。

2．8　ポートフォリオによる個人文集の作成

学習者は、半年間に書いたすべての作品および配付資料（主として国語通信）を時系列でファイルに綴じ、自分の学習の経緯が見渡せる個人文集を作成する。

こうした作品集はポートフォリオとも呼ばれ、学習者自身が、編集作業をとおして半年間の学習過程をたどり直すことができるため、自分の文章作成上の課題や意識の変化を捉えやすくする。２．７の期末レポートとともに、学期末に指導者に提出する。

2．9　表現技術に関する意識と達成度調査（後半期分）、
および文章表現に対する事後意識調査

後半期分の表現技術に関する意識と達成度調査と指導計画終了時点における文章表現に対する事後意識調査を実施する。前半期と同様の質問紙法による調査を実施することにより、学習者の表現技術や文章表現に対する意識の変化が明らかになる。意識の変化や達成度の確認は、学習者自身のメタ認知を促進し、さらなる学習への展望につながる。

2．10　ポートフォリオによる成績評価

成績評価は提出されたポートフォリオによって行う。すでに、課題ごとの個別評価および二度の批評会による相互評価はすんでいる。そのため、学期末における指導者の評価対象は、期末レポートが主になる。

ポートフォリオ評価の良さは、一人ひとりの学習過程が時系列で一括して通覧できる点にある。期末レポートで成績判定に迷うような場合でも、

ポートフォリオが手許にあれば、学習者個人の変化・発達のようすがとらえやすく、絶対評価が容易である。評価規準が、作品ごとにずれる危険も避けられる。

なお、ポートフォリオは、学習者にとって貴重な学習の記録であるため、成果と今後の課題を示すコメントをつけて返却する。

上記、２．６から2.10までが指導計画終着点といえる部分である。

第４項　学習効果の検証

本指導計画が、学習者の文章表現能力向上にどの程度寄与しえたか、診断・形成・総括的自己評価作文における表現技術の定着度と意欲面の変化を見ることによって検証する。

１　検証対象

筆者が担当した２クラス43名分の以下の三評価作文が検証の対象である。

診断的自己評価作文「入学までの作文学習を振り返る」

形成的自己評価作文「二百字作文学習を振り返る」

総括的自己評価作文「半年間の文章表現学習を振り返る」

２　検証項目と方法

以下の三側面、８項目（①～⑧）に関して、三作文を３段階（できる・ややできる・できない、など）で評価し、後に数値換算してパーセント表示にする。

・メタ認知的知識（形式面）

①文字・表記（原稿用紙の使い方含む）②文法・用字・用語 ③文体の統一 ④記述量 ⑤構成（二百字作文のタイトルと首尾の照応、意見文の形式段落分け）

・メタ認知的活動（思考面）

⑥表現技術に関する意識 ⑦まとまり（主題の明確さと内容的深まり）

・感情的経験（意欲面）

⑧苦手意識の解消と自信の回復

3　検証結果

①〜⑧の各項目の検証結果は以下のようにグラフで示した。

・メタ認知的知識（形式面）の変化

① 文字・表記（原稿用紙の使い方含む）の確かさ

グラフ1　文字・表記（原稿用紙の使い方含む）

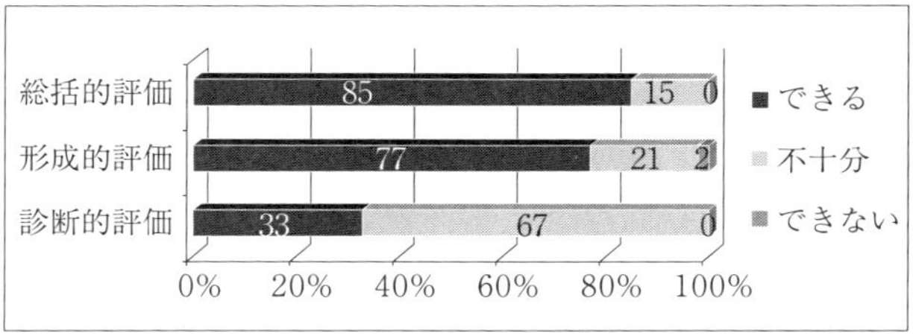

形成的評価で「できる」が倍増、総括的評価で「できない」は0になる。書き慣れていないために、診断的評価時には「できる」が33%であったが、知識を得て練習を繰り返し、学習コミュニティの中で評価し合うことで形式面は有意に改善される。

② 文法・用字・用語の正確さ

グラフ2　文法・用字・用語の正確さ

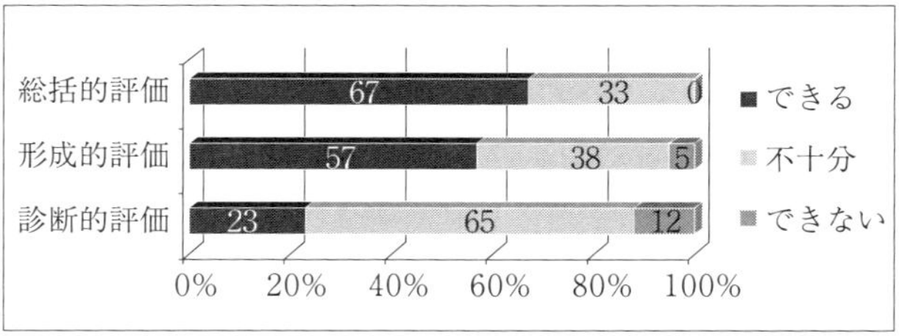

②についても①同様、練習を重ねるごとに上達し、総括的評価では「できない」（意味が取れない）が０となる。ただし、不十分の比率は33％となお高く、正確さ、的確さを求めるには、継続的な練習が必要なことが示されている。

③ 文体の統一

グラフ３　文体の統一

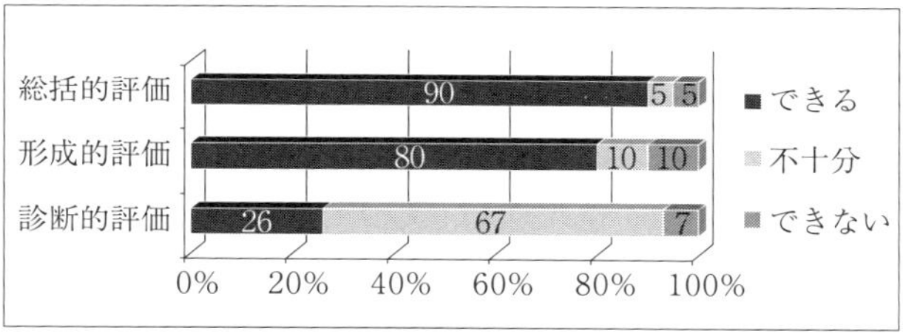

「文体の統一」は、授業中の一度の説明でほとんどが「できる」ようになる。しかし、形成的評価で「不十分」あるいは「できない」と判定される学習者がそれぞれ10％あり、総括的評価においてなおその半数の５％が学習困難者として残る。しかし、この学習者たちを除けば、指導による練習の効果は90％と顕著である。

④ 記述量

グラフ４　記述量

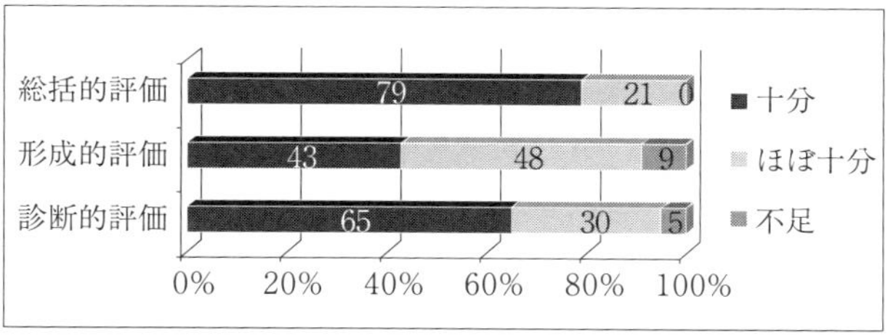

記述量は、30分で400字を超せるかどうかを目安として判定した。診断的評価においては65％の学生が達成した。形成的評価では初回と同じ30分の記述時間が確保できず20分になったため43％となってグラフに表れた。なお、総括的評価は、自宅学習のため記述時間は測定できないが、

79%が目標とした字数の1000字を達成し、残り21%も800字を超すことができた。「不足」判定は0であり、大幅な進歩としたい。

⑤ 構成の程度

グラフ５　構成の程度

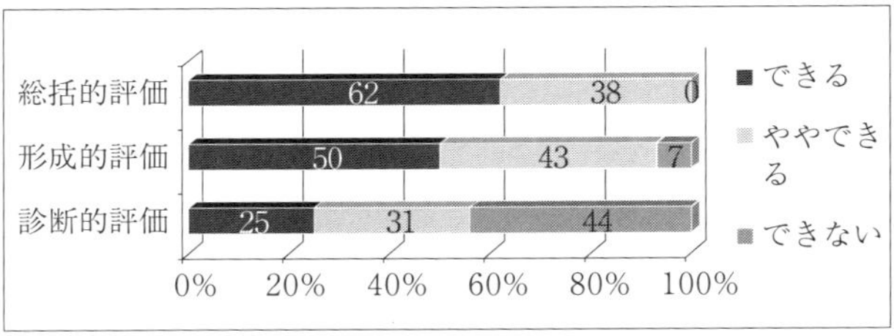

構成の程度も回を追って上達した。形成的評価では、「題をつける」「首尾の照応」など、二百字作文での技術学習の効果が現れた。総括的評価では、「アウトライン作成」によって、構成できない学生は0となった。ただし、「ややできる」レベルの学生が38%と依然多く、段落構成の難しさがうかがえる。

・メタ認知的活動（思考面）の変化

⑥ 表現技術に関する意識

グラフ６　表現技術に関する意識

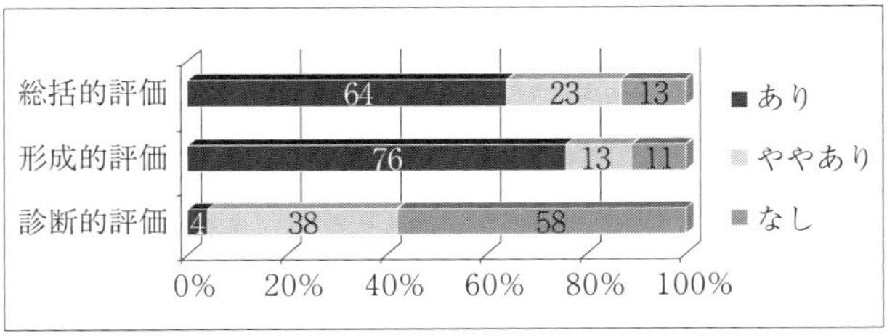

診断的評価において表現技術に関する意識を示す記述は４%のみでややありを加えても42%に留まる。それが、前半期７回の授業で集中的に表現技術を学習することで、形成的評価では技術に関する意識ありが76%にまで増え、ややありを加えると89%に急増する。そして総括的評価においては、ありが64%とわずかに低下するが、ややあり23%を加えると

87%の上昇を維持する。このことからも、技術は訓練によって確実に意識化されるとともに運用力に転ずることがわかる。ただし、最後まで意識の持てない学生も13%残る。内省的メタ認知を可能にするには、③「文体の統一」同様、ある程度の知的能力の必要性が推定できる。

いずれにしても、診断から形成に至る過程における急増は、技術に対して学習者側に強い渇望感が存在したことがうかがわれ、技術が意欲的に運用される様子が確認できた。

⑦ まとまりの程度

グラフ７　まとまりの程度

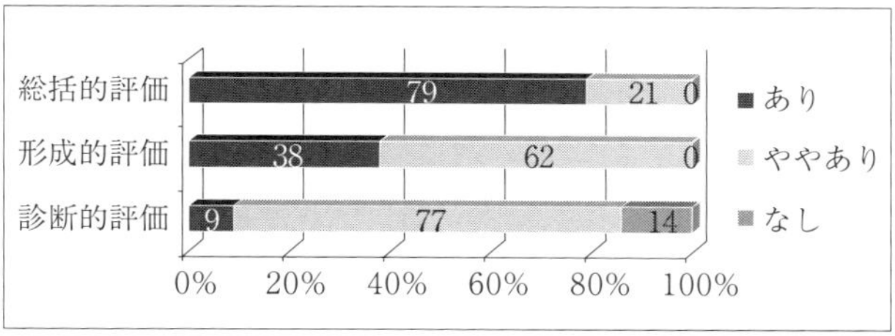

まとまりは、⑤における形式上の構成とは別に、主題の明確さと内容的深まりに重点を置いて判定した。まとまりの程度も評価ごとに順調に向上する。総括的評価では「あり」が79%、「ややあり」の21%を足すと100%の学生がまとまりのある作文を仕上げ、まとまり「なし」の学生は0となった。形成的評価で62%であった「ややあり」も総括的評価においては21%に減少する。「アウトラインの作成方法を学んで構成が容易になり、作文をまとめやすくなった」と総括的評価作文で自己評価した学生も多く、このグラフからも主題を中心に文章をまとめる技術を習得したことは明らかである。

・**感情的経験（意欲面）の変化**

⑧ 苦手意識の解消と自信の回復

グラフ８　苦手意識の解消と自信の回復

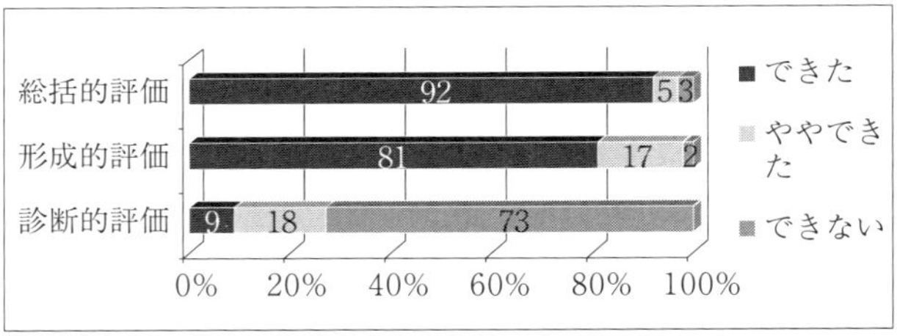

意欲面では、苦手意識を回復「できた」が診断的評価の９％から形成的評価の81％（ややできたを含めると98％）へと大幅な改善がみられる。総括的評価では「できた」が92％に昇る。⑥「表現技術に関する意識」を上回る大幅な上昇傾向である。技術習得が苦手意識を解消し、自信の回復がさらなる技術習得への意欲につながる好循環がうかがえる。

第５項　まとめ

大学初年次生のための文章表現指導計画において、「知識・活動・意識」を三基軸としたメタ認知活性化方略がどのように学習効果を上げたか、三つの自己評価作文を基に検証を試みた。学習者による授業評価とも言える作文を、指導者が、指導計画の成果検証のために分析するという、異なる視点からの二重、三重の評価作業となった。

本節で取り上げた文章表現指導計画は、学習コミュニティを基盤とした、知識、練習活動、意識・感情面への配慮の三基軸に加え、明確な課題設定、各種評価の組合せなど重層的構造を持つものである。診断から形成、総括に至る評価作文が、技術の定着と意欲の向上を実証したことから、集団を対象とした指導の有効性はある程度証明し得たのではないかと考える。

ただし、本項ではクラス全体の様相についてその学習効果の検証を試みたため、学習者個々の学習の様相については明らかにされていない。個別の様相については次節において論じる。

第２節　再履修生の学習実態から

第１節においては、指導計画全般にわたって組織されたメタ認知活性化方略の有効性を検証した。集団としての発達の様相と方略の学習効果については検証できた一方で、個々の学習者に焦点を当てることはできなかった。

そこで、本節においては、再履修生という限られた学習者（前期の授業で単位が取れなかった学生）を研究対象に、学習者の自己評価作文の分析をとおして、指導計画の効果についての検証と同時に学習者一人ひとりの発達の様相についても明らかにする。

第１項　目的と方法

1　目的

2007年度前期、長野大学社会福祉学部、初年次生必修基礎科目「課題探求力Ⅰ」８クラス、総受講生200名のうち、単位が取得できなかった学生は15名であった。この15名のうち、後期再履修コースを受講し、単位を取得した学生は８名である。（章末注７）

コースを担当した筆者は、再履修生に対して「主体的自己評価」を強化する指導を行った。ここでいう「主体的自己評価」（章末注８）は、いわゆる教師主体の相対的測定評価のための参考資料となる自己評価ではなく、学習者が主体的に自らの学習課題を設定するものである。自らの課題解決に向けて自覚的に努力することが、学習意欲の喚起と保持につながり、結果として再履修生の単位取得が容易になると考えたためである。

本節では、再履修生が、単位取得に向けて、どのように自らの課題を自覚し、意欲を強化、保持しながら学習活動を継続したか、三つの評価（診断的・形成的・総括的）（章末注9）作文の分析を通して、その実態と「主体的自己評価」の信頼性について検証する。また、これまで筆者が実施してきた指導者主体の意識調査（章末注10）からは見えてこなかった、再履修生特有の問題についても考察の中で述べる。

なお、本節の論述は、分析対象者が再履修生で、その数が限られるため、前節における論述を補い、かつ「大学生のための文章表現指導計画」改善に何らかの手掛かりを得ることを目的とした一事例研究と位置付ける。

2　分析対象者

再履修コースに登録しながら単位が取得できなかった学生は15名中7名である。うち4名は14回の授業に一度も顔を見せず、3名は1、2度、単発的に顔を見せただけであった。これら7名については、不受講が単位を落とした主たる原因であるため、考察の対象から除外した。本論文での分析対象者は、再履修によって単位を取得した残りの8名（以下、A～Hによって示す）とする。

なお、上記の学習者を対象とした具体的な分析対象は、次の三評価課題作文で、それぞれの題目、作成時期と時間、作成に当たっての指示は次のとおりである。

①　診断的自己評価作文「再履修コースの課題（前期を振り返って）」

作成時期と時間：初回の授業時間内に30分

指示：「前期、単位取得に至らなかった原因を探り、後期、本科目の単位取得に向けて、各自の学習課題を明らかにするとともに、その解決策について述べなさい。」

②　形成的自己評価作文「二百字作文練習[6]を振り返る」

作成時期と時間：開講後7時間目（全授業時間の半ば経過時）に30分

6　二百字作文：コースの前半期に、練習作文として「二百字限定作文」を活用している。これを、授業では便宜上、二百字作文と呼んでいる。アイデアは、藤原与一（1965）『国語教育の技術と精神』新光閣書店による。

指示：「二百字作文練習（前半期７時間）を終えた時点において、①の学習課題を鑑みつつ、課題はどの程度達成できたか、引き続きの課題は何かについて、学習内容に沿う形で具体的に自己評価しなさい。」

③　総括的自己評価作文「再履修コース半年間の文章表現学習を振り返る」

作成時期と時間：最終授業（第14時）後に自宅学習、時間は自由

指示：「①の学習課題を鑑みつつ、②同様、再履修コース全体の自己評価を行いなさい。」

３　分析の観点と規準、および判定方法

８名の学習者（A ～ H）の三作文を時系列（①診断的自己評価作文：②形成的自己評価作文：③総括的自己評価作文）で縦軸に並べ、横軸にあげた次の３側面、12 細目によって指導者が評価、分析を行った。（表１参照）

Ⅰ．　意識面：1. 学習意欲　2. 技術意識　3. 出席率

Ⅱ．　形式面：1.形式段落　2.記述量　3.文法　4.文体　5.語句　6.文字・表記

Ⅲ．　思考面：1. 主題　2. 題目　3. 構成

分析には四つの指標（×・△・○・◎）を用いた。また、客観的判定の難しい、Ⅰ．1．と２．の「学習意欲」と「技術意識」については以下の規準を適用して分析した。

まず、「学習意欲」については、達成感・満足感をはじめとする以下のような言葉が使われているかどうかを規準に×と△で、さらに、学習内容を例に挙げて意欲がどの程度具体的に表現されているかを○と◎で分析した。「学習意欲」を表す言葉としては、書ける・できる・上手になった・わかった・教えられた・学んだ・知った・面白くなった・うれしくなった・楽しくなった、などがあげられる。

「技術意識」についても同様に、以下に示すような文章表現技術に関する用語が一つでも使われているかどうかを規準に×と△で、さらに、技術用語を使用して、まとまった思想がどの程度具体的に表現されているかを

○と◎で分析した。「表現技術」に関する言葉としては、構成・まとまり・書き始め・書き結び・段落（分け）・主題・アウトライン・取材・叙述の順序・文の長さ・文体・叙述の順序（時間、空間）・文末表現・ことばの選択・説得のレトリック・推敲、などがあげられる。

なお、上述の分析に先立って、学習者の自己評価の信頼性を判定した。本論文で「主体的自己評価」の有効性を仮説として掲げ、三評価作文を対象に分析を行う以上、あらかじめその信頼性を検証する必要があると考えたからである。方法は次のとおりである。

指導者評価と対照し、評価が一致した場合は○、一致しない場合は×の二種類で判定した。詳しくは、診断的自己評価において、学習者が主体的に設定した学習課題が指導者から見て妥当なものか、形成的自己評価において、学習者が短作文練習を通して達成したと評価した内容が指導者の評価と一致するか、総括的自己評価において、学習者の再履修授業全体についての自己評価が、指導者から見て納得のいく、信頼に値するものであるかどうかを判定するものである。評価作文の分析に先立って、その内実をあらかじめ考察し、分析方法を確定するための手段でもあった。

なお、学習者の自己評価は信頼性に欠けるという考え方が指導者の側に根強い（章末注 11）ようだが、今回の再履修生たちにはあてはまらなかった。

第２項　分析結果

８名の学習者の分析結果は次の表１のとおりである。

分析データは、巻末の資料編、資料２（pp.335-348）に収録した。

以下、評価項目順に結果を解説する。

表1　三評価作文の信頼性、および意識・形式・思考面からの分析結果

評価項目 ／ 学生（自己評価）	指導者評価												
	三評価作文の信頼性（×・○）指導者評価との対照	Ⅰ．意識面（×・△・○・◎）			Ⅱ．形式面（×・△・○・◎）						Ⅲ．思考面（×・△・○・◎）		
		1学習意欲	2技術意識	3出席率	1形式段落	2記述量	3文法	4文体	5語句	6文字・表記	1主題	2題目	3構成
A①診断的評価	×	×	△	△	○	△ 160	△	○	△	○	○	◎	△
②形成的評価	×	×	△	△	×	○ 260	×	×	×	△	×	×	×
③総括的評価	○	◎	○	○ 71%	○	○ 820	△	○	○	○	○	○	○
B①	×（学習課題）・○（生活習慣・出席）	×	×	○	○	○ 280	△	○	○	△	×	×	○
②	○	◎	○	△	○	○ 300	△	○	△	△	○	×	○
③	○	◎	△	○ 79%	○	◎ 1020	○	○	○	○	○	◎	○
C①	○	△	○	◎	○	△ 160	○	○	△	○	○	○	○
②	○	◎	◎	△	○	○ 200	○	○	△	○	○	◎	○
③	○	◎	◎	○ 91%	○	○ 840	○	○	△	△	○	◎	○
D①	×（学習課題）・○（生活習慣・出席）	×	×	△	○	○ 200	△	○	○	○	×	×	○
②	×	△	△	△	×	○ 260	×	○	△	△	×	×	×
③	×	○	△	△ 64%	○	◎ 1120	△	○	○	△	×	×	△
E①	×	×	△	◎	×	× 100	×	○	○	△	×	△	×
②	○	◎	○	◎	○	○ 240	○	○	○	○	○	×	○
③（参考）	○	○	○	○ 100%	○	○ 920	○	○	○	○	○	○	◎
F①	×	△	△	◎	○	○ 240	×	×	×	○	×	△	×
②	×	△	×	◎	×	× 180	○	○	△	○	×	○	×
③	○	◎	◎	◎ 100%	○	○ 920	○	○	○	○	○	△	△
G①	×	×	△	◎	○	△ 180	×	×	×	×	×	◎	×
②	×	×	×	◎	○	○ 300	×	×	×	×	×	○	×
③	×（LDの可能性）	△	×	◎ 100%	○	△ 780	×	×	×	×	×	○	○
H①	×（学習課題）・○（精神面・不登校）	×	×	○	○	○ 260	×	○	×	×	×	×	△
②	○	○	○	○	×	○ 220	○	○	×	△	×	×	×
③	×（不登校）	×	×	△ 71%	○	× 260	○	○	○	○	○	×	○

1　三評価作文の信頼性

1．1　診断的自己評価作文における学習課題の妥当性

A～Hの８名が各自「再履修コースの課題」として掲げた内容は以下のとおりである。

A：文章の構成をなおす、B：寝坊しないで授業に出る、C：きれいな文字を書く・作文の技術を上げる、D：朝、自分で起きて出席する、E：まとまった文章を書く、F：自分の意見がしっかりと書けている文章を書く、G：相手に対してわかりやすく伝える力、H：体調を整え、不登校にならないように授業にのぞむ

３名（B・D・H）が、学習内容以外の出席を再履修の課題としてあげたため×とした。再履修において出席できず不可になった学生７名を含めると、再履修生15名中、実に10名（66.7％）の学生が、本来の学習内容以外の生活習慣上の問題（「朝、一人で起きられない」「精神的に不安定で不登校傾向」など）を抱えていることがわかる。

４名（A・E・F・G）は、学習課題を上記のように掲げてはいるものの、文章作成能力において力不足で、学習課題として指導者が妥当であると認めるに足る十分な記述にはなっていなかったため×とした。前期に不可になった学生たちであることを考慮すると当然の結果ではある。

ただ一人Cの学生が、前期と比較しながら具体的に不足点を述べ、作文の技術向上を目指していたため、学習課題として妥当である（○）とした。

1．2　形成的自己評価作文と指導者評価の一致度

出席に問題のあったB・D・H、３名の学生のうち、休まず出席したB・Hは、技術を確実に習得し、それを基に運用力を高め、国語通信に掲載されて自信を得るという好循環を生み出し、結果として自己評価も指導者と一致（○）している。

A・Dは、出席が安定せず、その分技術も定着しないために、自己評価力も向上しない（×）。一方、出席に問題のないCとEの学生は順調な伸びを見せ、一致（○）とした。

抽象的・説明的思考に偏りがちで、具体的な記述展開が苦手なFは、ま

じめに練習を続けるものの、二百字作文の練習終了時点では依然として問題が克服できず、自己評価力も向上していない（×）。

Ｇは出席、学習態度に問題がないにもかかわらず、自己評価力に上達がみられない（×）。一般的な指導では対応しきれない、特殊な問題（学習障害）の存在が感じられた。

１．３　総括的自己評価作文の信頼性

前半期の二百字作文練習終了時点（形成的評価）で十分自己評価できなかった学生でも、後半期に入って段落の配列方法や、全体構成を学ぶことによって、前半期の学習課題を一気に理解した学生がいる。Ａが、その好事例である。Ｆも、技術意識が向上し、意見を分割して述べる方法を学んでからは、実証的な作文が書けるようになった。ともに（○）評価。

前半期に目立った進歩を見せないＡやＦのような学生の場合も、根気よく練習を継続させることが大事である。細部から積み上げていく学習方法が合う学習者（Ｂ・Ｃ・Ｅ）もいれば、一方で、全体から部分へという学習方法が合う学習者（Ａ・Ｆ）もいる。こういうことを指導者があらかじめ理解していれば、形成的評価時点における停滞についても焦らずに学習者の様子を見守り、総括的評価までに総合的に力が伸ばせるように支援することができる。

Ｄは最後まで当初の課題「朝、自分で起きて授業に出席する」が克服できなかったために、力を伸ばせなかった。Ｈも、後半期（12月末から１月にかけて）精神面で不安定になり、不登校に逆戻りした。Ｇは、自己評価が困難で学習障害が推測できた。

１．４　信頼性の変化

三評価作文のそれぞれについては、上記で考察したとおりであるが、一括して信頼性の推移を見ると次のグラフ１のとおりである。

診断・形成・総括と回を追うごとに指導者評価と一致する学習者が増える。当初の一人から最終的に五人まで、自己評価力が向上する様子が確認できる。出席不足の二人と学習障害が疑われる一人の計三人が最後まで評価の一致をみなかった。

グラフ１　三評価作文（自己評価）の信頼性

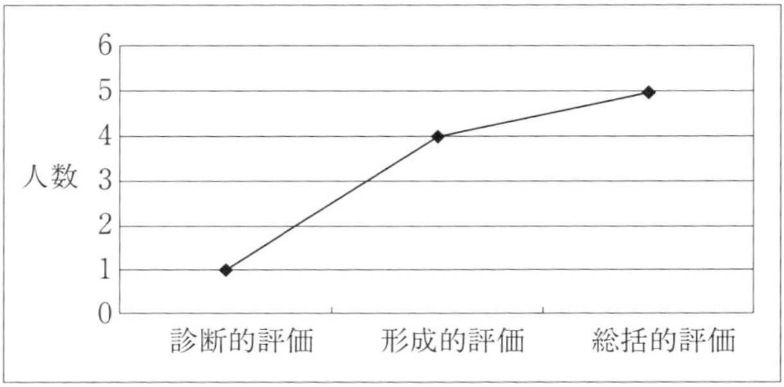

２　文章表現能力の変化

２．１　文章表現能力、三側面の変化

学習者の文章表現能力の変化を、意識、形式、思考の三側面から見てみると、次のグラフ２のようになる。

グラフ２　三評価作文における意識・形式・思考面の変化

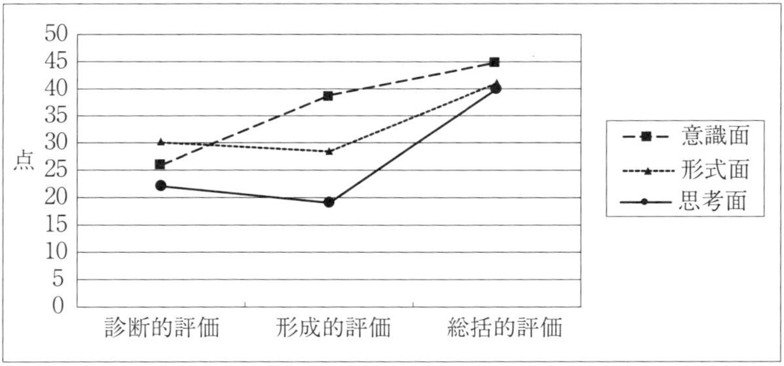

三側面の全項目について、×・△・○・◎で分析したものを、それぞれ０・１・２・３点に置き換え、８名分を合計した上で、側面ごとの項目数の違いを平均点化して、変化を示したものである。

グラフからもわかるように、形式、思考の両面で、形成的評価において、一時やや停滞、下降ぎみの様子が確認できる。意識が上向いても、形式や思考面は、それに見合う速さで身につけることは難しいものと考えられる。練習の時間が必要である。しかしながら、総括的評価時点では、意識に届く勢いでともに伸びに転じている。意識面では、診断、形成、総括的評価と回を追うにつれ、順調な伸びを示している。とりわけ、診断的評価から形成的評価に至る過程で、形式、思考面が停滞、やや下降しているにもかかわらず、意識面は大きな伸びが見られる。応用力は、練習を含む一定の時間を要するために、形成的自己評価作文において、直ちに形式、思考面で上昇傾向として現れないものと推測できる。しかし、総括的評価においては、形式、思考面ともに上昇に転じ、中でも思考面の上昇幅が大きいことから、技術が定着し、応用力として転移したものと考えられる。

なお、学習者個々の三側面の変化についても同様にグラフ化して考察したところ、各自の問題点（学習方法の違い、欠席など）が第一に意識面に反映されることが明らかになった。最終的には意識、形式、思考面ともに、どの学習者も向上していることが確認できた。

２．２　学習意欲と技術意識の変化

上記のⅠ．意識面から、学習意欲と技術意識の項目を抜き出してその変化を示したものが次のグラフ３である。×・△・○・◎をそれぞれ０・１・２・３点に換算し、８名分を合計してグラフ化したものである。

グラフ３　学習意欲と技術意識の変化

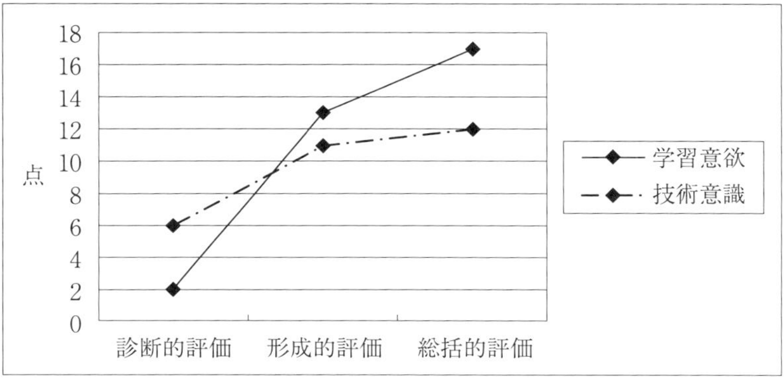

学習意欲、技術意識ともに大きく上昇しているが、学習意欲の上昇率が技術意識を上回っている。

２．２．１.のグラフ２で述べた三側面の分析では、意識面が大きな伸びを示す一方で、形式と思考面が、形成的評価時点で停滞、やや下降状態を示していた。

意識面の中の学習意欲と技術意識に絞って分析してみた結果、グラフ３のような変化が明らかになった。同じ意識面でも学習意欲が技術意識を上回る形で向上する様子が見える。学習意欲と技術意識の関係については、未だに明らかになっていないものと思うが、筆者の指導者としての感触からは、達成可能な技術に目を向けさせて練習に向かわせる指導が、学習者の学習意欲を刺激し、結果として技術意識をも強化するのではないかと思われる。

以上のことから、表現技術を達成目標に配置する学習指導によって、まずは学習意欲が喚起され、それに伴って技術意識が高まり、やがてそれらが、形式面の力となって定着し、やがて思考面にも影響を及ぼすという形で学習者の文章表現能力を高めていくのではないかと解釈できる。少数事例の検証結果を基にした推測ではあるが、一仮説として今後につないでいきたい。

第３項　まとめと今後の課題

１　まとめ

本節では、再履修コース受講生の実態を把握するために三つの評価作文を分析した。再履修生ということから、学習者それぞれが特有の問題を抱えており、一般的な傾向を引き出すことは困難であった。しかし、いくつか典型的な問題が浮き彫りにできた。（考察の詳細については、巻末の資料２を参照されたい。）以下、分析結果を四点にまとめる。

第一に、学習内容以外の生活習慣に問題を持つ学生が多く存在し、単位取得の前提である授業への出席が難しいという現実があった。欠席や遅刻が増えると授業が理解できず、たまに出席してもわからないからつまらなくて、さらに欠席が増えるという悪循環に陥る。この場合、出席を促す工夫の一つとして、当該学習者の作品を国語通信に掲載すると自信を得て、学習意欲が高まることが確認できた。また、これらの学習者は、生活習慣に加えて学習習慣も身についていないことが多く、授業に集中できない事実も判明した。これについては、教材を指名音読させると集中度が高まり、理解が促進されることが、評価作文の記述内容から明らかになった。

第二に、学習方法の違いから、指導計画に沿った学習に終始順調に適応する学習者と前半期の学習過程に適応が困難な学習者が存在することが明らかになった。筆者の採用している指導計画は、段階的に積み上げていく学習方法を基盤としているため、全体的な構成を先に行い、その後、細部を詰める学習方法を好む学習者の場合、とりわけ前半期の技術指導には興味を示さない。後半期に入って、構成学習で、文章の全体をとらえる学習にとりかかると、前半期の不振が一気に改善され、生き生きと学習に取り組むようになる[7]。指導者は、こうした学習者がいることを理解していれば、個別に柔軟に対応することは可能である。段階的な学習方法が問題というよりも、指導者が学習者の特性に合わせて説明に工夫を凝らせば解決できる問題であると考える。

第三に明らかになったことは、基礎的な表現技術の習得に焦点化した前半期の指導によって、まずは学習意欲が伸長し、続いて技術意識が強化されるという事実である。意欲と意識が先に伸び、その後、一定の練習期間を経て、技術が定着、最終的に思考力が向上する構造が明確になった。思考力向上の基盤に基礎的な表現技術の習得をめざした指導計画の学習効果がわずかながらも証明できたのではないかと考える。

最後に、自己評価の信頼性については、診断、形成、総括と回を重ねるごとに、指導者との一致度が高まり、学習者の自己評価力が高まる様子が確認できた。学習意欲、技術意識の高まりが学習活動を支え、その結果と

7　本節第２項１の１．３で述べた学習者Ａ・Ｆの例である。

して技術の定着が確かな自己評価力に繋がったものと判断する。大学生の発達段階における自己評価力は、目標が正しく設定され、しかも共有されている場合には、飛躍的に向上する可能性がある。

2　今後の課題

今後の課題は、グラフ２で明らかになった、形成的評価時点での形式面や思考面の停滞や後退を最小限、最短時に抑制することである。理想的には意識面の上昇と同じ勾配で学習者の形式、思考面の作文能力を上昇させる指導方法を工夫することである。

グラフ３からは、意識面の中でも技術意識は学習意欲と同様に上昇することが明らかになった。このことから、技術意識のさらなる強化が指導改善の糸口になるのではないかとの感触を得た。引きつづき研究を続けたい。

なお、生活習慣や学習態度に問題がないにもかかわらず、意識、形式、思考面での順調な向上が見られない学習者に対しては、別の指導計画を準備する必要があることも見えてきた。これについても、今後の課題としたい。

第３節　表現技術、学習意欲、思考力

第１節の論述により、「学習コミュニティ」を基盤に交流活動を重視した学習指導計画の効果が明らかになった。具体的な指導方法としては、知識・技術、練習活動、意識・感情面への配慮の三基軸に加え、明確な課題と条件設定、各種評価の組合せという重層的な構造を持つ指導計画として実現した。検証に用いた診断・形成・総括に至る自己評価作文は、この指導計画によって学習した文章表現技術の高い定着率と学習意欲の大幅な向上を実証するものとなった。

知識・技術は社会的に構成されるとする「社会的構成主義」[8]の考え方からも、交流による学習活動は重要である。実践の中から生みだされてき

た指導計画の重層的な構造もまた、学習効果を高めるために採用した方策として当然の帰結であった。クラス全体としての文章表現能力の発達の様相を明らかにしたものである。

第２節においては、学習者個々に着目して、文章表現能力の個別の発達の様相を明らかにした。再履修生８名という限られた人数を対象とした実践であったために、指導者による個別的かつ柔軟な対応が可能で、その指導効果もよく現れた。そのことが詳細な分析研究を可能にし、個々の学習者の特性を明らかにすることにつながった。

また、表現技術、学習意欲、思考力の関係については、初期段階に組み込まれた表現技術習得のための段階的学習によって、まずは学習意欲が高まり、続いて表現技術に対する意識が向上する実態が判明した。つまり、意欲と意識が先に伸び、その後、一定の応用練習期間を経て技術が定着し、最終的に思考力が向上する構造である。分析結果を示すグラフ[9]からも、この三者の関係が明白になった。

一実践者のささやかな検証ではあるが、文章表現指導における表現技術指導の学習効果の一端を明らかにすることができたものと考える。すべては、実践をとおして生まれた学習者の自己評価作文によって判明したものである。

指導者の立場から、上記の結果をさらに考察すると、学習意欲、表現技術意識の高まりが学習活動を支え、練習の結果として定着した表現技術が表現能力を伸ばし、確かな自己評価力につながるという構図が見えてくる。表現技術は、それ自体を目標として、教条的に教えても、一時しのぎの知識・技術にとどまってしまうことが多い。段階を踏んだ指導計画をとおして、学習者一人ひとりが自らの文脈の中でより効果的なコミュニケーションを追究し、思考を深化させる過程において習得した技術こそが活用力として確かに習得される。こうして習得された自己評価力が、自己教育

8　佐藤学（1996）「社会的構成主義の学習理論」『教育方法学』岩波書店、pp.69-73

9　第６章第２節第２項のグラフ２・３を参照のこと。

力の基盤となり、生涯学習へとつながっていくのである。今後の指導においても、表現技術指導は大事に進めていく。

注

1　短期大学における20年間の実践は、全国大学国語教育学会第110回岩手大会（2006.5.28）において、「大学における文章表現指導――その指導計画開発に向けて（1）――」、資料：「短期大学における文章表現指導計画の検討」として発表した。本論文においては、第5章において論じたとおりである。

2　メタ認知の定義について、三宮真知子（1996）は次のように述べている。

　自分あるいは他者に固有の認知的傾向、課題の性質が認知に及ぼす影響、あるいは方略の有効性についての知識をメタ認知的知識と呼ぶ。そして、認知プロセスや状態のモニタリング（監視 monitoring）、コントロール（制御 control）あるいは調整（regulation）を実際に行うことをメタ認知的活動あるいはメタ認知的経験などと呼ぶ。そして、こうしたメタ認知的活動を効果的に行える技能をメタ認知的技術と呼ぶことがある。

（「思考におけるメタ認知と注意」『認知心理学4思考』東京大学出版会、p.158）

3　①河野順子（2002）「説明的文章の学習指導改善への提案――『メタ認知の内面化モデル』を通して――」『国語科教育』第51集、p.67は、メタ認知概念を活用した学習者主体の学びを提案している。

②山元隆春（1994）「読みの『方略』に関する基礎論の検討」『広島大学学校教育学部紀要』第Ⅰ部第16巻、pp.29-40は、メタ認知は他者との関係において活性化されることを論じている。

③ Flavell, J.H（1981）“Cognitive Monitoring.” In Cickson, W.P.,（Ed）. *Childrens Oral Communication Skills*, 35-60, New Yrk, NY: Academic Press. も、メタ認知的知識を育成するためにはメタ認知的活動との相互作用が必要であり、さらにそのメタ認知活動には感情的経験が必要だと指摘している。

4　大塚雄作は「学習コミュニティ形成に向けての授業評価の課題」溝上慎一・藤田哲也編（2005）『心理学者、大学教育への挑戦』ナカニシヤ出版の中で、「実践コミュニティは、“あるテーマに関する関心や問題、熱意などを共有し、その分野の知識や技能を、持続的な相互交流を通じて深めていく人々の集団”」(p.27)、「実践コミュニティが対象とする領域を学習の場とするとき、それは学習コミュニティと呼ぶことができる」(p.28）と述べている。

5　表現技術（前半期①～⑫、後半期①～⑧）は、次のとおりである。

前半期　①題　②書き結び文　③文体の統一　④平易なことば遣い
　⑤五感とスケール　⑥首尾の照応　⑦一文の長さ　⑧叙述順（空間）
　⑨叙述順（時間）　⑩的確な語の選択　⑪文末変化　⑫推敲

後半期　①段落　②事実と意見　③副題　④主題文　⑤アウトライン　⑥草稿
　⑦推敲　⑧説得

６　「基本構成モデル」は次の三冊を参考にした。
①ハインリッヒ・ラウスベルク著・萬澤正美訳（2001）『文学修辞学――文学作品のレトリック分析』東京都立大学出版会
②井上尚美（1993）『レトリックを作文指導に活かす』明治図書
③市毛勝雄（1985）『説明文の読み方・書き方』明治図書

７　「課題探求力Ｉ」は、長野大学社会福祉学部社会福祉学科における初年次生必修基礎科目である。文章表現の基礎力をつけることを目標に、専門の異なる４、５名の教員が連携して担当、2007年度からは筆者の指導計画をもとに、同じテキスト（中西一弘編（2008）『新版やさしい文章表現法』）を使用している。開講のきっかけは、受講科目のレポートや学外施設実習の報告書が書けない学生が急増してきたことによる。2007年度の実践については、第１節に述べたとおりである。
なお、この「課題探求力Ｉ」（のち「コミュニケーション技法Ｉ」と改称）は、卒業必修科目ではないものの、専門の資格取得に不可欠な必修基礎科目のため、単位を落とした学生のための救済処置として同年後期に同様の内容で再履修コースが設けられている。筆者は、2007年度後期、15名の再履修者を指導した。第２節における検証は、このコースの履修生を対象に行ったものである。

８　松本（2008）は教師主体の自己評価を「受動的自己評価」として次のように述べている。

> 自己評価は教師が設定した観点で、教師が設定した選択肢の中から、児童が選択するという方法での自己申告が求められる形式が一般的である。この形式では、評価内容、評価観点、判断基準（選択肢）などが総て教師から与えられる物であり、児童からすれば受身的な自己評価となりやすく、従って、このような従来型の自己申告形式の自己評価を「受動的自己評価」と呼ぶことにする。

そして、それに対する自己評価として「能動的自己評価」を次のように定義して提案している。この考え方は筆者の「主体的自己評価」に相当するものである。

> 新たに提案したいのが「能動的自己評価」である。能動的自己評価とは目標準拠の自己評価であり、その評価目的は、絶対評価としての評価目的を持たせ、児童自らによる自らの学びに対する能動的な自己判断・自己診断とそれに基づく改善を検討し実行する能動的な自己改善力を育てることにある。

参考論文：松本勝信・小林祐貴（2008）「能動的自己評価（ASE）の累積による課題解決の自己判断力の変容――小学校５年生書写の実践から――」大阪教育大学紀要第Ｖ部門　第56巻第２号、pp.27-40

９　心理学者らが、「授業の実践報告」を「展望」の見える「実践に基づく大学教育研究」につなげるための「有効なツール」として「測定・評価」の重要性を提唱している。（溝上慎一・藤田哲也編（2005）『心理学者、大学教育への挑戦』ナカニシヤ出版、pp.196-222）
教育評価は、ある教育指導計画が始まる前に、学習者がどのような知識や技能を身につけているかを評価する「診断的評価」、教育指導計画が実施されている途中で、学習者がどの程度目標を達成しているかを把握する「形成的評価」、教育指導計画が修了した後に成果を評価する「総括的評価」の３種類に区分されることが多い。（参考：市川伸一（1995）『学習と教育の心理学（現代心理学入門３）』岩波書店）

10　筆者は、例年新しい受講生を迎えるたびに、診断的自己評価作文と合わせて、質問紙法による「文章表現に関する意識調査」を実施している。この調査によって、受講生のおおよその傾向は把握できる。しかし、これは「受動的自己評価」（注８）によって得られた結果である。受講生一人ひとりの自覚的学習課題を的確に把握するには、「主体的自己評価」を欠かすことができないと考える。

11　松本（2008・注８に同じ）は「2002年度に、大阪府下の教師100人を対象に自己評価についてアンケート調査をしたところ、自己評価の問題点として、自己評価は信頼できないという回答が９割近くの教師から得られ、自己評価に否定的な考えが示された。（中略）一言で言えば、それは自己評価の信頼性、妥当性、そしてその自己評価の有効性に対する疑問が多いということであろう。（中略）換言すれば、教師を評価主体者とする評価は必要不可欠であるが、児童の自己評価はしてもしなくてもよいという考えが支配的であると言える」と述べている。

第7章
大学初年次生を対象とした基礎文章表現法
——単元「書くことによる発見の喜びと共有」——

第1節　新たに単元を提案する意図

すでに述べてきたように、筆者の指導に単元学習の要素は多分にあった。しかしながら、これまで、自らの文章表現指導が単元学習として組織されているという明確な意識はなかった。第Ⅱ部のまとめの位置にある本章において、新たに単元学習として提案する意図を確認しておきたい。

第Ⅱ部実践編、第4章、第5章、第6章で見てきたように、筆者の文章表現指導は、常に目の前の学習者の実態から課題を捉え、一つひとつを解決しながら次に進む試行錯誤型であった。時間の経過につれて段階性、帰納性を帯びつつ展開してきた。結果として、効果の見られた指導が残り、それらにさらに改善を加える方法で、指導計画全体ができあがってきたのである。

二百字作文練習による表現技術の習得を手はじめに、意味のまとまりを考慮した段落構成への応用学習、さらには長作文（意見文）作成練習による学習者自らの意見の生成（課題探求）へと、指導はつながり、広がりを見せてきた。ただし、これらの指導（学習）過程は、直線的に進んできたわけではなく、行きつ戻りつ、反省を繰り返しながら、総体的に見て螺旋状に展開してきたと言える。

実践が進展する契機は、どのレベル（習得・活用・探究）においても、確かな目標と指導過程を経て、達成感を伴う言語活動が展開した時点に生まれたものであった。つまり、指導者から受講者への一方的な知識の伝達による受け身的な学習ではなく、学習者の主体的な言語活動をとおしてこそ、習得、活用、さらには探究の階段に行きつくのである。文章表現が、真に学習者にとって意味をなし、機能するものであることが自覚できるのは、常に具体的な言語活動を通して、学習者自らが何らかの発見をしたときなのである。個々の学習者による発見の総体が、クラス単位の発見にもつながると言えるだろう。

習得、活用、探究の三つのレベルで、どのように言語活動を組み、失敗を重ねながらもそれを糧としつつ、改善を目ざす実践を継続していくか、指導者のたゆみない努力が問われる。学習者が意味ある文章表現学習を経験するのは、指導者のこうした努力の結果でもある。

桑原隆（2009）[1]は、言語活動を「主体的『意味』を創造していく、聞く・話す・書く・読むという活動の過程」と定義し、その核心を、「意味」の創造にあるとしている。つまり、「主体的意味の創造は、（中略）これまでの既有経験や既有知識と関係づけながら、自分自身の個性的意味を付与し、新たに自分自身の経験や知識のなかに組み入れていく創造の過程が言語活動である。」とする。

なお、「主体的」という用語については、以下のような解説が加えられている。

> これは英語のクリティカル・シンキング（critical thinking）やクリティカル・リーディング（critical reading）に相当する。批判的思考や批判的読みと訳されている場合が多いが、日本語の批判という言葉は、やや強すぎる。相手の主張や論理を論駁したり、否定したりする批判という意味は、クリティカルに含まれてはいるが、日本ではこれまでよく使われてきた言葉としては、「主体的」という言葉が一番相応しいのではないかと思われる。
> （p.5）

筆者は、第３章第１節において、文章生成過程が自己内対話を基軸とした「書き手の声の創造」過程であることを論じた。桑原の言う「主体的意味の創造」に相当するものと考える。

1　桑原隆（2009）「言語活動の充実──『意味』の創造過程──」日本国語教育学会『月刊国語教育研究』No.444　2009年４月号「特集　単元学習と言語活動の充実」、pp.4-9

文章表現の過程において、書き手が自らの意味を創造するには、目的を持った言語活動をとおして、書き手が見出した意味が真に機能する具体的な状況、つまりは言語生活の場につなぐ必要がある。

桑原は上記の論文の中で、言語・言語活動・言語生活の三者の関係について、次のような図式を示して、以下のように説明している。

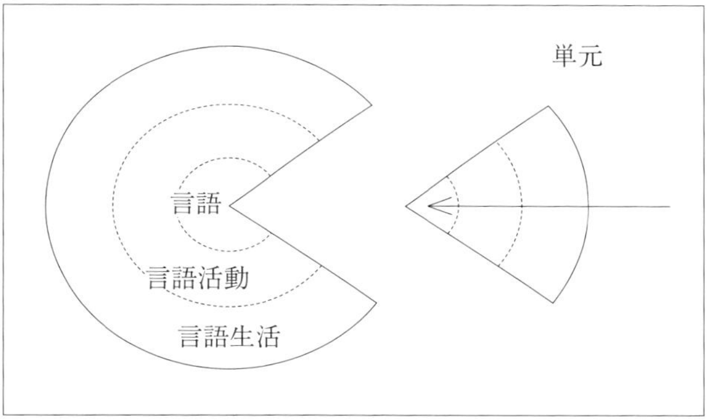

> 国語の学習指導の計画、すなわち単元開発の視点は、言語生活が発展としての終末ではなく、出発点である。言語生活は、具体的な場や状況における目的を持った言語活動の営みであり、このことは、単元の目的及び方法としての状況や場の設定に深く関係している。図の右側の一片が単元であり、三者の全層を漸層的に深めていくことが国語の学習指導である。(p.6)

「三者の全層を漸層的に深めていく」という考え方は、文章表現指導の実践者として共感できる説明である。言語 → 言語活動 → 言語生活、あるいは言語生活 → 言語活動 → 言語、といったどちらか一方向からの学習過程だけでは、学習者の「主体的意味の創造」にはつながらないのである。

坂口京子（2009）[2]は「単元」を支える基本的な教育観を、「経験」概念から次のように説明している。

2　坂口京子（2009）『戦後新教育における経験主義国語教育の研究――経験主義教育観の摂取と実践的理解の過程――』風間書房

まず「経験」とは何かという命題を確認しておきたい。デューイ経験論において「経験」とは相互作用（反省＝reflection）を含む概念であり、学習における質的状況を問題にしている。学習においては、生活と教科、経験（活動）と知識、感覚と論理、具体と抽象等を統一止揚する状況が連続的かつ循環的に発生するが、「経験」はその相互作用の全体を内包するとしてとらえなければならない。学習におけるいわば対立的ともいえる価値を活動（work）のまとまり（unit）によって止揚する場が「単元」であり、以上の基盤に、生活や学習を「一つの総体」（whole）として把握し、「人間の生命や生活は一つの力に還元され得ない」分析分別不可能な全体的なものとしてとらえる教育観がある。（p.335）

桑原の図は、言語が生活の中で、具体的な活動として機能する様子をよく示していた。坂口の「経験」概念についての説明も、教育が拠って立つべき基本的な考え方を確認させてくれる。「単元」の構造も、これらの基本的な考え方にたって捉え直すと、「一つの総体」を考慮して指導計画を組織することの重要性がよく理解できる。

単元学習を考えるとき、言語経験の系統化、および発達段階への配慮、また学力保障という観点からの言語経験の質の吟味や系統化の問題は、戦後新教育における経験主義国語教育のたどった道を思い起こすにつけても、今もなお重要な問題であることに変わりはない。ただし、ここで坂口は、「しかしながら本来」という逆説接続詞につづけて次のように述べている点は忘れてはならないだろう。

しかしながら本来、学習者＝主体との関連においてとらえられるはずの場、内容、方法が、その系統から導き出された言語経験との関係において決定される場合、言語経験と主体との緊密性はより問題にされなければならない。逆に言えば、主体の思考や認識との緊密性が認められないところでは言語経験は単なる技術としてしか存在し得ない。（p.343）

さらに続けて、「『単元的方法』の最大の課題」について、次のように述べている。

本来、学習者から発想されるべき学習が、教材から、あるいは目標から構想されようとする場合、学習の構造上の問題が生じる。重要なのは、一般的列挙的な言語経験ではなく「学習者が、いま学習上、どういう実態にあるか」「指導者は、どういう立場におかれて、どういうことを意図しているか」という両者の緊密性を必然的展開として学習指導計画を立案することである。(p.343)

こうした考え方に導かれて、筆者は、単元学習を次のように組み立ててきた。上記坂口のいう「学習者が、いま学習上、どういう実態にあるか」という、学習者の実態把握を常に最優先にしてきた。そして、それを基盤に、「指導者は、どういう立場におかれて、どういうことを意図しているか」、つまりはどういう目標を持って指導に向かうかを確定してきた。学習者の実態把握と指導目標の設定という両者の関係を緊密にして学習指導計画を立案してきたのである。

また、指導計画の構成要素については、桑原（2009）[3]が単元の類型として示す、三類型（①練習単元・②教材単元・③生活単元）を参考にしている。

文章表現の指導計画においては、言語活動（聞く・話す・読む・書く）の中でもとりわけ書くことの技能の習得を目ざした①練習単元は不可欠なものである。しかし、技能練習に重点をおいたこの練習単元が、単元学習全体の中心になるわけではない。

②の教材単元については、やや指導者中心の単元展開になる。学習者の興味・関心よりも、学習者に求められる必要（大学の場合は、レポートや論文といった学術的文章の書き方）に重点を置いた単元である。

③の生活単元は、学習者の言語生活に基盤を置くものである。指導者中心ではなく、学習者の興味・関心を尊重した学習者中心の単元である。既成の教材を前提にしたものではなく、学習者の実態から多様な学習材を準備し、単元を組織する。学習者が、指導者の解説を聞く受け身的な態度でなく、書くことの学習活動に能動的に取り組み、課題を解決していく方向を目指す。筆者の文章表現指導計画は、桑原が第③の類型としてまとめている多様な生活単元を主として構成している。

3　桑原隆（2009）「単元論」田近洵一・井上尚美編『国語教育指導用語辞典〔第四版〕』教育出版、pp.274-275

①の練習単元に②の教材単元の内容を盛り込むことも可能であるし、②の教材単元に③の生活単元の内容を組み込むことも可能であろう。書くことに関する基礎的な技術は、当然のことながら学術的文章の基盤でもあるはずである。学術的文章の書き方であっても、学習者の言語生活に資する方向で考えられなければならないし、また、生活単元にしても、指導計画全体の目標を見失うようなものであってはならないだろう。

三類型はいずれの場合も、豊かな言語活動や言語生活につながるものでなければならず、①②③は相補的関係にあると考えられる。気をつけたいのは、①の練習単元である。②や③に比べて形式的な練習に過ぎないと軽くとらえられがちであるが、質の高い言語活動につなぐためには、もっとも重要な単元とも考えられるのである。あくまでも②③との連携の上で、内容の伴った形で技術練習を進めることが大切であり、間違っても練習のための練習単元にしないことである。

指導者が、類型化によって各単元の目標を正しく把握することは重要であるが、どの単元も、最終的には、学習者の豊かな言語活動や言語生活につながることが目ざされなければならない。

大学生も、言語生活を送る学習者であることは、高校までの児童生徒となんら変わりない。大学における学習が、レポートや論文作成能力を求めるからと言って、それを教条的に教えて学生がすぐに身につけられるわけでもない。

小・中・高の作文学習を受け継ぎ、かつ大学生に求められる説明的文章の作成になめらかにつながる文章表現学習のために、大学生のための文章表現の単元学習を提案したい。

大学生活の中で、学習者自身が発見した意味が確かに機能する、そんな実感の伴う言語活動を文章表現学習の中に組み込めないだろうか。習得が確かな活用につながり、さらにそれが、大学生活で必要な探求活動に無理なくつながるような、実感と喜びの伴う文章表現指導でありたい。そのつながりが、大学生活において必要とされるレポートや学術論文の作成に直結するものでなく、高校までの作文学習でやり残してしまったことを確認し、補充してからというやや手間のかかる螺線であったとしても、最終的にたしかに目標に向かうものであるならば、それはまさに、大学生のための単元学習と言えるのではないか。

これまでの筆者自身の実践の成果と課題をたしかな拠り所として、さらに、本節で再確認した単元学習の意義を基盤に、つづく第２節において、大学生の文章表現指導のための単元学習を提案する。

第２節　大学初年次生のための単元学習の試み

高等教育の大衆化時代を迎え、大学における「国語」教育に関心が向けられている[4]。大学教育は、専門に特化した教育以前に、大学で行われる研究の基盤となる国語能力の診断、補習、さらには、卒業後の社会的要請にも応えうる「国語」教育に目を向けざるを得ない時代である。30年近く、高等教育現場で文章表現指導を続けてきた筆者は、この機に、初等、中等教育における国語科教育との連携が考慮されるとともに、双方の授業が質的にも形態的にも発展的に改善されることを期待している。

本節では、筆者が実践の一基盤とする「学習コミュニティ」（章末注１）の観点から、相互に学び合う文章表現学習のダイナミズムとその効果について述べる。ここに言う「学習コミュニティ」とは、「文章表現に関する関心や問題、熱意などを共有し、その分野の知識や技能を、持続的な相互交流を通して深めていく人々の集団」を意味するものである。

ただし、本章の副題に示したとおり、「大学初年次生のための文章表現

4　豊澤弘伸（2002）「大学・短大における『国語』教育」『月刊国語教育研究』No.358、2002年２月号参照。大学での「国語」教育を、言語（日本語）の教育を目的とする科目による教育と定義する。その上で、学生の国語力に対する認識のずれ（教員の要求水準と学生の能力実態の格差）を問題点としてあげ、「学ぶ力としての国語力が不足しているにもかかわらず、それを補い、鍛える場が設定されない」と、大学教育における「国語」教育の不十分さを指摘している。

指導」の中心思想は、「書くことによる発見の喜びと共有」にある。第３章第１節および第４章第１節でも述べてきたように、「書くこと」が「書き手の声の創造」であるならば、教室における指導者の役割は、その過程を支援し、結果としての「書き手の発見の喜び」を「学習コミュニティ（教室）で共有」することにあると考えている。「書き手に対する支援と成果の共有」こそが、評価や処理にもつうじる文章表現指導のあるべき姿であろう。

「学習コミュニティ」の構築は、メインテーマ「書くことによる発見の喜びと共有」達成のための一指導手段である。ここで提案する文章表現の指導計画は、学習者が主体となって運営する、文章表現能力向上のための一まとまりの学習活動、つまり大学生による文章表現学習のための単元学習（章末注２）なのである。

以下、第１項で指導計画の概略、第２項で具体的な授業展開と課題例、続いて、第３項で学習コミュニティの実際、第４項において単元化の成果と展望について述べる。なお、これまですでに記述ずみの二百字作文による表現技術指導や意見文の構想指導など、計画として重複する部分については簡潔な解説に留め、これまでの実践において不足していた部分、および単元学習として強化する部分について重点的に述べるものとする。強化部分は、生活とのつながりを考慮した実用文の指導、長文の構想指導につながる段落（二百字作文）内の構成指導、形成的評価を中心とする評価活動の三点である。

第１項　単元「書くことによる発見の喜びと共有」の概略

１　指導計画作成の指針

例年、受講生を対象に実施している「文章表現に対する事前意識調査」によると、一人の例外もなく、文章が上手になりたいという希望を表明する。自らの文章表現にわずかでも自信があると答える学生はいない。自信がない中でも、とりわけ長文のまとめ方、構成の仕方がわからないと訴える学生が多い。そして、その原因は、小・中・高において、学ぶ機会がなかったからだと言う[5]。

このような実態に鑑みて、指導計画では、まずは授業中に実際に書く練習時間を確保し、学習者の必要に根ざした、具体的な文章表現技術が身につく学習を進める。技術を習得すると学習者は次第に自信を深め、表現意欲を高める[6]。表現意欲が高まると、さらに高い技術に挑戦するという好循環に持ち込むことができる。基礎的な表現技術から課題解決のための論理的思考方法の習得に至る一連の学習活動を支援し、文章表現の自立した学習者育成を目指す指導計画を作成する。

２　単元の構成・目標・方針

大学初年次生のための文章表現指導単元は、半期の計画で、全15コマ（大学の１コマ、週一回、90分授業）を想定して作成する。実施に当たっては、15コマを二分し、前半７コマと後半８コマの二部構成とする。

単元名は「書くことによる発見の喜びと共有」とし、指導目標と方法は以下のとおりである。

指導目標：文章表現の基礎力を身につけ、達意の文章が書けるようになる。文章表現による発見の喜びを経験し、その喜びを学習コミュニティ内で共有する。

前半は二百字作文（１段落相当）で気楽に書き慣れながら、種々の叙述形態による課題作文練習によって、基礎的表現技術の習得を目ざす。

後半は、「段落積み上げ方式」[7]によって意見文を書く。比

5　意識調査の結果については、第４章第２節第１項２の（章末注１）に記した３本の紀要論文および金子泰子（2009）「作文学習に対する大学初年次生の意識を探る――自己評価作文『入学前の作文学習を振り返る』を手がかりに――」大阪国語教育研究会『野地潤家先生卒寿記念論集』を参照されたい。

6　第６章第１節および第２節において検証したとおりである。

7　第５章第２節第２項１「段落積み上げ方式」参照のこと。

較・対照のための２段落の書き分けから、主題の決定、基本構成モデル[8]を活用したアウトライン作成、草稿、推敲にいたる文章制作過程をとおして、思考力を鍛錬する。

指導方法：書くことに対する自信を取り戻し、意欲的になるように、小分けしたステップによる積み上げと反復練習を基本とする。

　学習材は学習者の作品を中心にし、相互評価、自己評価活動を計画的に実施し、全面的に学習者主体の指導を行う。

概略は、以上のとおりである。受講生の実態調査の結果を反映させて考えたものである。小・中・高において不足していた技術練習を基盤に置きつつ、向上目標としての「書くことによる発見の喜び」と、体験目標としての「表現の共有」を一体化して明文化した点が、これまでの指導計画と大きく異なるところである。

指導の核心は、個々の学習者が自ら考え、「自分自身の声を作る」ことにある[9]。当該年度の学習者による学習活動とその成果（作品）は、唯一無二の創造物であり、まさに一期一会の成果として、再び同じものが生みだされることはあり得ない。この成果は、ポートフォリオによって、学習者の手許に戻す手はずになっている。このことによって学習者は、学習の達成感、充実感を物理的に自覚し、自ら引きつづき解決すべき課題を明らかにして、生涯学習につながる表現意欲を育んでいくのである。

第２項　単元の具体的展開方法

１コマ90分の授業は三分割し、はじめの30分は前時の作品の講評、次の30分が授業当日の課題の説明と手引き、最後の30分が作文の時間である。授業の中核は作文する時間であり、そこで産み出される学習者の作文が学習コミュニティ内のオリジナル学習材となり、次の学習を生みだして

8　第６章第１節第３項2.4「基本構成モデルと２段落作文」参照のこと。
9　第３章第１節で論じた、「なぜ書くのか」の答えである「書き手自らが、独自の書くべき内容を生成し、適切な表現を吟味するために書くのだ」に通じる。

いく。

1　二百字作文を用いた表現技術練習と長作文への導入

1．1　授業中の練習

単元前半の二百字作文練習は、知識・技術を活かす練習活動の場となるものである。なお、毎回の練習には、目標とする表現技術と例文、そして手引きを準備する。一つの課題を完成させるごとに、基礎的な表現技術が一つ、二つ確実に身につくようにする。使える技術の数が増えるに従い自信が芽生え、さらなる学習意欲となって現れる。この際、技術の定着を確実なものにするためには、課題の設定条件と目標を明確にし、課題遂行に必要な知識・技術の指導を十分行う必要がある。

二百字作文練習については、第５章第２節第１項に示した短期大学の「前半期の学習指導」において、詳細に述べた。ここでは、二百字作文を使った練習課題を一つ例にあげて述べることにする。

課題は、「後輩に今の自分の大学を紹介し、進路として積極的に勧誘する大学紹介文を書いてみよう」というものである。進路決定から入学に至る経緯は、新入生には生々しい生活の記憶である。それらを効果的に伝えるための技術目標として、① 題材を絞ること—具体的なタイトルを付ける—と、② 読みやすくわかりやすい言葉で書くこと、の二つを示し、同時にアラン・モンローの「動機づけの順序」（章末注３）に従って書かれた例文も手引きとして配付する。

これまでの経験では、学習者たちは、規定の 30 分以内に文章を書き上げ、「例文を真似て、技術に気をつけてみただけでスムーズに書けたので、これで良いか不安になるほどだった」と感想を記している。課題の設定条件（誰に何を何の目的でどう書くか）を明確にした上で、手引きとして技術目標と例文を提示しているために、書き手の既有知識や経験が効率よく探索・吟味されて、課題の記述速度を速めるものと推測できる。無駄を省き、真に必要な情報だけを盛り込むのに、二百字作文はよく機能する。以下がこの課題の例文である。

[学生作品例]

長野大学紹介　―福祉を勉強したい人へ―　　　　　Y・I

高校三年生の春、私は進学先に福祉系の大学を探していた。そんなときに長野大学の資料を見て、はっとした。学費が安い。その上、社会福祉士や精神保健福祉士の受験資格が取れる。実際にオープンキャンパスに参加してみたら、手話の体験や先輩方との交流など、楽しく学べた。さらに、先生方の多くは福祉の現場経験者である。そのため、話し方にも説得力があり、深く学べそうだ。福祉の専門的知識を究めたい人にはぴったりの大学だ。

書き出しから「はっとした。」までが、第一の注意をひく段階。書き手自身の入学前の経験をもとに、臨場感あふれる書き出しで、興味を持たせ、注意を集めることに成功している。第二段階では、学費の安さや資格試験の受験資格といった重要な話題を提示して必要感を示している。さらに第三段階では、これら必要な問題に対して、実際にオープンキャンパスに参加して楽しく学べたことを示して読み手の必要感を満足させている。第四段階は、先生方の多くが福祉の現場経験者で説得力のある話し方をすると書くことで、大学の良さを具体的に証明している。第五段階の最後の一文は、相手の決心を促し、行動に導く呼びかけになっている。200字に、五段階の「動機づけの順序」をすべて盛り込んでいる。二つの技術目標も達成している。

二百字作文を用いた技術練習は、これまで、説明文、記述（描写）文、叙事（物語）文を中心に次のような文種を多様な課題で試してきた。

・紹介文（私の楽しみ・小さな自慢・好きなテレビ番組・サークル紹介・大学紹介）
・推薦文（私の勧める○○やさん・この本をあなたに・こんな○○いかがですか）
・説明文（私の大好物――おいしさを、「おいしい」を使わずに伝える工夫――・道順案内――土地勘のない人にもわかるように――）
・情景描写（春夏秋冬、朝昼晩の景色、学生食堂の昼食時、大安吉日の駅のプラットフォーム、ラッシュアワーの駅の改札口、放課後の校庭、などの情景――テーマ〈にぎわい、暖かさ、静けさ、寂しさ、めでたさ、など〉を、形容詞を使わずに伝える工夫――）

・人物描写（父、母、兄弟、姉妹、祖父母、おじさん、おばさん、校長先生、担任の先生、隣家のおじさん、コンビニの店員、いつも乗るバスの運転手さん、など、外見と内面、ともに、情景描写と同様の工夫）

・物語（パトカーが来た・バスに乗り遅れた日・真冬の早朝のチリンチリン・日曜日の朝・サイフがない！　など、事の顛末を順序立てて、発端・出来事・結末まで。）

・はがき文（200字で暑中見舞い・近況報告・旅先からの便り等、書式にも配慮して。）

200字は、気軽に取り組める字数である。制限された字数の中で、慎重にことばを選び、技術を駆使し、課題が求める表現に近づく努力をする。できあがった作品は受講生の人数分多様性に富む。国語通信や相互評価による交流を通して、個々の表現の味わいが共有できる。

説明、描写、物語、を主軸に、さまざまなジャンルで、部分練習を繰り返し、技術の習得と応用練習を繰り返す。基礎的な技術が身につき、自由に使い回しができるまで、練習を積み重ねる。句読点のつけ方、符号の使い方、原稿用紙や便せん、封筒の使い方、基本的な決まりや常識、漢字・ひらがな・カタカナ表記の使い分け、読みやすい手書き文字の書き方（濃く、大きく、しっかりした文字）などについても、二百字の練習をとおして習得させる。些細な技術のみを目標に据えた練習では、すぐに飽きがきて繰り返せないが、ひとまとまりの作品として楽しめる二百字作文ならば、繰り返し練習するうちに、いつの間にか技術も身についていく。たとえ200字でも、まとまった作品を仕上げる過程には、必ず書き手一人ひとりに発見がある。その発見の喜びを共有する楽しみを、相互交流や評価の時間に組み込んで練習を続ければ、基礎的な表現技術は、６週間もあれば、ほとんどの受講生が身につける。

１．２　書く生活を広げる

前半期、二百字作文練習の学習目標は、「必要なことを簡潔に」を標語として掲げ、自分の思いを正しく確かに伝えるための表現技術の習得とした。日常生活における実用性を鑑みれば、絵はがきや伝言メモ、備忘録など、200字あれば十分にその用が足せるものばかりである。二百字作文による練習中は、これら生活面における活用にも言及し、日ごろから筆まめになるよう助言する。

スポーツのウォーミングアップ同様、文章には「書き慣れ」が大事である。書く力は一朝一夕にはつかない。筆記用具を常に身近に備え、気づいたことはすぐに書きつける習慣、態度を身につけることから始めなければならない。書き慣れないことが書くことを遠ざけ、「書かず嫌い」を生みだすという悪循環に陥らないことが重要である。

指導計画では、５月の連休が間に入って授業が中断するようなときに、日記や読書記録をつけることを課題として出している。例えば、「連休中５日間の３行日記」のような課題である。３行なら、気楽に取り組める。書き忘れても、思い出しながら書きつけることもできる。本来、日記は人に見せるためのものではないが、たった５日間でも継続することで見えてくる変化がある。

作家の個性的な日記、先輩が同じ時期に書いた「連休中５日間の３行日記」、日記を続けるためのコツなど紹介して、興味を持たせてから取り組ませる。

提出された課題は、日付のあいまいなもの（つまりはまとめて一挙に５日分を書いた日記）、天気の記録のないもの、毎日、「今日、私は」で書き出すもの、文体が敬体「です・ます体」のもの、記録の要素が抜け落ち、「面白かった」「つまらなかった」に終始するものなど、さまざまである。

しかし、18歳の学習者の、入学後初めてのゴールデンウィークの日記は、こうしたさまざまな欠点があってもなお、読み手をひきつける。次に１例を示す。

［学生作品例］（連休中５日間の３行日記）

５月１日（土）曇り
東京から、仲間たちが帰ってきた。ぐちでもなんでも聞いてやろう。一番恵まれているはずの私だから。
５月２日（日）曇り
戸隠へ。市内の蒸し暑さが信じられないほど涼しい。どの山も競って春をにおわせている。長野をいとおしく思える瞬間。
５月３日（月）晴れ
夜のにおいが好きだ。特に雨上がりがいい。言葉では表現できない。体が感じる快感。どんな一日でも、すばらしく変えてしまう。
５月４日（火）晴れ
家事をしながら、いつか持つはずの自分の家庭の姿を思ってみる。少しこそばゆい。が、次々と思い浮かぶ理想像は果てがない。
５月５日（水）晴れ
野球大会で後輩や恩師たちに会う。もう高校生ではないことを痛感した。自分が望む望まないに関わらず、確かに成長している。

受講生の生活に合わせて、クラブ活動日記、アルバイト日記、野球観戦日記、テレビゲーム日記、飼育日記、農作業お手伝い日記、ボランティア日記、読書日記など、さまざまに取材の提案ができる。一人ひとり、自分だけの、二度とない青春の日々の記録であると励まして書かせる。

第２章第１節第３項で考察した町田の単元事例「自己PR文」の学習の事後処理同様、日記を回覧して、「どのような日記が日常の記録として役に立ち、続けるに値するものになるか」について自己評価させ、その結果をまとめてプリントにし、クラスで共有するといった評価や処理の仕方も考えられる。正確な情報（５WIH）の記述の有用性は、互いに回し読みすることで明らかになる。不要な表現についても同様である。

2　段落内構成練習

長い文章の作成の練習に入る前に、表現技術の練習と同時に是非ともやっておきたいのが段落内構成の練習である。これまでの実践においては、前半期は、二百字作文で行える表現技術に絞った練習を行ってきたために、後半期の長作文作成のための表現技術との連係が手薄になっていた。新しい指導案においては、後半期の段落構成学習に無理なく進めるように、前半期の二百字作文の練習段階から段落内構成指導を積極的に行いたい。

2．1　段落の中心文

長作文の構想段階では、アウトラインを作成する。その際に重要になるのが段落の内容（主題）を一文で要約する力である。段落の要約文は中心文（トピックセンテンス）とも呼ばれるものである。これまでの実践では、段落の要約ができず、中心文が書けないためにアウトラインの作成に手間取る学習者が多かった。今後は、そのようなことが起こらないように、二百字作文練習のうちから、必ず中心文をまとめて、段落内に書き入れる練習を導入したい。

これまでの指導では、指導者が課題を設定し、学習者には内容がわかるような副題をつけるように指導をしてきた。新しい指導案では、副題だけでなく、二百字作文に中心文を置き、内容を一文でまとめる指導を加える。中心文の位置は、説明的文章なら、読み手にも伝わりやすいように書き出しの一文に置く。物語や随筆などは、表現意図に合わせて真ん中や最後でも差し支えない。中心文の位置については、課題や学習者の文脈に合わせて指導する。

2．2　内容の展開方法

さらに、中心文に合わせて内容をどのように展開するか、すなわち、文をどのようにつないでいくか、その配列順についても、長作文の段落展開の事前練習と捉えて二百字作文でも実施する。

コンポジション理論は、主題の展開の型（論の進め方、あるいは、発想の型とも言えるもの）として次のものを示している[10]。

ａ時間的順序　ｂ空間的順序　ｃ一般から特殊へ　ｄ特殊から一般へ
ｅ原因から結果へ　ｆ結果から原因へ　ｇクライマックス（漸層法）
ｈ既知から未知へ　ｉ問題解決順　ｊ重要さの順序　ｋ動機づけの順序

二百字作文練習のときから、これらのいくつかについて練習しておくと、長作文の場合に、これらを用いて文章を展開、構成することが容易になる。

これまでの指導においても、すでに、人にものを紹介したり勧めたりする場合には、「ｋ動機づけの順序」を、情景描写の場合には、「ｂ空間的順序」を、出来事を書く場合には、「ａ時間的順序」、「ｇクライマックス法」、「ｆ結果から原因へ」など、文章の種類や目的に応じて、それぞれにふさわしい配列法を手引きとして与え、練習してきた。今後は、長文展開にも応用できることを説明し、学習者が自立して活用できるように指導したい。二百字作文のうちから、前もっていくつかを練習しておくと、長作文の展開学習が楽になるはずである。

わかりやすい文章を書くためには、まずはまとまりのある１段落が書ける力をつけておくことが重要である[11]。１段落の長さは、200字程度と考えられるため、二百字作文を練習している間に、常に一段落としてのまとまりを意識して書く学習を積んでおくと、後半期の長作文の学習になめらかにつなぐことができる。

読解学習において、文章を構成する各段落が、それぞれどのような意味内容を表わしているかをとらえることが大切であるのと同様に、表現する場合には、一つの段落にどのような意味内容を盛り込むか、段落の中のいくつかの文をどのように関係づけて全体としてひとまとまりにするかが重要である。

単元による指導は、全体の指導目標を見越して、個々の指導を有機的につなぐところにその意義が発揮できる。指導者は、常に全体の指導目標を

10　森岡健二（1981）「主題の展開——材料の配列——」『文章構成法』至文堂、pp.68-83

11　短作文と長作文の関係については、第４章第１節第２項で藤原与一の説を引用して述べたとおりである。

念頭におき、個々の目標達成が全体目標の伏線として敷かれるように、指導を積み重ねていかなければならない。

3　説明的文章作成の手はじめに

意見文の作成練習については、第４章第２節「学習者主体の授業運営」において、一連の作成過程の詳細を記述した。以下では、論理の筋道を立てて書く文章の指導に、効果のあった実践を二つ記述する。

3．1　事実と意見の書き分け

単元後半は、意見文作成の練習をする。短作文では学べない長い文章に求められる表現技術を習得するためである。あるまとまった思想を、段落を積み重ね、関係づけながら一つの文章として仕上げるまでの過程をステップを踏んで練習する。二百字作文の練習との間にギャップを感じないように、まずは２段落から、順を追って段落を積み上げる指導を工夫した。

ここでは、後半練習する技術の中でもとりわけ重要な「事実（客観）と意見（主観）を書き分ける」学習について述べる。意見の論拠を示す段落においては、意見の対象となる事実を客観的に正確に記述しなければならない。事実を正確に記述することが、読み手の判断を助け、結果として意見表明に至る書き手の思考過程を伝わりやすいものにするのである。事実と意見の混同は、文章のわかりづらさ以前に、書き手の思考が未整理状態であることを露呈するものである。

ここでは、事実と意見の書き分け方について、学習者の作文を教材として活用したことが、コミュニティ内で効果的に機能したときの指導について考察する。

以下に学生の原文Ａと改訂版Ｂを提示する。Ａでは、異なる二つの場面を二つの段落に書き分けているが、状況の説明と書き手の意見（感想）が入り交じり、段落内で完結してしまって、展開しづらくなっている。それを国語通信で共有学習材とし、皆でＢのように書き直したところ、以後、多くの学習者が事実段落と意見段落をうまく書きわけるようになった。

A　段落内に事実と意見が混ざった例（事実の記述に一本下線、意見の記述に二重下線を、金子が付した）

原文　　―社会に出たら、言葉遣いは大切だ―

今時の若者は、私も含め言葉遣いがなっていないと思う。特に、目上の人に対して友人に話しかけるような感じの人が多い。高校時代、担任の先生に対して敬語をあまり使わなかったし、注意されることもなかった。それがそもそもいけなかったと後悔した。

福祉施設で実習したとき、職員の方や利用者に敬語を使うのに苦労した。例えば、職員に「○○をしてもいいですか」と聞いたり、利用者のプライドを傷つけるような見下した言葉遣いにならないように気をつけたり。普段から目上の人に対して言葉遣いをきちんとしていなければ、実際、就職した時、本当に困ると思う。

B　段落ごとに、事実と意見を書き分けた例

改訂版　　―社会に出る前に言葉遣いを身につけたい―

今時の若者は、言葉遣いがなっていないとよく言われている。特に、目上の人に対して友人に話しかけるような感じの人が多い。高校時代、担任の先生に対しても敬語をあまり使わなかった。「ねえ、今日、休みにしてよ」など、先生に友だちのように話しかけて注意されることもなかった。→ 事実

卒業後に福祉施設で実習したとき、職員や利用者に敬語を遣うのに苦労した。例えば、職員に「○○をしてもよろしいでしょうか」と聞いたり、利用者のプライドを傷つける見下した言葉遣いをしないように気をつけたり。日ごろ使い慣れていないので、些細なことを話すにも緊張した。→ 事実

そもそも高校時代に、敬語をきちんと学ばなかったことがいけなかったと後悔している。普段から目上の人に対する言葉遣いをきちんとしていなければ、実際就職したとき、本当に困ると思う。社会に出る前に、きちんとした言葉遣いを身につけておくべきだと思う。　→ 意見

このように、学習者の疑問（これまで、どうもよく理解できなかったこと）に学習材と指導が合致した場合、学習コミュニティにおいて予期せぬ学習のダイナミズムが発生する。あるひとりの学習者の文章表現（の一部）が学習材として取り上げられ、コミュニティ内の他の学習者の同意や共感を

得た場合、共有する文脈が特定の知識や表現技術の理解を飛躍的に促進するのである。理解はさらに、コミュニティ全体の運用力となって定着する。このときの学習もその典型であった。

学習者の必要から生まれた学習活動は、学習主体の認識との緊密性ゆえに、表現技術を表層的な知識として理解させるのではなく、まるごと身体にしみ込むように習得させるのである。いつもこのようにうまくいくとは限らないが、周到な準備と、チャンスを逃さない指導者の鋭敏なアンテナによって、しばしば起こりうることもまた確かなのである。

3．2　手紙文の書式

書くことの授業と日常生活とを関連させる重要性については、日記文を例にあげて1.2で述べた。ここでは、長作文に不可欠な構成の学習に入る前に、手紙文の書式を活用して、文章全体の成り立ちについて考えた授業について紹介する。

好きなことを好きなように書けと言われるとかえって戸惑ってしまうことはだれしも経験する。そんなときに参考にできるある種の決まりは、一面で非常に便利である。例えば、手紙文に残る作法（書式）は、長い歴史の中で育まれてきた先人の知恵の集積である。今も根強く残って活用されるのは、伝達の方法として優れており、重宝だからである。「型」には意味がある。「型」を利用して、その「型」の中に自分ながらの「心」を盛り込む。自由に書くための「型」だと考え、繰り返し使っていれば、自ずと身につく。そして、いずれは自分なりの「型」が作れると考えれば、これほど優れた文章の構成は他にないと言えるだろう。

手紙は普通、次のような部分から成り立っている[12]。

<u>前文</u>

・冒頭語（拝啓）　・時候の挨拶　　・安否の挨拶

<u>主文</u>

12　「手紙のこころと形」の詳細は、中西一弘編（2008）『新版やさしい文章表現法』朝倉書店、pp.61-90

・起辞（さて、）　・伝えたい内容

末文

・おわりの挨拶・お詫び・要旨をまとめることば　・結語（敬具）

後付け

・日付・署名・宛名敬称

添え文

・頭語（なお、）・追伸の用件

（目上の人への手紙や弔問文などでは避ける。手短に、本文よりやや小さめの字で）

「伝えたい内容」をもれなく、しかも読み手に失礼にならないように書くのは至難の業である。そんなときに手許にあるこうした書式は非常に便利で実用性の高い手引きとなる。筆者が、改まった手紙や案内の文章などを書く必要に迫られたとき、必ず参考にするのが『文章表現事典――ビジネスレターデータベース――』[13]である。巻頭に「本書の狙い」として次のように述べられている。

○　誰にでも容易に利用でき、

○　職場で、家庭で、学校で、

○　文章の目的や場合に応じた、行き届いた手紙が

○　楽に書ける。

このような文章作成支援システムを提供することである。　（p.29）

本書の特徴的なことは、パラグラフ・システムによって、自分に最適な文章に加工できる点にある。作成例の部分ごとに、パラグラフ単位の選択肢が何種類も用意されているため、目的に応じたパラグラフを選ぶことによって、思い通りの文章に作りかえることができるのである。

構成学習について述べれば、手紙文の書式では、段落の並べ方とそこに書き込む内容がそろって示されているために、それに従って書くことでま

13　樺島忠夫編（1987）『文章表現事典――ビジネスレターデータベース――』東京書藝館

とまりのよい文章が書き上がる。何度も同じ内容を繰り返したり、無駄なことを書き加えたりして、読みづらくなることが防げる。何より、書き始める前に、全体の構成が見通せる点で、書く前の気分が楽になる。

読解による段落学習は、小学校以来、数え切れないほど経験しているはずなのに、自ら表現する立場になると、段落の書き分けができなかったり、あいまいだったりする学習者が多いのが実情である。そのため、意見文作成練習に入る前に、手紙文の書式を使って、「恩師に近況報告と在学中お世話になったお礼の手紙を書こう」という課題を出している。本物の便せん、封筒を使って、書式を参考に、必要な内容が書き込まれていて、かつ失礼のない手紙文を書く練習である。

学習の目標は、書式（構成）に合わせて段落を書き分け、近況とお礼の双方をもれなく書きこんだ手紙を書くことである。

［学生作品例］

縦書き便箋使用の例　（左は参考書式。右は学生の本文。原文は縦書きで空行はない。）

前文	頭語	拝啓
	時候の挨拶	春風の心地よい季節となりました。
	安否の挨拶	先生には四月の新学期を迎えて、お忙しくお過ごしのことと拝察申し上げます。
主文	（起辞）	さて、いろいろとご心配をおかけいたしました進学ですが、今ではすっかり寮生活にも慣れ、楽しく短大に通っています。いろいろと本当にありがとうございました。
お礼・近況報告		先日、幼稚園での初めての見学実習がありました。子供たちに話しかける言葉が見つからず、考え込んだりもしましたが、「先生」と呼ばれたときは、とてもうれしかったです。 今回、実習をしてみて、高校のときに迷ったけれど、

この学校に来て、本当によかったと思いました。先生のご指導のたまものです。

とはいえ、保母や幼稚園の先生の大変さは、想像以上だと感じています。こんな私でも出来るのかと不安はありますが、精一杯頑張ろうと思っています。

末文　終わりの挨拶　　遅くなってしまいましたが、お礼の言葉と近況のご報告を申し上げました。

おわび

要旨をまとめることば

健康を祈る言葉　　横浜の方は長野よりは暖かでしょうね。

でも、季節の変わり目ですので、お風邪にはお気をつけ下さい。

では、またお便りいたします。どうぞ、お元気でお過ごし下さい。

結語　　敬具

後付け　日付　二〇〇八年四月二十日

署名　　藤沢　くるみ（仮名）

宛名敬称　中山先生

横書き便箋の場合（空行を含めて、原文どおり）

2000 年　10 月 8 日

叔父上様

拝啓　金木犀の匂うころでございます。

おじ様には、その後お変わりもなく、お元気でお過ごしのご様子、何よりと存じます。

さて、先日は私の大学合格のお祝いに、素敵な目覚まし時計を頂きまして、本当に有り難うございました。

下宿での一人暮らしに、さっそく重宝に使わせていただいております。

大学生活は思っていたほど楽ではありません。何と言っても、炊事、洗濯など、身の回りのことをすべて自分でこなさなければなりません。その上、自分で選択した科目の単位をしっかり取らなければ進級できないことを知り、高校時代との違いを実感しています。
両親はじめ、皆様から頂く期待を裏切らないように、しっかり頑張りたいと思います。
これからもどうかよろしくお願いいたします。

季節が変わるころです。どうぞお身体大切にお過ごしください。
まずは書中にてお礼申し上げます。　敬具
川上　清一（仮名）

学生は、与えられた条件に合わせて文章を書くことが苦手である。課題が与えられても、闇雲に思い浮かんだことを書き連ねて、ある程度の字数が埋まれば提出しておわりにするという具合である。事前に、何をどのように書くのか、構想して、考えてから書くことに慣れていない。

手紙文の書式を参考に、今回の課題に取り組んだところ、上記二つの例のように、条件に合った手紙文を書き上げることができた。参考にする例文によって仕上がりを予想し、自らの状況や好みに合わせて内容を修正する。細かなしきたりは例文どおりに真似ればよい。学生にとっては、宛先人が目上という条件から、敬語表現も必要だが、例文があれば無難に使いこなせる。

書式が身につくまでは、参考書を常時手元に置いて、繰り返し活用すればよい。いずれは型に頼らずとも、自由に必要なことがらが盛り込めるようになるはずである。

知人のお宅を訪問するときには、まず玄関で挨拶をする。招き入れられたら、失礼を詫びてから入る。用件が済んで帰るときには、邪魔をしたお詫びを言い、別れの挨拶をして家を出る。手紙の書式は、訪問における口頭表現の挨拶と同じことを、書きことば（文章表現）に盛り込んだものである。文章表現というだけで必要以上に難しく考え、不自然になってしまうのは、話しことばのように対面による相手からの直接的な反応がないからであろう。話す場合とも対照し、状況を整理して文章表現に向かえるような練習が必要である。そのための最初の手がかりとして、読み手と目的が明確な手紙文は、初心者のための文章表現の練習として効果的である。

書くときに、意味を段落ごとにまとめて展開していく表現方法は、話す場合とも共通である。読む場合と聞く場合の理解方法についても、段落のまとまりが論理の基本である点は表現方法と同様である。単元学習においては、種々の言語活動を統合的に活用して授業を進める。そのときに、指導者がそれぞれの活動の差異、あるいは共通点をきちんとわきまえていることが、学習者の言語活動に対する理解を深めることにつながる。ばらばらな経験の中に一貫した原理を見極め、授業を効果的に構成するのが単元によって指導する者の役割である。

手紙文の書式は、文章構成の段落指導の手はじめに便利に活用できる。

第３項　学習コミュニティの実際

文章表現指導の基盤となる学習コミュニティを育み、維持、活性化させる三大要素が合評会と国語通信と赤ペンである。以下それぞれについて述べる。

１　合評会の機能

指導計画の中で、言語活動としてもっとも楽しく、充実した学習時間となるのが合評会である。二百字作文練習終了時と意見文完成時の二度、グループ別に実施している。

表現学習において、自らの文章表現が読み手にどのように理解されるか、それを知るための学習活動は欠かせない。合評会は、目で見ることのできない思考の伝達過程を文章で顕在化させ、互いに交流する学習活動である。しかし、学習者は、他者の文章を読みたいと願う一方で、自分の文章が読まれることについては恥ずかしさが先立ち、強い緊張感、ときには拒否反応を示す。合評会では、これを緩和するために次のような配慮をしている。

間違いの指摘、非難、反論はせず、プラス面に限って、相手の表現で魅力的だと感じた点、効果的な点、工夫点などを取りだし、それに理由を付けて批評するのである。単なる感想の記述に終わらないよう、授業によって身につけた知識や表現技術を、理由を述べる際の評価観点として用いるように指導する。評価の観点は書き出して再確認すると同時に、学生の模範となる批評文も例示して、どのように書けばよいか、慣れるまではていねいに指導する必要がある。

批評を書く立場になると、各自が主体的に思考を働かせ、相互に伝え合う工夫をするようになる。読み手を強く意識することにより、私的な（独りよがりな）表現をパブリックな（広く多くの人に伝わる）表現に変えようとするのである。合評会は、「認識・思考→伝達」過程における「→」部分そのものを経験させる場となる。「→」部分は個々の学習者の思考に潜在したまま、表に現れずに消えてしまうことが多い。書き手と読み手の双方の立場から、伝達過程を（批評文を書き自己評価文を書くことにより）顕在化させる合評学習が、よりよい表現学習に結びつくのである。

推敲作業も、合評会を設定しておいて、その前に行わせると、読まれることを強く意識する分、ていねいな作業になり、効果が期待できる。

合評会は、短作文の場合は１時間（60分）あれば、７人前後のグループが互いに批評文を書き合い、最後に自己評価作文まで書き添えられる。他のどの活動にも増して集中度が高く、充実した学習のひとときである。次に示す資料１、２は、二度の合評会の最後に、学習者が５分程度で書いた自己評価文である。読み手に伝わる実感と理解される喜びが記されている。

資料１　自分が驚いた様子が、読み手に伝わっていた。実体験や感じたことを混ぜたことによって「来てほしい」という気持ちがよく伝わって良かった。

資料２　事実と自分の意見や考えを書き分けるのがとても難しかった。が、アウトラインを書いておくことによって自分の書きたいことや構成を確認しながら書いていくことができた。自分の経験を書くことで読み手に説得力を与えることができた。自分の意見もはっきり書くことができて、読み手にも伝わって良かった。

合評会は、上記のように完成作品について行うだけでなく、ブレーンストーミングによる材料集めやアウトライン作成の後、あるいは推敲に入る前の草稿過程においてなど、機会をみつけては設定すると、他者（読み手）の目が作品の制作に生かせるようになる。指導者の立場になると、学習者に任せることに不安を感じることもあろうが、練習過程で学習目標を共有していれば、指導者が一人で赤ペンを入れるよりもはるかに豊かな学習が成立する。それについては、指導者も、後ほど合評会の批評文や自己評価文を読むことで確認できるはずである。学習コミュニティの力は、時として指導者の予測を超えて大きく、実り多いものである。

2　国語通信の機能

国語通信は毎回、学習者の作文を教材化して発行する。前回の授業の学習目標を確認し、その練習成果を共有する。クラスメートによる独創性に富む表現は、読む楽しみと同時に理解されることの喜びを実感させ、コミュニティ内の相互理解と交流を深める。やむをえず欠席したばあいにも、通信があれば授業のおおよそは理解できるため、指導者が欠席者にその都度内容を説明するといった負担の軽減も図れる。

国語通信を用いて、指導者が毎授業時間に行う講評は、合評会における相互評価、自己評価のモデルになるものである。指導者はそのことを十分に意識して、学習目標（課題ごとの条件、手引きなどの評価規準）に従って、実証的に行う。モデルにするためには、作品の書き手はもちろん、他の学習者全員が納得できる、表現に即した講評でなければならない。

通信に掲載する作文は、可能な限り多数の学生の文章（一部分でも良い）を取り上げ、学期中に受講生全員が複数回掲載されるよう配慮している[14]。

課題条件および評価規準は必ず通信に載せ、必要なときにいつでも参照できるようにしておく。いずれポートフォリオに綴じ、期末レポートをま

14　最近の20名前後の少人数クラスでは、複数回の掲載も容易である。

とめる際にも確認することになるものである。

3　評語の機能

赤ペンのコメントは、もっとも個別、直接的に学習者に届く指導者による評価であり、指導者と学習者の信頼関係の礎ともなる。同時にそれは、学習コミュニティの土台を支えるものでもある。赤ペンで使う記号（章末注4）は教室全体で共有し、学習者自身が自ら考え直すチャンスが得られるものにすると良い。なお、指導者による一方的で詳細な訂正は、時間と労力がかかる割には学習者に届かない。むしろ、記号による抑制の利いた指摘や授業中の一対一の直接対話などが赤ペンを補うものである。学習者自身が考え、気づき、自力で書き直して認められる経験が、書くことの力を伸ばし、喜びにもつながる。

指導者による赤ペン（個別評価）が、クラス全体で共有している学習目標や評価の観点に沿っていることはもちろん、合評会における相互評価や学習者の自己評価もすべて同じ目標や評価の観点で統一され、終始一貫していることが学習効果を高める。苦労して書き上げた作品が、納得のいく形で肯定的に、クラス全体で評価されるとき、学習者の表現意欲は大きく喚起されるのである。

第4項　単元化の成果と展望

15コマの授業を通じて、受講生は、半年間に書き上げたすべての学習成果（作文課題・国語通信・取材やアウトラインのメモ・草稿、ほか）をファイルに綴じ、ポートフォリオ形式の個人文集を編集する。この文集に期末レポート「半年間の文章表現学習を振り返る」（総括的自己評価作文）を加えて提出する。

授業開始当初の文章表現に対する事前意識調査および診断的自己評価作文において、作文にまったく自信が持てないと表明していた学習者たちも、半年後の文章表現に対する事後意識調査および期末レポートでは、失っていた自信を取り戻し、書く喜びが実感できるようになったと述べるようになる。

作文の指導は、一筋縄では効果が出ないものである。「書くこと」は、主体的に向き合って考えることなしにはできない困難な言語行為だからである。この難問解決のために、筆者は指導者として、学習者の興味・関心、問題意識、学力実態の把握に手がかりを求めた。その結果、①個性（学生一人ひとり）の尊重、②周到な準備による適切な指導、③必然性と切実性の感じられる授業展開が、確かなことばの力を育てることを確信した。

同時に、このような学習者主体の言語活動をスムーズに展開するためには、基礎的な表現技術を身につける練習が欠かせないことも判明した。よって、指導計画は、前半を短作文による基礎的な技術訓練、後半を長作文による構成技術指導の二部構成とした。指導の便宜上、前半は段落内の構成、後半は文章全体の構成（展開）と分けるものの、指導者は二部間の有機的つながりにも配慮しつつ指導を進める。中でも、段落の中心文は、センテンス・アウトライン作成の際にそのまま要約文として活用できるため、前半期の短作文の指導段階から指導を始めると効率の良い指導ができる。これまでの実践に不足していた部分である。

以上、自らの実践の成果と課題を手がかりに、大学初年次生を対象とした単元――「書くことによる発見の喜びと共有」の指導計画を提案した。

単元学習は、個々の学習者の書くことによる発見の喜びとそれを共有する学習コミュニティの力を得て、指導者の力を超えて大きく育つはずである。学習者の主体性を重視し、伸びる力を信じる指導者の姿勢が、単元による指導計画を成功させる鍵である。

表現の授業は、まずは表現させるというそのことを大切にしなければならない。また、表現技術はよりよい表現のための手段ではあっても、最終目標ではない。文章表現学習が目ざすべき最終目標は、学習者の「考える力の向上」であり、喜びの実感につながる新たな思想の発見でなければならない。

表現の成果（書き上げた作品）は、互いに交流し合うことによって、指導者との縦の交流だけではなし得ない横の広がりを可能にし、しかも情意面での関心が加わって、主体的で豊かな学びにつながる。

大学における文章表現指導は、日常生活や専門分野はもとより、卒業後の生活や仕事にも配慮すべきである。レポートや論文の書き方指導に限ることなく、単元学習によって指導の幅が広がれば、学習者の学習意欲が高まり、書くことによる発見の喜びも多彩になる。

今後は、半年間の指導計画の成果を、どのように維持し、習熟、向上させていくかという課題もある。せっかく半年間続けた練習も、滞れば活用力が低下することは目に見えている。他科目のレポートや報告書作成、ゼミでの論文指導など、大学全体が学習コミュニティとなって「国語」教育の視点で連携できることが望ましい。文章表現の力は、本論文で提案したような授業によって集中的に基礎的表現技術の演習を行い、応用・発展練習は、大学全体の科目を横断する種々の課題作成を通して継続、反復され、卒業後にも生涯を通じて習熟されていくことが理想である。

第３節　単元実施上の留意点

第１項　評価による指導の更新

１　評価の目的と種類

単元全体が目標とする「書くことによる発見の喜びと共有」を担う言語活動の核は、本章第１節で述べた「書き手の声の創造」（「主体的意味の創造」）にある。書き手の声は、書く行為の過程において創造される。書き手は、表出以前に、書くべき内容と修辞の二つの「問題空間」において頻繁に相互作用[15]を行い、その結果として、独自の内容を生成する。この過程全般の指導と学習にわたってモニター（監視）し、進むべき方向を示

15　第３章第１節第３項「書き手の声の創造」において論じた。

す働きをするのが評価である。

書くことの評価には二つの側面がある。一般的には、学習者の書くことの活動と作品の評価であると考えられている。しかし、もう一つの側面に、指導者による「書くことの学習指導」の計画と実践に対する評価がある。後者が検討され、書くことの学習指導が改善されれば、前者の側面も改善に向かうのは当然である。

評価にはさまざまな方法があり、分類も観点によってさまざまであるが、筆者がこの論文の中で用いた評価は、評価時点、評価主体、評価目的、評価方法によって次のように分類できる。

【評価時点】診断的評価・形成的評価・総括的評価（到達度評価の視点から）

【評価主体】自己評価・相互評価・指導者評価

【評価目的】教育的評価・客観的評価、相対評価・絶対評価

【評価方法】客観的評価・主観的評価、分析的評価・総合的評価、ポートフォリオ、等

これらの評価は、それぞれに特徴があり、また、相対的、あるいは相補的な働きをする。書くことの評価は、複雑で多面にわたるために、これらいくつもの方法が併用されることになる。筆者はこれまで、「学習者の活動と作品の評価」についてよりむしろ、「書くことの学習指導」の側面における評価により強い関心を抱いてきた。書くことの学習活動が、指導者の構想した学習指導の目標どおりの成果をあげているか、もしそうでないならば、どこをどのようにすれば指導が改善するのか、そのための手がかりが指導を評価することにあると考えたからである。

単元学習のように、複数の言語活動を組み合わせて指導する場合は、評価の視点をしっかり持っておかないと、学習活動が拡散し、まとまりのないものになる危険性がある。今後は、「学習者の活動と作品の評価」についても、同じ目標を掲げる指導計画の両翼として、一体的に考えていきたい。三つの評価主体（学習者本人－自己－・相互－他者－・指導者）が同じ評価規準に基づいて学習活動を進めることができれば、双方の評価効果はいっそう高まり、単元を成功に導く鍵となろう。

今回提案する単元のテーマが、「書くことによる発見の喜びと共有」という、学習者個人と同時に学習コミュニティ全体にかかわるものであることを忘れないためにも、指導者は学習者個々を丁寧に見る姿勢と学習コミュニティ全体を大きく見わたす姿勢との両方を持ち合わせなければならない。各種評価を適宜活用することがそれを可能にするものと考える。

2　診断的評価に基づく単元構想

大学生のための文章表現指導を構想するには、大学入学当初の学習者が、どの程度の表現能力を持ち、その授業に何を求めているのか、正確に把握してから指導に臨まなければならない。これまで、学習者の作文学習に関する自己評価作文をもとに、指導法や学習内容に関する意識と同時に、作文そのものの分析から学習者の文章表現能力を客観的に把握する努力を行ってきた。指導者が期待する力をどの程度学習者が持っているかを確認するためだけではなく、むしろ学習者の実態はどのようなものなのか、どのような文章表現指導を求めているのか、それを把握することに重点をおいてきた。指導者の準備した指導計画を、学習者にふさわしいものに調整するために、単元のはじめに行う評価が診断的評価である。

診断的評価の方法として、筆者は自己評価作文を採用した。指導者があらかじめ作成したアンケート項目に学習者が応える形の意識調査も実施したが、文章表現の詳細については、自己評価作文のほうが、文章表現そのものの力を見る意味でも価値が高かった。

大学で行われる書くことの学習指導は、小・中・高までのように、教科書単元の趣旨に従って目標を設定する必要はない。診断的評価によって明らかになった学習者の文章表現能力の実態および授業に対する要望を基に指導者が学習計画を構想することになる。

筆者が実施した診断的評価の分析結果からは、文章表現の力が、小・中・高をとおして体系的に積み上げられた事実が確認できなかった。学習者間の表現能力のばらつきも大きく、自信のなさも目立った。書けないと言うより、学習量の絶対的な不足が感じられた。

一方で、「上手に書けるようになりたい」という意欲については、どの調査結果においても高い数値が出た。指導者に託された課題は、表現技術を一から積み上げ、自信をつけさせることにあると判断した。母語であるため、理解力は充分にある。表現力に転移させる学習の機会が少なすぎたのである。課題が判明すれば、計画は立てやすくなる。

練習の効果をあげるために、段階を踏んで繰り返す学習の基本を踏襲した。そこに、単調さを避けて楽しめる方法を工夫した。すべての学習者が、確実に文章表現力を向上させることのできる指導計画を構想した。

３　形成的評価による軌道修正

授業の途中で、授業展開を調整するために行うのが、形成的評価である。指導者の主観に頼るだけの授業ではなく、学習者もいっしょになって、より科学的に授業を進行させるための評価である。形成的評価は指導計画全体の中にあらかじめ組み込んでおくことが望ましい。書き上げた作品についてだけ評価をするのではなく、むしろ書き上げるまでの学習の過程を明らかにするために、機会をとらえて数多く形成的評価を実施するのである。

たとえば、取材メモ、主題文、構想表（アウトライン）、書き出し文、草稿、推敲原稿、など、作品が完成するまでの任意の過程でこまめにチェックする場を設けると、学習者の思考過程が確認できて、行き届いた個別指導ができる。

また、グループで読み合ったり評価し合ったりする相互評価も、授業途中の形成的評価となりうる。学習者同士でなら、指導者一人では目の届かないところにまで、グループの人数分の評価が可能となる。指導者に提出することは惰性化してしまっているが、学習者同士だと、新鮮な緊張感が加わって、普段以上に読み手意識が強化される。評価方法について十分理解できていれば、大学生段階でのグループ学習の効果は大きい。指導者は、「自ら教えなければ」という義務感を控えて、学習者の自己評価および相互評価の機会をできる限り多く設定すべきである。

まずは自分の作品に対する第一次自己評価、次に、その自己評価にも応答する他者（指導者を含む）評価、続いてこの他者評価を参考に修正を加えた作品についての第二次自己評価、最後に指導者による評価というように、評価を積み重ねることが、学習者の自己評価力を徐々に深く、正しく、確かなものにしていく。

評価は、最終的には、自らの学習、学力向上のためだということを学習者自身が自覚する必要がある。他者評価に頼りすぎると、結果のみが気になり、自ら学習して学力を高めようとする主体的な姿勢が持てなくなる。そうならないために、自己評価の機会をこまめに設置するようにする。学習者一人ひとりが、自己評価によって自らの課題が自覚できるようになれば、教師による個別評価の理解も進み、学習効果が高まる。自己評価力の最終目標が、指導者を離れた後の自己学習力の形成であることは言うまでもない。

4　総括的評価による課題発見

授業の最後に行うのが総括的評価である。ポートフォリオを活用すると、一連の文章表現活動の実態を効率よく振り返り、自らの文章表現上の課題を見定めることができる。ポートフォリオには、書き上げた自分の作品だけでなく、クラスメートの作品の載った通信、指導者の配った手引きや参考資料、作業途中のメモやアウトライン、推敲途中の草稿、それらに付けられた他者評価など、半年間の学習活動全体を示す資料がすべて保存されているからである。

授業開始時点、経過途中、終了時における自己評価の比較、他者（指導者と他の学習者による）評価と自己評価との比較が「メタ自己評価」を促し、もとの自己評価の信頼性や妥当性を高める。一連の評価活動の繰り返しが、自らの文章表現に対する確かな評価力を養成するのである。

安彦（1987）[16]は自己評価と他者評価の関係を次のように指摘している。

　　ここで、「自己評価」と「他者評価」との、あるべき関係を明記しておき

16　安彦忠彦（1987）『自己評価「自己教育論」を超えて』図書文化

たい。

「自己評価」は、単なる自分だけの評価から、「他者評価」を取り入れて一段高い質の「自己評価」に高まらなければならない、という関係にある。図示すれば次のようになる。

自己評価Ⅰ　→　〈他者評価〉　→　自己評価Ⅱ　（中略）

「他者評価」を相対化して、そこからも学びながら「自己評価」の内容をより正確で客観的な、視野の広いものにすることができるようになる。その際、「他者評価」の「基準」を、一つのモデルとして「自己評価」のために「取りこむ」ことによって、それを遂行することが多い。

このように、「他者評価」というものを身に受けないことには、より健全な「自己評価」にはならないとともに、また逆にいつまでも「他者評価」に依拠していることは未成熟な状態だといってもいいのである。

（pp.114-116）

自己評価が、他者評価を経て一段高い質の自己評価に高まる、さらには、いつまでも他者評価に依拠していることは未成熟な状態だ、と述べている点に注目したい。自己評価は、他者評価に学びながら質を向上させ、いずれは自立することが望まれる評価なのである。

ポートフォリオ編集[17]を総括的評価活動の作業の一環とする一方で、その作業をとおして見えてくる「文章表現学習の成果と課題」を学期末のレポートとして学習者に課す。指導者は、この学習者の総括的自己評価作文とも言えるレポートを基に、単位認定のための成績評価と自らの指導の総括的評価を行う。

なお、編集されたポートフォリオは、学習者にとって、一冊の貴重な学習記録であるため、評語をつけて必ず学生の手許に返却するようにしている。単元中に、十分に形成的評価が行われていれば、総括的に指導者がする評価は、承認あるいは確認ということになる。指導していないことを新たに書き加えることはしない。学習者は、指導者から承認や確認を得たレポートの内容を拠り所に、単元終了後も自己学習を進めるのである。

17　学期中の作品および資料すべてを一冊の学習記録として整理し直し、目次、あとがき、奥付などを加えてまとめあげる。

第２項　二つの指導法

書くことの指導を円滑に進めるためには、学習者の書くことに対する抵抗感や嫌悪感をぬぐい去り、まずは「書き慣れる」という状態にもっていく必要がある。これについては、作文指導の歴史の中で「生活化」や「習慣化」と呼ばれて書くことの学習指導の基盤に位置づけられてきている。

ただし、ただ書き慣れればよいというものではなく、何を、どのように指導すれば効果が上がるのか、指導法を確認しておくことが重要である。

以下、文章制作過程による指導と部分による観点別指導の二つの指導法について述べる。

１　文章制作過程による指導法

文章表現の指導では、制作過程にしたがった指導法が用いられることが多い。それはつまり、まずは、書く内容を探し、集めた題材を選んで構成し、文章の始めから終わりまで、順次書き進めていく、文章の制作過程に沿った指導である。

以下、制作過程順の中でも、三段階に分割されたものと、さらに細分化されたものに分けて考察する。

１．１　三段階に区切った指導法

書く前の指導、書いている最中の指導、書いた後の指導の三段階に区切った指導法である。時期の区切りがはっきりしていて理解しやすいが、それぞれの段階で何をどう指導するのか、ねらいや内容については明らかでなく、指導者にまかされている。文題だけ与えて、あとは学習者にすべて任せるというような無謀な指導を阻止するには幾分は役だつだろう。しかし、結果として、書く前や書いた後に指導が集中し、もっとも必要とされる、書いている最中の指導がおろそかになる傾向がある。時期の提示だけで、指導の内容が示されていないためである。

１．２　制作過程順に細分化された指導法

文章制作過程を、次のような七つの段階に分けて行う指導法である。題材→取材（発想）→構想（構成）→記述→推敲→活用→評価である。三段階の指導法に比べると、各段階で使われていることばを見ただけで指導のねらいが理解できる指導法である。しかも、これらを順番にこなすことで最終的に一つの文章が出来上がるという見通しが立てられる効果もある。

ただ、この指導法は、指導計画全体を見通しながら指導者が授業を進めるためには効果的であるが、どんな課題についても、つねにこの指導過程を機械的に当てはめて実施すればよいというものではない。書き手が題材についてよく知っている場合は、題材指導は省略できる。指導者による課題作文で、課題についての情報がすでに与えられている場合も、指導は取材から始められる。どの過程に力を入れ、どの過程を省略するかは、指導者の判断による。課題の種類や学習者の実態にあわせて、重点を定めて活用することになる。

必要に応じて、題材と取材学習、取材と構想（構成）学習のみ、といったふうに、各段階に焦点化する学習が考えられてもよい。アウトラインまで仕上げて、文章そのものを書き上げる過程は省略するという学習もあり得る。このような観点からは、教材の文章を参考に、書き出しや書き納め部分、段落の関係やつなぎ方など、文章の各部分に焦点を当てて練習するような方法も考えられる。これについては、引きつづき２で考察する。

２　部分による観点別指導法

１で述べた三段階と七段階の二つの指導法は、言語の線状性に基づき、分割的に、語から文、文から段落、段落から文章へと、一方向の階段状に整備された指導法であった。ここでは、文章の一部を取りたて、表現の仕方を観点別に学んでいく指導法を取り上げる。

中西（2006）[18]は、次のような形式面での諸観点を提示している。

18　中西一弘（2006）「書くことの学習指導とその体系」倉沢栄吉・野地潤家監修『朝倉国語教育講座第４巻　書くことの教育』朝倉書店

①題名（タイトル、小見出し）
②書き出しと書きおさめ（首尾照応）
③段落相互の連係ぶり
④各段落の構成の仕方（長・中・短の段落がになう役割分担）
⑤文の長短や、文頭・文中・文末などを構成する文型の選択
⑥語彙の選定
⑦表記法の活用　（p.65）

そして、「文章が持つ形式面からの諸観点を念頭においておくと、優れている部分の指摘・学習に落ちがなく、安心して活用していける。形式面からの長所発見は、必ず内容面と結びつく。」（p.66）と述べている。

筆者の指導計画においては、これらの観点の一つ二つを課題作文の制作条件として取り上げ、文章作成の際の表現技術面における手引きとして活用した。始まりから終わりへと一方向に進む指導法に、このような観点別の指導法を加えることで、表現の指導が緻密になると考えられるからである。

文章制作過程に沿った指導が一般的であるが、このように形式面から、各部分の表現を整えていく学習が併用されてもよいのではないか。いつも丸ごとをはじめから順に書き上げていく学習ばかりでは、部分で気をつける要点がつかみづらい。ある特定の部分を取りたてて、必要な表現技術を学んでおけば、全体を書き上げるときに、その部分については即座に技術が応用できる。推敲過程においても、上記①～⑦の観点が念頭にあれば、効率よく推敲作業を進めることができる。

一方向の指導法に観点別表現技術の指導法を加え、双方が一体となって学習効果を発揮するように計画した。

第３項　推敲の指導

1　制作過程全般

一般には、文章は書き直せば書き直すほどよくなる。ところが、「書か

される」という意識で文章を書く場合は、規定の字数を埋めることに精一杯で、推敲[19]にまで考えが及ばない。「課せられた作文を提出すること」が目標になって、内容をよくすることに対する意欲が消えてしまっている。これは、指導者の問題である。推敲に指導の手が届いていないのである。

金原（1933）[20]は推敲について次のように述べている。

> 推敲とは文を存在の形で考へることでなくて、文を推移の形で考へることである。成立した形として考へずして、産出せらるる状態で考へることである。　　　　（漢字は新字体に改めた。p.307）

また、大村（1983）は、指導者の立場から、「記述・批評・処理のためのてびき」[21]において、次のように指摘している。

> 作文を能率的に処理するのには、（中略）作文が書かれてからでなく、その以前、書く前に出発して、方法をとらなければならないと思う。「書かせた作文をどうするか」ということばかりでなく、「どのように書かせるか」ということを、まず、考えなければならないと思う。　　　　（p.175）

大村のことばは、指導者が学習者の作文を能率的に処理していくための方法として述べたものであるが、これは同時に学習者に対して、作文を書く「事前」・「事中」・「事後」の全過程にわたって、できるだけ誤りを少なく書かせるための指導方法につながっている。推敲は、最終的には書き手の責任においてなされるべきものであるため、学習者の立場に立った大村の「てびき」は、実践家ならではの見識として貴重である。

金原と大村は、ともに、推敲は書き上げた文章に対してではなく、制作の全過程によらなければならない、と指摘している。推敲は、書き手が何をどのように捉え、それをことばによってどう表現したのか、書き手の意図と表現との対比において、制作の全過程をとおして行われなければならないのである。

19　推敲という用語は故事に基づいたことばである。当用（現在は常用）漢字になってから「推考」と書かれることもあるが、筆者は由来を示す「推敲」を用いる。

20　金原省吾（1933）『構想の研究』古今書院

21　大村はま（1983）『大村はま国語教室５』筑摩書房

第２項で述べた文章制作過程順の指導法にも、推敲はきちんと位置づいている。しかし、その推敲の態度は、指導者、学習者ともに、書き上げた後、形式的に、文字・表記の誤りを訂正するだけに留まりがちであった。以下、推敲の指導について、制作過程全般を視野に入れて考え直してみる。

２　推敲の目的

推敲は、書き上げた文章を読み返し、自分が伝えようとする事柄が過不足なく、読み手に十分伝わるように書けているかどうかを検討するものである。そしてそれは、１で述べたように、文章制作の最後に行うものではなく、制作過程全般を通じて行われるべきものである。過程に分けて、そのときどきに推敲すべき内容を考えると次のようになろう。

(1)　取材過程；書くべき事柄、主題を決定する。主題文をまとめ、それを中心に取材、選択の検討をする。

(2)　構想過程；題材の内容を吟味したり拡充したりする。題材の配列順、展開方法を考え、主題を明確にするために考えをめぐらす。

(3)　記述過程；書きながら考え、読み返し、削ったり、付け足したりしながら書き進める。自分の書きたい事柄が十分に表現できているか、読み手にわかりやすく伝わるか振り返りながら進める。

こうして、制作過程を分析的に振り返ってみるとわかるように、文章を推敲するということは、たんに誤字や脱字、文法の誤りを訂正するという段階に留まるものでなく、書き手の思考の生成・展開とも密接に関わる作業であることが理解できる。まさに、文章産出モデルにおけるモニター機能[22]そのものに相当する。

内田（1986）は、書きながら考え、考えながら書く文章の作成過程を「自己内対話による思想と表現の調整」活動であると指摘し、この活動にこそ、

22　第３章第１節第１項３「フラワーとヘイズの文章産出モデル」参照。

認識の深化をもたらす鍵が存在すると述べていた[23]。書き上げた後に限らず、取材、構想、記述のそれぞれの段階で、さらには一語の選定、一文の成立、段落の積み上げ等、それぞれの段階において、書き進みつつ、問い返しつつ、文章作成と同時進行で行われる推敲作業は、畢竟するに、書き手の認識の深化そのものと言えるであろう。

３　客観視するための方法（時間・音声・視覚）

誰でも、間違いに気づいたまま、また、読み手に伝わらないとわかっていて文章を書くことはない。自分の書いたものは正しく、しかも、自分が思うように伝わると信じて文章を書くのである。こうした主観を正すためには、自分が書いた文章を客観視できるような、自分の文章を他人の文章として読むことのできる状況を作り出す必要がある。そのための方法に「時間をおいて読み直す」、「音声化する」、「視覚化する」の三つが考えられる。

一つ目の「時間をおいて読み直す」方法は、時間さえ許せば、学習者にも指導者にも楽な上に予想以上に効果の高い方法である。書いた直後の推敲では、書いた文章を冷静に見ることができないが、時間が経てば、あたかも他者の文章でもあるかのように、書かれた文章だけを頼りに内容を理解しようとする状況が再現できる。時間をおいたことによって書いた内容を忘れてしまっていることが、表現を修正するためには好都合なのである。他者の文章の間違いはよくわかるのに、自分の間違いにはなかなか気づかないという経験は誰しもよくあることであろう。それと同じ原理を活用した方法である。

比較的長い文章の場合は、推敲までに一週間程度の余裕を持って書き上げられると落ち着いて推敲ができる。小品の場合は二、三日程度、一晩寝かせるだけでもよい。あまり時間をおきすぎるとかえって書く意欲を失っ

23　第３章第１節第１項「人はどのように書いているのか」および第２項「熟達者と初心者のモデルの違い」参照。

てしまう恐れがある。提出ぎりぎりになって書き上げることの多い大学生のレポートに長い時間を求めることはなかなか難しいが、卒業論文などの大作の推敲には、是非とも採用したい方法である。中、高校生の場合には、学期をまたいだ形であらかじめ推敲学習を計画に取り入れられるならば、実施してみる価値は高いと思われる。

二つ目の「音声化」については、指導者が学習者の文章を、教室のみんなの前で読み上げて紹介する方法がある。苦労して書いた文章が、教室で紹介されてみんなに理解される喜びが体験できる。理解される喜びが、自ら文章を推敲し、よりよくしようとする意欲につながる。また、指導者によらなくても、自分でゆっくり、じっくり時間をかけて音読する方法もある。つまり、すでに書きあらわされたものを音声化することによって、文の乱れ、語彙、句読点の誤りに感覚的に気づかせようとするのである。黙読では、思い込みによって読み飛ばす危険性が高いが、ゆっくりと音声化することで、見落としを防ぐことができる。誤りだけでなく、文章のリズムなどにも気づける利点がある。短い文章ならば、提出前に一度は声に出して読んでみるとよい。

三つ目の「視覚化」は、板書や掲示、通信への掲載など、目による確認で、音声化とほぼ同様の効果が見込める。音のリズムに代わって、文字配列（漢字、ひらがな、カタカナ、各種符号など）の視覚上の効果が確認できる。ただし、コンピュータによる文章作成の場合、液晶画面上の作業よりも、一度出力して印刷した方が読みやすく、推敲作業は捗る。なお、校閲他、ワープロに附属する便利な機能についても積極的に活用したい。

上記三つの方法は、いずれも書き手本人が、主観を離れて、客観的な視点をもつための方法である。もしも身近に、内容を読んで理解できる年齢の人がいて、読んでもらえるのなら、これ以上ない第三者の目による推敲となる。すすんで依頼するとよい。

４　推敲の観点

既に述べてきたように、記述をより的確にするための推敲は、同時に書き手の思考をより確かで緻密なものにし、ときにはまったく新しい発見につながる働きをする。一度書きとめた表現を、書き手本人が表現意図に照らし合わせて深く検討するためであろう。学習者の言語能力、思考力の確かな進展が期待できる作業である。

そうした推敲作業を効率的に行うための観点は、一般的な文章制作上の観点と同様である。観点は同じだが、順序は制作過程を逆にたどることになる。具体的には、まずは、文章の結びの段落から書き出しの段落へ、さらには文題へとたどり、その照応の程度、整合性を確認する。こうして、文章全体のまとまりの確認ができたら、次に、各段落のまとまりと段落どうしのつながりについて検証する。さらには、一文の構成の正確さ、用語選択の的確さ、誤字・脱字の確認へと、細部にまで進めるのである。

ただし、推敲は文章全体にかかわると同時に制作過程の全過程にわたるため、最後に一括してすべて行うのは困難であり、効率的でもない。文章制作過程の時々の段階、つまり、取材、構想、記述の過程において、常に推敲の精神を働かせ、最後には上記のような観点に絞って、まとめの推敲作業を行うのである。

５　相互評価

大学の指導においては、時間が取れない代わりに他者の目を活用して、学習者同士のグループによる相互批評会を実施している。自分の誤りには気づきにくいものだが、他人の誤りには気づきやすい。誤字、脱字はもとより、文章全体の流れについても、伝わる文章かどうか、容易に指摘できる。指導計画の中で設定した相互批評会の時間は、それまでの文章表現学習が充実したものであればあるだけ、相互に教え合い、学び合う内容の多い充実した時間となる。

指導者による個別評価は、こうした相互批評会の後で行う方が、効率的で的を射た評語が書ける。最後に書き手自らが行う推敲に先だって、こうした相互批評会、指導者による個別評価の機会があれば、完成した文章は、草稿段階の文章に比べてかなり質の高いものとなるだろう。なお、これらすべての評価は、評価者間で基本となる観点[24]が共有されていることを前提としていることは言うまでもない。

6　習慣化

推敲は、自らの思考を確かなものにし、記述をより的確なものにする。推敲の行き届いた文章が指導者や他者から認められ、自らもその成果を自覚できることが喜びとなる。この喜びが、推敲への積極的な姿勢を生むのである。

推敲が、誤字・脱字の訂正レベルに留まり、他者による評価も誤りを指摘し合うばかりで、内容の生成、発見につながる喜びを伴うものでないならば、表現の楽しさは損なわれ、推敲への意欲は減退する。国語通信への掲載や相互評価などによって、学習コミュニティ内で理解される喜びが励みになり、そうした自らの充実感が、次もまた読み直そう、書き直そうという意欲を生むのである。

学習目標に合わせた無理のない評価活動を、指導計画の随所に組み込み、推敲を習慣化させなければならない。どんな文章でも、必ず読み直し、書き直す習慣である。

書いた文章を推敲することが習慣として身についている、そんな学習者を育てることが、間もなく社会に出る大学生を指導する者の責任であると考える。

注

1　大塚雄作（2005）は、「学習コミュニティ形成に向けての授業評価の課題」溝上慎一・藤田哲也編『心理学者、大学教育への挑戦』（ナカニシヤ出版）の中で、「実践コミュニティは、“あるテーマに関する関心や問題、熱意などを共有し、その分野の知識や技能を、持続的な相互交流を通じて深めていく人々の集団”」(p.27)、「実践コミュニティが対象とする領域を学習の場とするとき、それは学習コミュニティと呼ぶこと

24　筆者の指導計画においては、前半期の10、後半期の7の表現技術が学習コミュニティ内で共有する観点となる。

ができる」（p.28）と述べている。

2 「単元学習とは、学び手の興味・関心・必要に根ざす話題をめぐって組織される一まとまりの価値ある学習活動であり、それによってことばの力、学ぶ力、生きる力を適正に育て得るものを言う。」日本国語教育学会（1992）『ことばの学び手を育てる国語単元学習の新展開Ⅰ』東洋館出版社、p.108

3 「動機づけの順序」森岡健二（1981）『文章構成法』至文堂、pp.80-83

第一　注意をひく段階

第二　必要を示す段階（問題の提示）

第三　必要を満たす段階（問題の解決法）

第四　具体化の段階（証明）

第五　行動に導く段階

手引および例文の詳細は、使用テキスト、中西一弘編（2008）『新版やさしい文章表現法』、pp.33-39

4 赤ペンによる添削記号

一　××××　　誤字・脱字、または漢字で書こう。

二　〰〰〰（波線）　わりにくい、もう一度考えて。

三　○○○○　　わかりやすい、あるいは魅力的な表現。

四　◎◎◎◎　　○よりもさらによい。花丸の場合もある。

五　＝＝＝＝　（二重線）　取ってしまったほうがよい。

六（　　　　）　間違いではないが、なくてもよい、省いたほうがよい。

以上に加えて、一般的な校正記号も併用する。

終　章　研究の総括

序章で述べた本研究の課題は、次の三つであった。

1　実践の記述；30年間に及ぶ大学における文章表現指導実践を反省的に記述し、その実態と課題を明らかにする。

2　実践的見識の向上；作文指導理論、先行する作文指導実践や認知心理学における文章産出過程に関する知見、外国の高等教育における文章表現の指導事情、教育学からは研究方法、評価理論ほか、関連する研究成果を広く探し求め、指導に必要な実践的見識を高める。

3　新たな指導計画の提案；1、2を手がかりに大学における新たな文章表現の指導計画を提案する。

1と2を先行課題とし、その成果として3が生成することに最終課題をおいてきた。

以下、これらの三つの課題に応える形で研究の成果を述べていく。

第1節　研究の成果

第1項　実質的成果

本研究の課題は、これまでの実践の記述と理論的研究、そして新たな指導計画の提案であった。第7章において、文章表現の新たな指導計画を、「大学初年次生を対象とした基礎文章表現法――単元『書くことによる発見の喜びと共有』――」と題して提案できたことは、今回の研究における最終課題の達成を証明する実質的成果と言える。

認知科学の知見に学び、「文章表現指導は作成過程全般をつうじて『書き手の声の創造』を支援するものである」[1]と理解したことが確かな手がかりとなり、筆者がこれまで貫いてきた学習者を主体とする指導姿勢に確信が持てるようになった。そしてそれが、新たな指導計画の指導目標と単元名につながった。

新たな指導計画の提案は言うまでもないことながら、その提案に至る研究の足跡のすべては、実践の記述が基になって生まれた。研究を始めた当初、自らの実践を記述することがこれほど難しいことだとは、思いもよらなかった。しかし、ひとたび学会発表や研究誌への投稿を契機に記述を始めて見ると、書いたものがこれまでの実践を目に見えるものにし、それによって指導内容や方法が問い直され、改善のための手がかりがつかめるという好循環が生まれた。「書くこと」は、まさに発見であり、「自らの声の創造」であった。

文章表現の指導者として、書くことが発見につながる経緯を自らの実践の記述をとおして体験し、それをもとに新たな指導計画が提案できたことが実質的な成果である。

第２項　実践の価値

学習者の意識や能力を調査、分析し、その実態を把握してから指導計画を立てるというのが、これまでの筆者の実践に対する基本的な姿勢であった。理論をあてはめたものではなく、学習者の実態の確認をもとに、実践を積み重ねて築き上げた文章表現の指導法である点に、本研究の実践的価値があるものと考える。

村井万里子（2013）が指摘するように、高等教育が大衆化した現代において、「『書くことの発達』の到達点として高等教育における『文章表現指導の成果・効果』の研究は重要性を増している。」[2]と言える。初等・中等

1　第３章第１節第３項参照。

教育を通じて、「書く力」がどのように「教授・学習」され、「発達」してきたのか。本研究では、大学の学習者に課した診断的自己評価作文の分析によって、まずは高等教育に託された課題を見極め、その課題解決に向けた指導を地道に積み重ねてきた。さらには、形成的自己評価作文、総括的自己評価作文の分析により、指導の改善はもとより、その成果・効果についてもできる限り明らかにしてきた[3]。

新たな指導計画は、単元学習として提案することになった。筆者の指導が、学習者主体、個別指導重視、主たる学習材が学習者の作品であること、指導の系統性の基盤を言語生活や言語活動においていることなどが、単元学習の原理的特徴[4]と類似していたからである。教師主導の解説型授業は極力避け、学習者を主体に、学習者の言語生活の実態や興味・関心に基づいて授業を組み立ててきた。指導者があらかじめ準備した内容を教え込むのではなく、学習者が選んだ題材をもとに、学習者同士の話し合いによって話題を広げ、思考を深めたうえで文章作成に向かうように学習活動を組み立てた。取材の方法や整理の仕方、段落の構成や配列法、叙述に当たってのレトリックなど、必要な知識・技術指導を積極的に行う一方で、主題や生成過程の発想は学習者の自由に任せ、学習者の多様な考え方に、むしろ指導者である筆者が学ぶ姿勢で授業を進めた。学習者の意見や作品を中心的な学習材として活用することが、学習活動をより興味深く、活発なものにした。

題名とした「書くことによる発見の喜びと共有」は、単元の目標を示すものである。学習者の実態や興味・関心を重視し、学習者の言語生活および社会的要請との調和に配慮した大学初年次生を対象とした基礎文章表現

2　村井万里子（2013）「５書くこと（作文）の教育の発達論に関する研究の成果と展望」全国大学国語教育学会編『国語科教育学研究の成果と展望Ⅱ』学芸図書株式会社、pp.129-132

3　第６章第１節、第２節において検証した。

4　桑原隆（2009）「単元学習」田近洵一・井上尚美編『国語教育指導用語辞典〔第四版〕』教育出版、pp.208-209

法の単元計画である。指導は二部構成とし、前半に課題条件法による二百字作文練習によって基礎的な文章表現技術の習得を図り、後半には意見文のための基本構成モデルによって論理的思考力の養成を図った。毎授業時の技術目標はもとより、前半期、後半期、それぞれに国語の知識・応用力・態度面についての達成目標を設定し、全体の価値目標として「書くことによる発見の喜びと共有」を設定した。学習者個々および毎授業時の学習目標とも合わせて、指導目標を重層的に捉えた。

評価は、設定した目標がどの程度達成されたか、あるいは達成されつつあるかを、客観的に見つめるための手段である。目標と指導、そして評価が一体化していれば、学習の効果があがる。評価が、常に学習活動を監視する態勢にあれば、学習は目標を逸れることなくまとまる。評価の視点が、これまでの筆者の実践を最終的に単元学習としてまとめ上げた。

かねて評価は、文章表現指導の最大の難点と言われてきた。指導者による赤ペン指導を典型例に、作文の評価は、時間がかかる割に効果の薄いものとして忌避されているのである。この評価に対する画一的で否定的な印象を、「学習の効果をあげるもの」として発想を転換し、捉え直したことが筆者の視界を広げることになった。実践が評価理論と結びついた成果である。その結果が、第７章において提案した「大学初年次生を対象とした基礎文章表現法――単元『書くことによる発見の喜びと共有』――」の単元学習計画である。

第３項　本研究の意義

大学生は、小・中・高、12 年間にわたって国語科で作文指導を受けてきている。この事実を正当に評価しないまま、大学における指導を構想することはできない。まずは、大学入学までの文章表現学習に対する意識および文章表現能力の実態を把握し、残された課題を見極めた上で、その課題解決の方法を指導計画に盛り込むことが大学の指導に求められている。実践を続ける中で、大学の専門教育につながる指導、卒業後の仕事をも見据えた指導が、学習者の表現意欲喚起につながることも見えてきた。

本研究は、大学における文章表現指導が、小・中・高・大・生涯へと連なる長い視野を持った系統性を求めるものであることを提起し、その一部である大学初年次生を対象とした基礎文章表現法を単元学習として具体的に提案したものである。

序章において述べた作文指導理論の二項対立の問題については、生活における実用性に配慮した種々の言語活動、短作文による表現技術練習を取り入れ、そこに指導計画全体を監視する評価を組み込み、単元学習としてまとめるという形で、統合的、発展的解決を図った。初年次生向けの基礎文章表現法として適切であると考えている。

以上、本研究は、国語科教育のカリキュラムとしての系統性への配慮、発達的視点からの考察、具体的指導計画の提案の三点から、これまでの大学における文章表現指導の課題に対し、その一部ではあるが解決を試みたものである。

第２節　今後の課題

最後に、今後、筆者が取り組むべき課題について述べる。

第１項　大学における文章表現指導計画の作成

日本の大学においては、小・中・高の作文指導との系統性に配慮した文章表現指導が行われていない。小・中・高の国語科の作文指導においては、計画的・系統的な作文指導の効果が示され、指導計画の必要性が説かれているにもかかわらず、大学にはそうした指導計画が存在しない。高・大連携が言われる中、文章表現指導においては大きな断絶が存在しているのである。

大学においては、各大学の要請あるいは、担当者の専門や興味に合わせた指導目標を掲げて文章表現の指導が行われており、学習者の意識や文章表現能力に基づく必要や要請については考慮されていないのが現状である。学習者の実態が明らかにされないままの指導では、指導者が求める学習の効果は期待できない。大学への進学率が高まる中、小学校から高校までの教育課程とも連携を図りながら、大学における文章表現の指導計画が作成されるべき時期に来ているのではないだろうか。

本研究で筆者が提案した指導計画は、高校と大学の断絶をつなぐ意図をもった指導計画である。提案の題が「大学初年次生を対象とした基礎文章表現法」となったのはそのためである。これに続く指導計画の作成が、今後の研究課題となる。その際に考慮すべき要素は、今回の研究をとおして、次のようなものが判明してきている。系統性への配慮、思考の技術としての言語技術指導の強化、個別指導の重視、世界規模のコミュニケーションに対応できる多様性への対応などである。

指導計画の作成過程においては、目標の設定から指導方法の決定、指導内容の精選から学習活動の組織、そして評価から処理まで、文章表現学習に関わる事項を過不足なく熟考する機会が得られる。そしてひとたびできあがった指導計画は、完成されたものとしてそれに従うものというよりも、むしろ関係者同士で評価しあい、学習指導をよりよいものにするための一資料となるものなのである。大学の文章表現指導においても、このような教育研究の場が整うことが強く希望される。

筆者は、今回提案した初年次生対象の指導計画の次につながる、大学における専門の学びに資する文章表現指導計画の作成にとりかかりたい。

第２項　理論研究の継続

本研究においては、理論研究の成果が筆者の実践の記述を大きく助けた。中でも、「コンポジション理論」と「文章産出モデル」の二つについては、文章表現指導の基盤となると考えるため、今後も研究を継続したい。

1　コンポジション理論の活用とその後

コンポジション理論は、アメリカの大学におけるコンポジション科目の理論的背景となるものである。日本へは、半世紀以上前に紹介されたものの、理論そのものについては、未だに十分に理解されたとは言えず、むしろ批判を受ける状況にある。

第一紹介者である森岡（1953）は、アメリカのコンポジション理論は、学生自身の能力を分析することからコンポジション指導の体系を再組織しようとする立場をとるとその特徴を紹介した。しかし、指導者主体、講義形式中心の当時の日本の教育現場において、この点は十分に理解されなかった。

筆者は、コンポジション理論によって、五つの言語活動（話す・聞く・書く・読む・考える）を一体としてとらえ、統一的に説明する方法を学んだ。そしてこのことが、表現教育と理解教育との関係について理解を深めることにもなった。また、文章表現指導の計画を立てるに際しては、アメリカのコンポジションが「効果的な言語習慣を確立すること」および「言語活動を効果的にすること」の二つを指導目標として掲げ、「習慣」や「効果」といった側面を重視している視点にも学ぶことができた。

コンポジション理論が日本に紹介されてすでに60年が経過している。発祥の地アメリカで、コンポジション理論がその後どう展開し現在に至っているのか。アメリカの大学におけるコンポジション科目の現状はどうか。コミュニケーション環境が地球規模に広がり、即戦力となる人材の育成が求められる今だからこそ、早急に取り組みたい課題である。

2　文章産出モデルと授業への応用

認知科学分野においては、文章産出における認知過程の解明が進んだ。その成果であるフラワーとヘイズの文章産出モデルは、作文の過程は、段階的、単線的に進むものではなく、階層構造をもつ下位過程が相互に作用を及ぼし合いながらダイナミックに展開するものであることを示し、作文の指導に大きな影響を与えた。一方、内田伸子は、書き手は読み手を対象に書くのではなく、自らとの対話によって、つまり、自分の書きたい内容と表現がぴたりとはまっているかどうか、自己内対話を繰り返すことによって表現を決定しているのだという見解を示している。この点は、実の場の設定や読み手意識を強化する指導に力を入れている国語科の指導とはややズレがあるように思われる。読み手や実の場もさることながら、書き手本人が、自分の伝えたい内容にふさわしい表現を追求する自己内対話の過程、つまりは「自分の声の創造」を目ざす実態は、言語の自己実現の欲求と伝達性の双方にかかわる重大な問題と言えるだろう。文章表現の根幹に関わる問題として引きつづき研究を進めたい。

第３項　実践を記述する意義の検証

記述は説明と論証のための前提条件であるため、実践論文を目ざしてきた筆者には、実践を記述することは避けて通れない課題であった。そのため筆者は、研究方法として野地潤家による「国語教育個体史」の論を選ぶとともに、具体的な記述方法については、鯨岡峻の『エピソード記述入門　実践と質的研究のために』を参考にした。研究にとりかかった当初から、実践を記述することの難しさに何度も音を上げそうになり、結果としてその苦しみは、今も続いている。本研究をとりまとめる最終段階において、再度、実践を記述することの意義を検証してみたい。

研究生活に入る前から、実践論文を書きためてきた筆者には、指導をとおして体験した自らの気づきを、何とかありのまま生き生きと描きだし、それを外部の人に伝え、分かち合いたいという思いがあった。そうすることによって、大学における文章表現指導の課題が読み手と共有され、ともに解決への糸口が探れるのではという期待もあった。

こうした思いを持ちながら、文章表現指導の実際を、根気よく丁寧に記録する経験を繰り返すうちに、学習者に対する理解が深まり、結果として指導に対する前向きな姿勢が生まれることを自覚するようになった。記述することによって、個々の学習者の人物像がはっきりとしてくるのである。同時に、記述には、その学習者に対する指導者の受け止め方、関わり方、指導の仕方が否応なく書き残されることになる。記述によって学習者理解が深まると同時に自らの指導法についてもしっかりと向き合い、工夫や改善を凝らすようになったのである。

一方で、文章表現指導に関して公にされる種々の大規模な調査結果を見るにつけ、筆者が日常的に関わる学習者との間に隔たりを感じることがあった。行動科学分野の分析的・数量的な研究方法は、多数の人にあてはまる一般的特徴や一般的な関わり方を分かりやすく提示しているけれども、それはそのまま、目の前の学習者に適用できるものではなかった。一般的な学習者がいて、一般的な関わり方をすれば指導効果が上がるということにはならなかった。学習者も指導者も、現実にはそれぞれの主体性と独自性を有して教室に存在する。一般と特殊との溝を埋める解決策は、当事者を探る以外に方法がないのである。

実践を記述する目的は、個々の学習者に対する理解を深めることに加えて、指導者自身ついての理解をも深め、当事者に応じた適切な指導法を探すことなのである。つまり、実践を記述することは、指導者の指導技術を磨くと同時に学習者の学習の質を高めることにもつながるのである。

実践論文の難しさは、単に指導事例を分かりやすく書き表せばよいというものではなく、指導者としてどこに課題を見つけ、そのための指導法をどう書き込んでいくかにある。書き込めば書き込むほど、学習者や他者の視点が意識され、結果としてさらに深く自省が求められる。逆に、個人の主観や価値観を切りすて、客観的な記述を心がけると、一般論には行きつくけれども、個々の学習者や指導者の問題や生きた姿が見えなくなってしまう。

こうした矛盾が解消されることを願って、個体史研究の道に進んだ。そこで見えてきたのは、一つの解決策というよりも、第三者の視点を得て、自分の見方、とらえ方、価値観を吟味し直すという方向であった。一つの記述は、他者の視点、つまりは他者のさまざまな価値観によって吟味され、多面的な批評を得る資料となり得る。書いても書いても、思うように書き切れない現実は継続している。しかし、それでも振り返ってみると、すでに書いたものによって、じつに多くの学びがあり、発見があったことに気づく。実践を記述するということは、自らの指導をわずかずつでも目に見えるものにし、それによって指導の仕方を問い直し、質を高めることにつながった。さらにそこに、第三者の評価が加われば、書き手の自己評価の質はいっそう高められる。そこにこそ、実践を記述することの意義がある。それを信じて、今後も実践の記述を続けていきたいと考えている。

第４項　文章表現の指導者自身の学習について

これまで述べることができなかった指導者自身の学習について、あえて終章の最後につけ加える。

文章表現の学習は、常に練習を繰り返し、継続することが基本である。これは指導者にとっても同様である。つまり、文章表現の指導者の仕事は、生涯学習のあるべき姿を自ら体現して学習者に示すことであるということでもある。

この困難な仕事の継続を支え、励ましてくれるのが、外部の研究会や同好会であり、同じ志を持つ仲間である。指導に従事していれば、自ずと自らもよく書くようにはなるものだが、上達を目ざすには新たな技術やジャンルへの挑戦が必要である。自分よりも高い技術を持つ人に指導を求め、一方では、互いの作品について忌憚なく語り合い、ともに批評し合える仲間が必要である。

同じ国語科の指導者同士連携することができれば、互いに指導したりされたり、互いの作品だけでなく指導方法に関しても評価し合うことができ、理想的であろう。あるいは、職場からはまったく離れたところで、作品の創作を楽しむ方法もある。いずれにしても、教室の教壇に立って学習者に指導するという立場から降り、自ら文章表現を学ぶ場に身を置くことが大事である。知識が実践の過程でどのように活用されるのか、また、書き手独自の内容はどのように生成されるのか。文章表現を指導する者は、書き手としての経験を積むことをとおして、少なくとも学習者よりは深く文章制作過程を理解していなければならない。

筆者は、指導を始めた当初、自分の文章力に不安を感じたが、積極的に外部に指導を求め、少しずつ自信をつける努力をした。不思議なことに、自分が文章の作成に苦労しているときほど、授業中の学習者に向けた説明がよく届いた。指導者の立場でなく、同じ表現者の立場に立つことで、学習者が直面している問題に気づきやすくなり、適切な助言ができるためではないかと思われる。

学校教育現場の教師がすべて、作家や評論家といった文章表現のプロになることはできない。しかし、少なくとも、文章産出の生みの苦しみ、発見の楽しみを理解し、文章表現力向上のための努力を継続する人物であることは求められるだろう。こうした求めに応じるためにも、文章表現の指導者は、指導法の研究会だけではなく、文章表現そのものについて、自ら学ぶための場を確保すべきであると考える。

おわりに

本書は、2014年に早稲田大学大学院教育学研究科に提出した博士学位審査論文「大学における文章表現指導——その実践分析と評価を中心に——」に微修正を加えたものである。

文章表現の指導をはじめてから30年余を経た時点で、こうして実践研究をまとめる機会に恵まれた。この背景には、母校大阪教育大学における恩師、中西一弘先生の長きにわたるご指導がある。学部在籍時のアメリカ留学に関わるご支援にはじまり、アメリカとの比較国語教育学に関する卒業論文から修士論文への指導とつづいた。修士課程修了後は、結婚を機に故郷大阪の地から遠く離れた長野県に住むことになったが、短期大学に講師の職を得て国語教育の研究をつづけることができた。教えながら学ぶという、国語教育研究には理想的な環境であった。「毎年一本ずつでよいから、実践論文をまとめて発表しなさい」とおっしゃる師のことばを頼りに実践論文を書き続け、ときどきにご指導を受けてきたことが、早稲田大学大学院教育学研究科博士後期課程への進学につながった。

修士課程を修了後、じつに四半世紀という長い時間を経ての進学で、当初は研究に対する期待よりも不安が上回っていた。入学式の式辞で、当時の白井克美総長が「オプティミストは暗闇に光を見出す」とおっしゃった一言が、これまでいつも萎えそうになる心を支えつづけてくれた。幸いに、実践研究を専門領域とされる町田守弘先生のゼミに暖かく迎えていただくことができた。同時期にとなりの研究室におられた浜本純逸先生のゼミにもお邪魔して、国語教育史を学ぶ貴重な機会も得られた。浜本先生の退任後に赴任された桑原隆先生からは、米国の言語教育運動や単元学習についてご教示いただき、筆者の学部時代の留学経験、その後のアメリカとの比較国語教育研究ともつながり、行き場を見失っていた研究に弾みがついた。理論研究が進み、文章表現指導についての基礎的な知識が蓄えられるにつれ、研究テーマに、アメリカにおける言語教育、大学のコンポジション科目、さらには、自らの実践方法にも似たホール・ランゲージの考え方などがつぎつぎと視野に入ってきた。こうした経緯により、研究の最後には、大学における文章表現の指導計画を単元学習として再編するに至るのである。ご縁の不思議を思わずにはいられない。

早稲田大学大学院教育学研究科は、「単なる理論や実践に埋没することなく、複合的な視野で教育に関わる研究を深める」という目標を掲げている。この目標の下に設けられている「複合履修制」により、博士課程一年次には、麻柄啓一先生の「教育心理学研究演習」を受講させていただいた。異なる研究領域から、文章表現指導における学習コミュニティや評価の重要性といった重要な視点を得ることができた。また、進学後すぐに会員となった早稲田大学国語教育学会においても、例会への参加や学会誌『早稲田大学国語教育研究』から多くを学ばせていただいた。現在、同学会の中心的な立場で活躍される福家俊幸先生からもご指導いただいた。記してお礼申し上げたい。

こうした恵まれた研究環境にあったことに加え、これまで実践一筋で過ごして来た筆者にとって何より幸いであったことは、実践を主たる研究対象とされる町田守弘先生の研究室に所属できたことである。勉強不足で、この幸いに気づくまでに時間がかかった。ようやく研究が軌道に乗り出したころから、実践研究の沃野の広がりに気づくことになる。「授業という場所に直接つながる実践の学として国語教育学を位置づけたい」と、つねづね話される町田先生の言葉が身にしみて理解できるようになってきた。

ゼミでは、こんなこともあった。学生の比喩についての発表をもとに町田先生自らが授業案を示されたのである。中学生を対象とした授業で、まず、比喩とは何かを具体例を用いて理解させる。次にその理解に基づいて生徒各自に身近な場所で比喩を採取させる。最後に採取の成果を交流させて、まとめに移るという流れであった。指導者による要点を押さえた簡潔、明瞭な解説の後に、学習者自身による調査活動を組み込み、さらには活動の成果をクラスで共有するという評価から処理までをふくむ、目の覚めるような指導案であった。このような授業案がたちどころに示される背景には、先生ご自身の教育現場における長年にわたるご研鑽の積み重ねがある。

国語の授業を構想するためには、言語学や国文学の理論に目を通すことはもとより、先行実践の成果を確実に押さえる必要がある。その上で教師は、今、目の前に居る学習者のために、「啐啄同時」の授業を毎時間提供するのである。

筆者が座右の書とする藤原与一氏の『国語教育の技術と精神』の中に次のことばがある。

> ――書くことは、考えて、ものを産み出すことである。
> 書きあらわすことは、考えてものを産み出すことなので、書くことには、産むよろこびがある。産むよろこびが味わえるようにすることが、「書くこと」である。（p.95）

博士論文を書きあらわすことは、まさに考えてものを産み出すことそのものであった。研究の成果として新たな指導計画を提案できたことが、文章表現の指導者として大きなよろこびである。これまでの実践をとおして蓄積し、学習材として活用してきた「国語通信」がこの度の論文作成に大きく役立った。共に学んできた学習者の作品に助けられて論文が仕上がったのである。

学習者に対して、「産むよろこびが味わえるようにすること」が「書くこと」の指導者に与えられた仕事であろう。不足の多い研究であることはよく承知している。だからこそ、ここで終えるのではなく、「産むことのよろこびにつながる書くことの指導研究」を、今後も追究し続けていきたい。

最後に、根気よく見守り、信じてお待ちくださった町田先生に、あらためて深く感謝申し上げます。先生の指導者としての寛容なお心と折に触れての暖かい激励のお言葉がなければ、博士論文が成ることはありませんでした。本書への行き届いた序文もありがとうございました。

刊行に際しては、渓水社の木村逸司社長と丁寧に誠意ある校正を行ってくださった西岡真奈美氏に大変お世話になりました。ここに記して感謝申し上げます。

2016年8月

金子　泰子

初出一覧

以下、本研究の基となった主な論文の出典を目次順に、太字で示す。本書の作成に際しては、すべて改稿、改題され、原形を留めないものが多い。目次との対応が難しいものについては、およそ該当すると思われる章、節ごとにまとめた。

なお、ここに無い章、節、項については、全て書き下ろしたものである。

第1章　大学における文章表現指導概観

　第1節　日本の学校における文章表現指導

　　第2項　高校における文章表現の不振

- **2012〈新刊紹介〉「高等学校国語科の教科構造――戦後半世紀の展開――幸田国広著」『早稲田大学国語教育研究　第32集』**

第3章　関連諸科学からの示唆

　第1節　認知科学が明らかにした文章産出モデル

- **2012「作文指導、認知心理学からの示唆――『いかに書くのか』から『なぜ書くのか』まで――」大阪国語教育研究会『中西一弘先生傘寿記念論集』**

　第3節　大学における文章表現指導のための評価

- **2013「大学における文章表現指導の評価――新たに生みだし、将来につなぐために――」日本国語教育学会『月刊国語教育研究 No.500』2013年12月号**

第4章　短期大学における文章表現指導の展開

　第1節　実践研究に至る「国語教育個体史」の試み

　　第2項　二百字作文との出会い

- **1988「短期大学での文章表現指導――短作文（二百字字数制限作文）指導の研究――」『上田女子短期大学紀要第11号』**
- **1990「短期大学での文章表現指導　その3――長作文（意見文）の構想**

指導で考える力をつける――」『上田女子短期大学紀要第 13 号』

第２節　学習者主体の授業運営

・1997「学び合う文章表現学習」大阪教育大学国語教育研究室『国語教育学研究誌第 18 号』

第５章　大学における文章表現指導計画の開発に向けて

第１節　短期大学における文章表現指導

第２項　二つの研究と指導の改善

・1989「短期大学での文章表現指導　その２――短作文を通してみた文章表現力の展開」『上田女子短期大学紀要第 12 号』

・1999「短期大学での文章表現指導――学習者の実態と願いを知る――」大阪教育大学国語教育研究室『国語教育学研究誌第 20 号』

・1999「小論文の指導　その１――学習者の実態調査をもとに指導上の問題点を探る――」『上田女子短期大学紀要第 22 号』

・2001「小論文の指導　その２――アンケート分析をもとに指導上の問題点を探る――」『上田女子短期大学紀要第 24 号』

第２節　指導計画の詳細

第２項　後半期の学習指導

・2003「小論文の指導　その３――二段落からの展開――」『信州大学留学生センター紀要第 4 号　別冊』

第６章　評価を活用した指導計画の検証

第１節　メタ認知活性化方略の有効性

・2009「大学初年次生のための文章表現指導プログラム――評価作文をもとにメタ認知活性化方略の有効性を検証する――」『長野大学紀要第 30 巻第 4 号』

第２節　再履修生の学習実態から

・2008「大学初年次生のための文章表現指導――再履修生の実態とその評価――」『長野大学紀要第 30 巻第 2 号』

第７章　大学初年次生を対象とした基礎文章表現法の指導計画

第２節　大学初年次生のための単元学習の試み

・2009「大学初年次生のための単元学習の試み――書くことの喜びを共

有する文章表現指導――」日本国語教育学会『月刊国語教育研究 No.444』2009年4月号
・2009「作文学習に対する大学初年次生の意識を探る――自己評価作文『入学までの作文学習を振り返る』を手がかりに――」大阪国語教育研究会『野地潤家先生卒寿記念論集』
・2008「三つの評価で作文大好きに――花丸・通信・批評会――」東京法令出版『月刊国語教育 Vol.28/No.2』2008年5月号

資料編

資料1

資料2

資料1：参考資料1　短期大学における文章表現指導計画

2000年度上田女子短期大学「国語」
第1時から14時の授業内容の詳細

前半期：短作文（二百字作文）による基本的表現技能訓練期

第1時の授業（上田女子短期大学幼児教育学科「国語」2000年度後期実施）

指導目標と学習目標	課題1（二百字作文）「短大生になって半年」（後期）	指導の手引き（表現技能①②）（表現技能項目に①～⑩の連番を打つ）
・学習者の問題意識および実態の把握。 ・書くことに興味を持ち、書き上げる満足感を得る。	・今の気持ちを素直にことばにする。 ・文種：生活作文 ・通信の命名	①副題をつける。（話題を焦点化し、まとまりのある文章を書く） ②書き結び文に配慮する。（効果的な終結を意識する。）

第2時の授業

指導目標と学習目標	課題2（二百字作文）「自己紹介」	指導の手引き（表現技能③④）
・書きことば体の特徴を指摘し、学習コミュニティ内で問題点を共有する。 ・技能に配慮しながら書き慣れる。	・次の題のどちらか一方を選ぶ。（「わたしの楽しみ」or「小さな自慢」） ・文種：説明文	③文体の統一 ④分かりやすい言葉づかい

第3時の授業

指導目標と学習目標	課題3（二百字作文）「私の大好物」	指導の手引き（表現技能⑤⑥）
・説明の要点（主観と客観の違い）を説明する。 ・読み手においしさを伝えるために、五感（体）や客観的尺度を使う。	・おいしさが読み手に伝わるように工夫する。 ・文種：説明文	⑤五感や客観的スケールを効果的に使う。＊体を使って文章を書く。（決まり文句は使わない） ⑥書き出し、書き結び文に配慮する。（首尾の照応）（文章構成につなぐ）

資料１

評価（指導者・相互・自己）	授業方法	授業形態
・二百字作文の決まりを守り、表現技能①②に配慮して時間内に書き上げる。	・事前意識調査アンケート ・国語通信創刊（過去の作品、通信名、課題１副題案の紹介） ・通信の愛称募集 ・二百字作文の説明と課題１実作	・ 一斉指導 ・意識調査、愛称個別回答 ・個別作文作業（記述中指導）

評価（指導者・相互・自己）（課題１を基に）	授業方法	授業形態
・①②の運用力 ・通信に載った仲間の文章を読む。	・事前意識調査結果共有 ・国語通信２号（課題１の返却と講評①②） ・課題２の説明③④ ・二百字作文実作	・一斉指導（講評） ・課題２についての話し合い ・個別作文作業（記述中指導）

評価（指導者・相互・自己）（課題２を基に）	授業方法	授業形態
・①②③④、とりわけ③④の運用力 ・仲間の文章から、種々の表現の工夫を学ぶ。	・国語通信３号（課題２の返却と講評③④） ・課題３の説明⑤⑥ ・二百字作文実作	・一斉指導（講評） ・課題３についての話し合い ・個別作業（記述中指導）

第４時の授業

指導目標と学習目標	課題４（二百字作文） 「風景描写」	指導の手引き （表現技能⑦⑧）
・風景描写の方法（叙述の順序）について説明する。 ・ことばによるスケッチ法を試みる。	・風景をことばでスケッチする。（屋外に出て行う） ・文種：描写文１	⑦文を短くする。（一文一義） ⑧叙述の順序―空間・時間―を考える。（文章の線状性） ・記述中、動植物、昆虫の名前など、出来る限り語彙指導を行う。

第５時の授業

指導目標と学習目標	課題５（二百字作文） 「人物描写」	指導の手引き （表現技能⑨）
・人物描写の方法について説明する。 ・主観を客観的事実で裏付ける表現方法を学ぶ。	・身近な人を描く―よく観察して特徴をとらえる― ・文種：描写文２	⑨言葉を的確に選ぶ。 ・同じことばの繰りかえしを避け、無駄を省く。 ＊課題３・４・５を通して主観的表現と客観的表現の伝達効果の違いを理解する。

第６時の授業

指導目標と学習目標	課題６（二百字作文） 「ある日の出来事」	指導の手引き（表現技能⑩）
・出来事（物語）の表現方法について説明する。 ・出来事を表現する方法を学ぶ。	・ことの顛末を順序立てて書き、結末まで書き込む。 ・文種：叙事文	⑩文末表現に変化をつける。（倒置、省略、体言止め、否定法、推量、他。また、不要なことばも極力省く） ・表現技能⑧を参考に叙述の順序に配慮させる。（出来事の場合は時間順の工夫が重要）

資料1

評価（指導者・相互・自己）（課題３を基に）	授業方法	授業形態
・①②③④⑤⑥、とりわけ⑤⑥の運用力 ・仲間の文章から、効果的な表現方法（⑤⑥の実際）を学ぶ。 ・文章の線状的特徴を知り、叙述の順序について理解する。	・国語通信４号（課題３の返却と講評⑤⑥） ・課題４の説明⑦⑧ ・練習問題を通して、一文の長さの目安を知る。 ・二百字作文実作	・一斉指導（講評） ・⑦についてのグループ別学習 ・課題４についての話し合い ・個別作業（記述中指導）

評価（指導者・相互・自己）（課題４を基に）	授業方法	授業形態
・①②③④⑤⑥⑦⑧、とりわけ⑦⑧の運用力 ・仲間の文章から、効果的な人物描写の方法を学ぶ。 ・主観的表現と客観的表現の違いがわかる。	・国語通信５号（課題４の返却と講評⑦⑧） ・課題５の説明⑨ ・二百字作文実作	・一斉指導（講評） ・課題５についての話し合い ・個別作業（記述中指導）

評価（指導者・相互・自己）（課題５を基に）	授業方法	授業形態
・①②③④⑤⑥⑦⑧⑨、とりわけ⑨の運用力 ・仲間の文章から、イメージ（内面的な性格を含む）豊かな人物描写の表現法を学ぶ。 ・これまでに学んだ表現技能をどれだけ運用できているか。	・国語通信６号（課題５の返却と講評⑨） ・課題６の説明⑩ ・二百字作文実作（最終回）	・一斉指導（講評） ・課題６についての話し合い ・個別作業（記述中指導）

第7時の授業

指導目標と学習目標	課題7「批評文を書く」	指導の手引き 表現技能①〜⑩の活用
・批評文の書き方について説明する。 ・読み手の立場から、作品の書き手の理解に届く批評文を書く。	・表現に即した批評文を書く。 ・学習した①〜⑩の表現技能を基に、主観的な感想だけでなく、裏づけをともなった批評文を書く。	・6つの二百字作文の中から、推敲を経、最も気に入った作品を一つ選び、合評会に使う。 ・合評会の要領の配布プリントを参考に批評文を書く。(詳細は参考資料3のとおり) ・批評文を書き終えて後、合評会、および、自分の作品につけられた批評文について自己評価作文を書く。

後半期:意見文作成のための「段落積み上げ方式」による発展応用練習期

第8時の授業

指導目標と学習目標	意見文 課題1「短大生生活についての二段落」	指導の手引き 意見文のための表現技能 ① 段落を書き分ける
・段落意識を明確にする。 ・意見を生み出す(テーマを見つける)ために、対比的な内容を二段落に書き分ける。	・比較対照の段落構成をおこなうために、二つの段落を明確に書き分ける。 *意見文の課題は受講生からの募集により決定する。	①段落の内容を書き分ける。 ・対比構造例 1)入学前の理想と入学後の現実 2)就職した友達の生活と学生の自分の生活 3)学生としての体験談とそれについての解説 4)短大生に対する一般論と反証(実証)など。

資料1

評価（指導者・相互・自己）（課題1～6を基に）	授業方法	授業形態
・観点をもとに、表現に即した批評文が書けているかを見る。（指導者がグループに加わって、批評文を書くことも可） ・教室の仲間の批評文に目を通し、納得のいく批評文の書き方の実際を学ぶ。 ・批評文（他者評価）を基に自己評価ができる。	・通信7号（合評会の要領、批評の観点、過去の合評批評文例、グループ分けの掲載） ・本時は作品の返却はなし。（課題6を合評会に用いる学生がいるため） ・意見文題材案募集	・一斉指導 ・グループ学習 ・合評会作業（批評文個別指導） ・題材案回答

評価（指導者・相互・自己）	授業方法	授業形態
・二百字作文で培った段落意識を発展させる。 ・例文を参考に、対比構造の種々相とその内容を理解する。 ・二段落を書き分ける。	・通信8号 1）合評会、自己評価作文紹介 2）事前公募した意見文題材案例と決定三題の紹介 3）過去の意見文および段落の書き分け例の紹介 ・二段落作文実作	・一斉指導 ・三つの課題案の配列順についての話し合い ・課題1のテーマをめぐる話し合い（グループ別） ・個別作業（記述中指導）

第９時の授業

指導目標と学習目標	意見文 課題２「食事についての二段落と副題」	指導の手引き 意見文のための表現技能② 副題をつける
・主題の見当をつけて副題をつける。 ・書き分ける二段落の関係性を明確にする。	・二段落作文に副題をつける。	・比較対照の段落構成を身につける。 ②二段落を書き分け、比較検討した上で、主題につながる副題をつける。

第10時の授業

指導目標と学習目標	意見文 課題３「敬語についての二段落と副題、主題文、アウトライン」	指導の手引き 意見文のための表現技能③ アウトラインを作成する
・主題文とアウトラインの作成。 ・400字から800字に展開するためのアウトライン作成。	・比較対照の構造を持つ二段落（400字）作文を書き、同時に副題、主題文、800字に展開するためのアウトラインを作成する。	③二段落作文を基に、主題文を書き、800字に展開するためのアウトラインを作成する。

第11時の授業

指導目標と学習目標	意見文 課題４「800字の意見文を書き上げる」	指導の手引き 意見文のための表現技能④ 草稿を作成する
・比較対照の二段落構成をもとに意見文を完成させる。 ・意見文（800字程度）を書き上げる。	・これまでの三つの課題の中から、どれか一つを800字程度の意見文として仕上げる。	④タイトル、副題、主題文、アウトラインを備えた草稿を書き上げる。 ・３回繰り返した二段落作文の中から、一つを選択し、800字に展開する。

資料１

評価（指導者・相互・自己）（課題１を基に）	授業方法	授業形態
・課題１の段落の書き分けの確認と比較対照によるテーマへの発展性。 ・二段落のバリエイションを他の学習者の作文から学ぶ。 ・二段落を書き分け、その関係性が自覚できる。	・通信９号 １）課題１の二段落の紹介 ２）課題２のために指導者が課題１に副題案を例示する。 ３）段落間の関係を明らかにする表現－接続詞－に着目させる。	・一斉指導（講評） ・課題２についての話し合い ・個別作業（記述中指導）

評価（指導者・相互・自己）（課題２を基に）	授業方法	授業形態
・細部より、全体の構成を重点的に評価する。 ・他の学習者の意見や作文を参考に、対比構造を明確に意識し、テーマにつなぐ。 ・全体の中での二段落の位置づけが理解できる。	・通信10号（課題２の作品の紹介、指導者による主題文とアウトライン案の例示）。 ・アウトラインを完成させる。	・一斉指導（講評） ・話し合い ・個別作業（記述中指導）

評価（指導者・相互・自己）（課題３を基に）	授業方法	授業形態
・主題文とアウトラインの整合性を見る。 ・主題文とアウトラインの関係を、他の学習者のアウトライン例から学ぶ。 ・段落の役割と主題の関係がわかる。	・通信11号（二段落作文、主題文、アウトラインの紹介） ・指導者が、学生のアウトラインの修正案とそれに基づく意見文案を示す。 ・第一次草稿を仕上げる。	・一斉指導（講評） ・話し合いによる相互交流 ・個別作業（記述中指導） ・家庭学習

第12時の授業

指導目標と学習目標	**意見文** **課題５「推敲の仕方を学ぶ」**	**指導の手引き** **意見文のための技能⑤推敲する**
・推敲の過程を経験する。 ・合評会に向けて、作品の推敲作業を行う。	・これまでの学習項目を基に意見文を推敲する。（合評の原稿になることを予告する）	⑤推敲の仕方を学ぶ ・推敲は時間をおいて、読み手の立場になって行う。 ・アウトラインと本文を照合しながら、段落の繋がり（構成）を確認する。 ・二百字作文で学んだ表現技能を活用する。

第13時の授業

指導目標と学習目標	**意見文** **課題６　批評文を書く**	**指導の手引き** **意見文の表現技能⑥批評文を書く**
・他者の表現から学習の成果を確認し、これまでの学習項目を観点にして批評文を書く。 ・読み手に伝わる批評文が書ける。	・グループ別に学習者同士で合評会を開く。	⑥批評文を書く ・二百字作文終了時に実施した合評会を参考に、表現に即した批評文を書く。 ・表現技能を基に批評の観点を確認する。 ・前回同様、署名をし、良い点を指摘してプラス評価を主に行うように指示する。

資料1

評価（指導者・相互・自己）（課題4を基に）	授業方法	授業形態
・草稿の構成（段落間の関係性とまとまり）を確認する。 ・他者の作品のアイデアを取り入れる。 ・納得するまで推敲作業をやり通し、合評会の準備をする。	・通信12号 1）推敲の観点を示す。 2）アウトライン―課題名・副題・主題文を含む―紹介 ・推敲作業と清書	・一斉指導 ・個別作業（記述中指導） ・家庭学習

評価（指導者・相互・自己）	授業方法	授業形態
・表現に即した批評文が書ける。 ・他の学習者の批評文も参考にしながら、対象文章の表現に即して具体的に批評できる。 ・グループ内の他者とは異なる観点から自分のことばで批評文が書ける。 ・合評会の最後に自己評価作文を書く。	・通信13号（合評の要領を示す） ・グループ別作業（指導者がグループ分けを行い、活動に参加することも可） ・自己評価作文は他者から得た批評も考慮して記述する。	・一斉指導 ・グループ活動 ・個別作業（記述中指導）

第14時の授業

（第14時の授業が取れない場合は、第13時に通信14号で期末レポートの編集方法を説明し、この時間の代替とする）

指導目標と学習目標	最終課題7 「期末レポートをまとめる」	指導の手引き 意見文の表現技能⑦
・半年間の作品と学習を振り返りながら期末レポートをまとめる。 ・まとめの作業を通して、これまでの学習項目を振り返りながら、半年間の文章表現学習に関するレポートを書く。	・半年間に書き上げた作文、発行された通信をすべて整理し、ファイルに綴じる。 ・表紙、背表紙、目次ほか、指導者の説明をもとに、自分なりの工夫を加えて整理した上で、期末レポートをまとめる。 ・半年間の文章表現学習に関する期末レポートを書いて、ファイルに綴じる。	⑦資料をまとめる。 ・ファイルにまとめる作業を通して、半年間に学んだ表現技能や学習の過程を振り返る。 ・指導者の示すまとめ方のルールを必ず守る。 ・期末レポートは、意見文学習を参考に、アウトラインを添えて完成させる。 ・評価後の返却を約する。

資料1

評価（指導者・相互・自己）	授業方法	授業形態
・半年間を通してみた、各学習者の上達度で成績を評価する。 ・指導者の個別評価（赤ペン）、合評会でのグループのメンバーの批評文、通信で紹介された作品などに再度目を通し、期末レポートの題材とする。 ・半年間の学習を振り返り、自らの文章表現の長短を認識し、今後の文章表現学習のための課題を明らかにする。	・通信14号で、半年間の課題一覧を示し、作品や通信、目次、綴じ方のルールを統一する。 ・課題が一つでも欠けた場合は評価の対象としないことを徹底する。（欠けたものは各自で補充するように伝える）	・一斉指導 ・個別指導 ・家庭学習

参考資料2　国語通信例

（2000年度後期「金メダル」（シドニーオリンピックの年）NO・3　「自己紹介」）

国語通信　金メダル

NO・3　平成十二年十月十日

課題二　自分を見つけて自己紹介
―私の楽しみ・小さな自慢―

副題紹介

私の楽しみ

・犬たちとの散歩　・暇から逃れる　・毎日欠かせない　・泡風呂
・友人と過ごす時間　・毎週土曜日　・ストレス発散　・食べ歩きツアー
・湯船で一眠り　・ポストに届く友達との会話
・オレンジ箱　・部屋のデッキは休みなし

小さな自慢

・三年間だけのバイオテクノロジー

二百字作文紹介

私の楽しみ

百五十円の楽しみ　H・M

一人暮らしが始まって以来、毎週のように週末は両親が遊びに来る。そんな時の私の楽しみは温泉に入ることだ。あんな狭いアパートのユニットバスではシャワーで済ませるしかなく、寒い時期は何とか湯船にお湯を張って入るが、肩を入れれば足先が出るし、足先を入れれば方が出る。しかも、一度入ったら頭や体を洗った後はもう入れない。だから、両親が来たときは別所温泉に行き、百五十円で温泉に入る。あの開放感がたまらなくすきだ。

親からの宅急便　H・N

私には姉が二人いる。私が中学校のころから一人暮らしをしている。何か足りないものがあると家に電話をしてきて親はそれを箱に詰めて、スペースがあると家にある食べ物やティッシュを詰め込んでいる。たくさん入るように、悩みながら入れ直す母をいつも見ていた。短大に入学し、私も一人暮らしを始めた。私にも宅急便が届く。その度に悩みながら箱に詰める母を思い出す。今日は、何がどんなふうに入っているかを見るのが楽しみだ。

毎日の探し物　H・H

屋外にいると、いつでも何をしている時でも探してしまうものがある。それは、私の人生の中でないときはなかったものだ。大きいものや小さいもの、種類もたくさんある、かわいい犬だ。犬を見つけると、人が変わったように「キャー」といって触りにいってしまう。車に乗っていても、犬小屋を見つけただけでも、犬を探してしまうのだ。犬を見ると、機嫌がとてもよくなる。毎日、外に行くのが楽しみだ。今日もどんな犬に会えるかな。

本のおもしろさ　T・M

最近、毎日、本を読んでいる。友達から借りた小説である。私は今まで本というと漫画本とか雑誌しか読まなかった。小説は字ばっかりで読む気がしなかった。だけど、今読んでいる小説はドラマにもなっていてとても面白い。授業中もこっそり読んで、家でも読んで、暇があればいつでも読んでいる。字ばっかりだけど全く飽きない。早く続きが読みたいという気持ちで一杯になる。今までこんな気持ちになったことはない。

待ち遠しい　M・Y

一人暮らしで一番困る事は暇な事だ。夜の十時を過ぎると全ての準備が終わり退屈になってしまう。そんな時、ついい携帯電話に手が伸びる。メールを入れたり電話をかけたり。そんな事を繰り返していたら電話代が高くなってしまった。友人と連絡を取りたいけれど電話を使う事は避けたい。悩んだ末に私は手紙を書いて送ることにした。学校の事、一人暮らしの事、話したい事全てを書いて今朝ポストへ投函した。返事が来るのが今から楽しみだ。

ふかふかの布団で（部分）　M・S

座りっぱなしの退屈でたまらない一日。ようやく長かった授業を終え、家に帰ると、まずは布団へとダイビング。しばし、ボーッとした後、夕食を食べ、ゆったりと風呂に入り、そしてテレビを眺めつつ温かい布団にくるまる。そのうちにとろとろと眠くなり、いつの間にか眠ってしまう。

毎朝六時五十七分（部分）　H・Y

毎朝六時三十分には起きようと頑張っている。布団から出るのがなかなか辛いが、六時五十七分から始まる目覚ましテレビの「今日の占いカウントダウン」が見たいと思うと布団から出るのも楽になる。寝坊をして見逃す時がある。そんな時、一日が重くなる。寝坊をしないようにと、携帯のアラームを五分おきに設定し、・・・

小さな自慢

三年間だけのバイオテクノロジー　H・S

私の出身校は長野県南安曇農業高校。農業高校という響きは悪く、豚をけると退学になるという噂まであった。私は生物工学科で、三年間植物の培養をしたり、カルピスやみそを作る微生物の勉強をしたりした。卒業論文ではツルニンジンのクローンの大量増殖をやった。分かりやすく言うと、白衣を着て試験管を振って、新しい農業を研究したのだ。話題のクローンも少し勉強した。もちろん、作物や植物も自分たちで育てた。農業高校出身を誇りに思う。

＊＊＊　ひとこと　＊＊＊

もっともっと書きことばに慣れよう。書きことばには話しことばとは異なる表現効果や表現技法がある。もっと自由に、もっと楽しくかけるように、今はひたすら、書いてみよう。

「頭で考えるな。肌で掴め」
ブルース・リー『燃えよドラゴン』
『ポケットに名言を』寺山修司より

K・Y

資料1

(2000年度後期「金メダル」(シドニーオリンピックの年) NO・8　意見文 課題2「食事」)

国語通信　金メダル

NO・8　平成十二年十二月五日

二段落作文　その2「食事」

自分にしか書けないことを、誰にでも分かるように書く!

① 犬と私　N・A

実家には犬がいる。ゴールデンレトリバーのオスだ。家にいたときは、朝は六時、夜も六時と決まった時間に私が散歩に連れてでた。散歩から帰ってくれば御飯の時間。家に来て六年になるが、毎日毎日ドッグフード。それでもお皿に入れて「よし!」と言えばあっという間に食べ尽くす。文句一つ言わない。犬に味覚はあるのかと、右手にクッキー、左手にジャーキーを持ち、犬の顔の前に出してみた。ジャーキーの勝ち。やはり犬だっておいしいものはおいしいんだ。なのに彼はドッグフードの毎日。

私といえば、肉じゃが、ラーメン、カツ丼と毎日メニューが変わる。それが当たり前の生活。犬には悪いが、毎日同じものを食べていたらとてもじゃないけど耐えられない。犬に比べればとても贅沢な食生活。それなのに、好き嫌いで食べ物を無駄にしている。犬はいつもドッグフードでも文句を言わないのに。

今度実家に帰ったらジャーキーをあげよう。

② いつもはおいしいはずなのに　H・M

大好きなバーミヤン。私はワクワクしながら桃の看板を目指した。知り合いと二人で行ったのだが、その人と食事をするのは初めてだった。到着して早速メニューを開き、私はレタスチャーハンを、その人は皿うどんを注文した。さすがファミレス、驚くほど早く料理が来た。すると、その人は、さっとテーブルの上の紙ナプキンを一枚手に取った。何をするのかと思っていると、少し食べては口を拭き、また少し食べては拭くを繰り返した。楽しい会話もない。何だか急にチャーハンがまずくなって、咽を通るのがやっとだった。

それに比べ、気の合う仲間との昼食はなんとおいしいことか。それがたとえコンビニのおにぎりだろうが学食だろうが。学食はおばちゃんの愛情がこもっているからなおさらおいしい。

マナーを気にしながら嫌いな人と食べるのは最悪だ。一人で食べる方がまだましだと思った。今度は気の合う仲間とバーミアンに行きたい。

③ 私の夕食　H・M

学校が終わるとバイトが始まる。六時から十時までが最適なのに、なぜかほとんどラストの十二時までになってしまう。お腹がすくのが限界になっても何も食べられない。家に帰ると一時を回っていて、食べたら太る時間だ。だけど不思議とカップラーメンに手が伸びてしまう。コンビニで百五十円のカップラーメンなのに、すごくおいしい。食べ終わるとやっと一日の食事が終了する気分だ。

こんな食生活をしている私だけれど、一人暮らしではない。朝は、母の作る味噌汁と白い御飯がある。お昼も母の手作り弁当がきちんとある。夜も家族と食事がしたい。そうすれば、きちんと家族と一緒に、一日三食とれる。

でも、バイトの後のカップラーメンを食べるのも幸せだから、きっと私の食生活は、朝と昼の母の食事のおかげできちんとなっていると思う。

④ 一人分と五人分の量の違い　M・M

実家では、カレー、シチュー、グラタンなどの手の込んだ料理はいつも私が作っていた。たとえばカレー、ジャガイモ中七から八個。ニンジン中二から三本。玉ねぎ三から四個を入れて作る。大きな鍋に半分も出来る。一人で食べると、優に五日分もありそうな量だ。それを五人家族で一晩で食べる。

一人暮らしを始めて、料理を作り始めたところ、一人分の量が全く分からない。カレーを作るにも、ジャガイモは一個かな二個かな、から考え始める。最終的には、適当に材料を切る。お鍋に湯を張り、そこにバランスよく材料を入れていく。残った材料で、ポテトサラダ、粉ふきいもなど、もう一品おかずを作る。何度やっても材料を多く切りすぎてしまう。

一人分の量に早く慣れたい。

⑤ 懐かしいテーブル　H・R

私の家族は八人家族。私が一人暮らしを始める前までは、みんなで今日あったことや知人のことなどを話しながらワイワイ食事をしていた。うちのテーブルは六人用。私と姉と姉の子供は隣の部屋で食べる。といっても姉は食べずに子供に食べさせる。台所のテーブルには並べきれないほどのお皿が並ぶ。御飯、味噌汁、おかずが二種類。一人四個ずつの食器が六人で、二十四個にもなる。それが今年から変わってしまったのだ。

一人暮らしをしてからは、誰の話し声も聞こえず、今日あったことを聞いてくれる人もいない。聞こえるのはただテレビの音だけ。いつもはテーブル一杯に並べられていたお皿がたった二、三個。おかずを作るのが面倒なときは、カレーやシチューだけで終わらせてしまう。テーブルにはお皿一個。そんな寂しいテーブルを見るといつもにぎやかだった家が目に浮かぶ。

⑥ 食卓を取り囲むのは　M・S

私は、一人暮らしをする前、一人で食卓を囲んでいた。両親とも帰りが遅かったり、スポーツクラブへ出かけたりなどで家族全員揃っての食事などは土、日ぐらいだった。テレビを見る気もおきず、食べる夕飯はできたてのはずなのに冷たく感じた。でも、ある日、ふと気付いた。私が食事をとっていると、飼っている猫も共に食事を始めることに。どこからともなくやってきて、私と一緒にガツガツ食べる。それが私の最初の食卓仲間であった。

大学へ来てから、一人で食事をしたことは数えるほどだ。同じ下宿の友人と共に食事をごちそうしあっている。テレビを見つつ笑い合うとき、これが団欒というものかな、と思うこともある。それに家から離れて暮らしているせいか、たまの帰郷では必ず一家揃って食卓を囲む。もちろんあの猫も一緒だ。食卓仲間が増えたことに、私も猫も喜びを感じている。

やはり、食卓を取り囲むのは一人より二人、二人より家族全員が一番いいようだ。

⑦ 母の苦労が身に染みてくる　H・E

小学校、中学校、高校までは新潟の実家で家族と一緒に暮らしていたので、食事の面では母がお肉や野菜などの食材を上手に組み合わせて栄養のバランスを整えてくれていた。

しかし、今は一人暮らしをしているので、食事の管理は自分自身でしなければならない。私は、自分で考えて、コンビニなどの弁当には頼らないようにしようと思った。最初の頃は、カボチャの煮物を作ったりカレーなどを作ったりしていたが、だんだん日がたつにつれて面倒くさくなっていってしまった。授業が五限まであるときは家につけばもう六時になっている。疲れているので何も作る気が起きない。しょうがないからコンビニで弁当を買ってきて簡単に食事をしてしまう。

一人暮らしをしてから母の苦労がわかって身に染みてくる。

⑧ 自分で作るお弁当　M・Y

高校時代の三年間、母が毎日お弁当を作ってくれた。父と母と私の三人分のお弁当と家族五人分の朝食を毎朝作るのはとても大変なことだったと思う。だが、当時の私は、母の苦労など考えもせず、毎日文句を言っていた。「お弁当に煮物は入れないで。汁がこぼれて大変なの」「冷凍食品ばかりじゃなくて野菜もたくさん入れてよ」いつも文句を言うだけ。忙しい母を手伝うこともせず、自分の使ったお弁当箱を洗うことすらしなかった。

そんなわがまま娘の私が、一人暮らしを始める前に一大決心をしたことが一つある。それは「毎日料理をする」ことだ。自分で決めたことぐらい守らねばと思い、せっせと毎日夕飯作りに励んだ。もちろんお弁当も作った。初めは苦痛で投げ出したい衝動に駆られた。母の毎日の苦労に頭が下がる思いだった。

初めは冷凍食品だらけだったお弁当も、今では冷凍食品を利用して大分上手に作れるようになってきた。人間やれば出来るようになるのだ。

⑨ 食事の大切さが分かってきた　N・S

十八年間とても裕福な生活をしてきた。ほぼ毎日、母が私に「今日は何が食べたい」と聞いてくれた。「肉じゃが」と答える。毎日がレストランのようだった。私が食べたいと言えば、母は何でも作ってくれた。それに母は料理が上手いので本当においしかった。ちなみに父も料理が上手い。だから私は料理はしなかった。一人暮らしをすると決まったときも、焦りはあったが何もしなかった。後々困るとも知らずに余裕をこいていた。

そして一人暮らしが始まった。当然料理は出来なかった。初めて作った料理は、納豆たまご御飯にもやしの醤油炒めだった。しばらくこんな生活が続いた。そろそろやばいと思い始めたのは一ヶ月後だった。野菜が不足していると思ったら学食のサラダを食べるようになった。少しずつではあるが、食事の大切さが分かってきた。

私は母を思い出した。私が食べたいものを言ってもバランスを考え、いろいろな食べ物をそろえてくれた。本当にいろいろ感謝したい。

＊＊＊＊　ひとこと　＊＊＊＊

二段落作文の三回目。今回も興味あるものが書けましたね。四百字を三十分ほどで書けるというのは、すごいことですよ。自信をもってください。意味のある二段落がきちんと書けるようになれば、後はそれを活用してまとめるだけ。楽しみです。

「自分にしか書けないことを、誰にでもわかるように書く」
文章をつづるときには、このことを、いつも心にとどめておいてください。

みんなが言う（書く・する）ことを、みんなと同じように言う（書く・する）ことにだけ価値を認めてしまうことの多い今の世の中です。それが全てダメだというわけではありませんが、自分らしさがないのは寂しいし、何と言ってもつまらないですよね。

けっして、奇抜なことや特殊なことをしなさいというのではありません。あるがままの自分の中に、今まで気づかずにいた価値があり、それをまた、他人は十分に認めるものだということに気づいて欲しいのです。

冬休みまで、もうひとがんばりです。　風邪をひかないように、体を大切にしましょう！

K・Y

参考資料3　合評会の要領

（「金メダル」NO・6）

資料1

国語通信　金メダル

NO・6　平成十二年十一月七日

本日の授業　二百字作文のまとめの学習

・二百字作文（宿題「ある日の出来事」を使う。ない人は今までの二百字作文でも可）
・原稿用紙は次のように整える。

学籍番号　　氏名

合評批評欄

・
・
・
・
・
・

批評者署名

◎合評会をしての本人の感想

課題番号とメーンタイトル
―副題―

二百字作文本文

合評会の要領

ある日の出来事　―バイトの帰りに―　S・S

アルバイトを終え「ああ、やっと家に帰れる」と思いながら、真っ暗な中を駐車場に向かって歩いていた。手は、すでに車の鍵を探しながら。が、ない。内側から鍵をかける癖のあった私の頭に悪い予感が走る。だんだん青くなりながら車をのぞき込むと、しっかり差し込んだままになっていた。その後は大変だった。しかし、いっしょに心配してくれたバイト仲間のおかげで、すぐに解決できた。嫌な出来事だったけれども、良い経験になった。

合評例1

・「手は、すでに車の鍵を探しながら。が、ない。」というところで、それまでのバイトを終えての、ほっとした雰囲気とはがらりと違った感じになっている。「が、ない。」という短い文が場面の急展開に効果的だ。急に慌てて出した表情が目に浮かぶ。　H・Y

・書き出しの一文、アルバイトを終えての、ほっとした感じがよく伝わってくる。何気ない書き出しだけれど、「真っ暗な中を」というところから、何か嫌なことでも起こるのかな？　と読み手の興味を引くうまい書き方だと思う。　T・K

・前半、文に長短のリズムがあり、ぐいぐいと読み進める。とりわけ、「が、ない。」「・・予感が走る。」この二つの文は、短いことに加えて、現在形で書かれているので、臨場感（あたかもその場の様子が現実に起こりつつあるように感じさせる。）がある。　N・K

・「が、ない。」という書き方が、スピード感があって、あせりの一歩が感じられて、読む方までドキドキさせられる。「手は、すでに車の鍵を探しながら。」という部分も、バイトを終えて、早く家に帰りたいという気持ちが伝わってくる。　S・H

・「だんだん青くなりながら・・・」というところが、その時の書き手の様子がよく分かって、想像できる。「嫌な出来事だったけれども、良い経験になった。」で、失敗したけれど、懲りたので、次回からは、もうやらないだろうと言う気持ちが伝わる。　U・S

・前半は詳しく、後半は簡潔にという書き方で、始めのドキドキする部分が強調されていて、メリハリのある書き方になっていると思う。どう解決したのか、ちょっと知りたい気もするが・・・。　S・M

◎やはり、実際に自分で経験したことだから、テンポよく書けたと思う。ドキッとしたときの様子が伝わったようで良かった。

二百字作文を何度か書いているうちに、読み手に伝わる文章の書き方のこつのようなものがつかめてきたような気がする。タイトル、書き出し、書き結び、文の長さなど、注意点が分かるようになった。始めは苦しかったが、じょじょに楽しく書けるようになってきた。

風景を描く　—心の故郷—

T・Y

静かだ。人の声も物の音も聞こえない。かすかに寂しげな波と風の音が聞こえてきた。枯れてセピア色になった松林を駆け抜けると、そこには深い青の海が広がっていた。ゆっくりと波打ち際に近づく。歩くとサクリサクリと砂が泣く。肌を刺すような冷たい風と迫り来る大波の音がこだまする。砂浜の貝はいっせいに空を見上げている。まるで在りし日のことを夢見ているかのようだ。寂しい場所。でも、安心する場所でもある。私の心の故郷。

合評例2

・「サクリサクリと砂が泣く」という表現が、読んでいても、自分の足にも感覚がよみがえるようでとても印象的だった。　I・S

・「寂しげな波と風の音が聞こえてきた」という文、いかにも聞こえてきそうで、周りの静けさが際だって上手だと感じた。　N・M

・「セピア色」という色から、現実の場面ではない、思い出の中の風景を描いていることが伝わる。イメージの広がる描写だ。　S・S

・書き手の動きに伴って描写も進むので、その場の様子を思い浮かべやすかった。「砂が泣く」という擬人化や「サクリサクリ」、「セピア色」など、音や色も効果的に使われていて、強く印象に残った。　M・I

・自分もそこに行ったことがあるような錯覚にとらわれた。音、色、肌感覚などを駆使して、詳しく描写されているせいだろう。　A・H

・「泣きたくなるほど寂しい場所。でも、なぜか安心する場所」という書き方、幼い頃の思い出の中に生きる風景として、納得できる表現だ。自分の心の故郷に残る風景を探したくなった。　B・H

◎今、改めて自分の作文を読んでみて、少し恥ずかしくなった。でも、故郷を思い出しながら、懐かしむこともできた。いろいろな人の批評を読み、自分の言いたいことがみなに伝わっていることが確認できて、うれしかった。

二百字というとても短い字数だったが、結構いろいろなことが書けたように思う。書かなければ気づかないことがいくつもあった。書くことで、今までになかった自分に出会えた気がした。書くための題材はどこにでもあった。書き慣れることが大切だと思う。

批評の着眼点

・批評文を書くことは、単に自分の感想を述べることではない。今までの注意点を思い出しながら、グループの仲間の二百字作文を自分なりに批評してみよう。

・タイトルの付け方は工夫されているか
・書き出し、書き結びに照応があるか
・話題が絞られて、テーマがはっきりしているか
・話題は、新鮮で興味を引くか
・読み手に伝わるように表現に工夫があるか
　五感を働かせている
　決まり文句は用いていない
　自分の言葉で表現している
　具体的で、イメージを形づくりやすい
・文と文とのつながりはスムーズか
・文体は統一されているか
・文末に変化はあるか
・文章全体にリズムがあるか
・一文の長さは適当か
・無駄な言葉が多くないか
・語句の選択は的確か
・文字、表記は正確か

など

合評会グループ分け

① 97・103・109・117・123・129・134・142
② 98・104・111・118・124・130・136
③ 99・105・113・119・125・131・137
④ 100・106・114・120・126・132・138
⑤ 101・107・115・121・127・133・139
⑥ 102・108・116・122・128・135・140

資料２

再履修生の学習実態　分析データ

８名（Ａ～Ｈ）の学生作文および考察

誌面の都合上、Ａ～Ｃの３名についてのみ、三評価作文の本文を原文どおり提示し、考察を加える。残りのＤ～Ｈの５名については本文提示を省略し、考察のみとする。

１．学生Ａ：三評価作文①②③の本文（原文は縦書き、／は改行部）と記述量（文字数）

①　診断的自己評価作文「再履修コースの課題（前期を振り返って）」

――文章の構成をなおし単位を取る――　160字

私は、前期で落ちてしまった理由は、文の構成がきちんと出来ていなくて、読み手に伝わらなかったんだと思う。私自身でも書き終わってから、何を言っているんだと思うことがある。／しかし、後期の授業ではそういうことをなくして、きっちりした文章を書いて、単位をとれるようにがんばっていきたいと思う。

②　形成的自己評価作文「二百字作文学習を振り返る」

――一つの大きな表現方法――　260字

二百字作文をやったことに対して、短い文の中でどれだけ、より相手に伝わるか。そのことができていないから文の構成がきちんとできなく、自分だけわかっていてもおおまかすぎて相手にはほとんど言っていいほど伝わらなかった。／今までは効果音などまったく使うことがなかった。しかしこの作文学習をしたことによって武器ができたと思う。効果音というのがあったから少しは相手に伝わっていくようになったと思う。／遅刻が多かったので、遅刻を減らし、文章を上手に書きたいです。

③　総括的自己評価作文「半年間の文章表現学習を振り返る」

――あきらめてしまいそうになった――　820字

私は、この半年間がすごく長いような気がした。途中で、あきらめてしまいそうになりやめたくなった。欠席しようかも悩んだ。／授業をうけていて、朝弱いので、遅刻したり、起きられなく欠席も何度かしてしまった。授業をうけても、文章の構成が悪く、主語、述語を意味不明なところで使ってしまい、赤ペンでチェックつけられているのが、ほとんどであった。先生にも、ほめられることなく、二百字作文を終えた。本当にやって、うまくなるのだろうか。自分自身あまり成長がなかったのではと、思った。／二百字作文を終えた後は、二段落に書きわける、作文になった。どうせ上手になることはないと思っていたが、「リターンズNO・9」（クラス通信名…筆者注）に配られた、文章構成がどのように書いていいか、わかりやすく書いてあった。今までの私は、このようなことを意識して書いたことがなかったので、興味深くそこの部分を読んでいった。／最後のアウトラインのまとめ方が今までよりも上手に書け、すらすらと書けるではないか。自分が何を伝えたいか。どのようなことがあったなど、文章構成の仕方のプリントを見ながらだが、書くことができたと思う。今までになかった、自分のスタイルを、「不登校」という題名の意見文でまとめられたと思い、とても、うれしくなった。最初の方は自分自身正直文章がうまくなっているかわからなかった。しかし、この授業の最後の方になって、二百字作文の難しさや、短い中でどれだけ内容のこいものにするかが大切なんだと、知ってよかったと思う。／半年間の授業を振り返って、最初の方は、文章を書くのがつまらない。朝起きれないからだとあきらめようと思ったが、最後の方には、文章は書かなければ上手にならないと教えられた。長かったが、自分自身文章が上手になったと、最後の方に感じられたことがうれしくなった。あきらめなくてよかったと思う。半年間ありがとうございました。

学生Aの考察

① 診断的自己評価作文

「文章の構成」を第一の学習課題として上げている。しかし、課題解決のための具体的な方法は記されていない。文法上の問題や不正確な用語使用、また、記述量が少ないため課題の妥当性を認めるに至らない。

② 形成的自己評価作文

上達が自覚できない悩みを記している。二百字作文練習では、唯一、作文で効果音を使って評価されたことだけが辛うじて学習意欲をつないだ模様である。

遅刻や欠席の多さが学習を阻害し、文章も、文単位で構成が破綻しており、脱字も多く、作文のでき自体が自己評価の内実を具体的に証明している。評価の一致はみなかった。

③　総括的自己評価作文

字数、構成、流れとも、見違える出来である。①で上げた学習課題であった「文章の構成法」に関して情報を得ることができ、それを十分理解することによって、満足のいく文章を仕上げることができた喜びが記されている。その結果、前半期（二百字作文）の学習の目的やその成果についても総合的に理解するに至っている。書くに値する内容を発見し、そのための方法を理解したことが、文や文章の流れをスムーズにし、②で多発した形式面での問題もおおむね改善されている。

指導者は、この総括的自己評価作文に至って、学習者が①で上げた学習課題の重要性に気づいた。学習者本人が申告した学習課題（「構成の仕方」）が、最も強く学習意欲を喚起し、他の多くの問題点を一括して改善向上させることを目の当たりにした。この学習者の場合、文章全体の構成方法がわからなかったために、細部（意識面を含む）に様々な問題が生じていたと考えられる。

２．学生Ｂ：三評価作文①②③の本文（原文は縦書き、／は改行部）と記述量

①　診断的自己評価作文「再履修コースの課題（前期を振り返って）」

――授業にしっかり出る――　280字

今、私に必要なのはしっかり寝坊しないで授業に出ることだ。／高校の時には、いつも朝のＨＲにぎりぎり間に合うか遅刻していた。高校の先生にも「こんなに遅刻していたら将来大変だぞ」と言われた。／前期の課題探求力の授業では、寝坊ばかりで出席していなかった。最後にファイルの提出の時も出てない時の作文が足りなかったり、前に書いた作文を忘くてしまい単位がとれなかった。／今後は、自己管理も含めて夜はあまり遅くまで起きてないで早く寝て授業に遅刻しないようにする。

②　形成的自己評価作文「二百字作文学習を振り返る」

――（副題なし）――　300字

一番最初に再履修コースの課題を書いた事を振り返る。遅刻しないこと、欠席しない事をテーマにしてみた。欠席はしてないが遅刻は少ししてしまった。今度は遅刻しないようにする。／後期の二百字作文学習で良かった事は、相手に一番伝えたい部分を伝えることができるようになった事だった。前期の授業では言いたい事があまりまとまらなかった。文章の流れもつかめるようになった。一番うれしかったのは、自分の作文が次の授業のときに取り上

げられている事だった。／今後も、作文の流れや伝えたい事などもっと勉強して他の部分にも力を入れていきたい。遅刻しないようにするのもまた別の課題だ。

③　総括的自己評価作文「半年間の文章表現学習を振り返る」

――自分の変われた事――　1020字

前期の作文授業と後期の作文授業の取り組み方がどう変わったか。／前期の作文授業はどんな事をやるか分からなかった。最初はみんなと同じように授業を聞きながら必死についていった。しかし、進め方も早く人数が多かったのでみんなのジャマになっちゃいけないと思い聞く勇気がなく、聞けなかった。その結果どんどん授業からおいていかれるようになった。また、一回休むとそのかわりに休んだ授業の作文を書いていかなくてはならないが、授業において行かれているので書き方もわからない。書き方がわからないから授業がつまらなくなり、休みがちになった。もう一つの原因が遅刻や寝坊だと自分で自覚している。友だちと夜遅くまで遊び、起きたら授業の時間が過ぎていたり、授業が始まる五分前とかで「今日はいいや」と軽い気持ちで授業を考えてた。／後期の作文授業は、前期の作文授業に比べて少人数授業だった。前期の授業で一回授業の流れをつかんでいるからだいたいわかっていたから、話を聞いても前期の授業でわからなかったところだけ聞いとけばよかった。先生の話し方もゆっくりで絶対に文章を読まされるから集中して紙（通信…筆者注）を見ながら話を聞いていたのでよく理解できた。しかも、単位を取らなければいけないとおいこまれて必死になって授業を受けた。だから、作文の書き方もよくわかり、面白くなったから作文も書けるようになった。だけど、前期と変わらない部分もあった。遅刻や欠席も前期ほどというわけではないがやってしまった。友だちの誘いを断れなくて甘えが出てしまった。／後期は前期に比べて、危機感があったせいもあり、話をよく聞いたので作文の書き方もしっかり理解できた。前期の作文授業は紙（通信）に自分の作文が載らなかったが、後期の作文授業は自分の作文が載ったりしたのでそれもちょっとはうれしくていい作文を書こうという気持ちになった。／今後は、後期学んだ事をいかして、後期直せなかった事をしっかり直して二年生の授業にいかしていきたい。今後も寝坊など遅刻をしてしまいそうになる時には後期の作文授業を思い出して、来年は二十歳になるのでケジメをしっかりつけて今後もがんばっていきたい。そして、先生の話を聞き、聞きもらさないようにしたり、聞き直さないように頑張っていきたい。／前期より授業の出席率が上がり作文の書き方もしっかり意味が通じるように書けるようになった。

学生Ｂの考察

① 単位を取得するために、遅刻と欠席を無くすことを第一の課題に設定している。

高校時代と入学後を振り返り、前期に単位がとれなかった理由は、欠席のためであると自覚している。学習課題として妥当とは言えないが、単位を取得するために乗り越えなければならない課題であることは納得できる形で述べられている。

授業内容を学習課題としてあげる以前に、単位取得の前提条件（出席）を満たすことのできない（生活習慣の身についていない）現在の大学生の典型である。

② 二百字作文練習をきちんとこなすことによって、「言いたい事があまりまとまらなかった」前期と比べると「相手に一番伝えたい部分を伝えることができるようになった」、「文章の流れもつかめるようになった」と自己評価している。通信に掲載されたことで自信がつき学習意欲が出てきたとも述べている。

単位取得の前提条件である出席については、遅刻がわずかに残っているものの、欠席は無くなり、練習を重ねることにより着実に表現技術を習得したことが作文力と学習意欲につながっている。

自己評価が学習内容にも及び、指導者評価とも一致するものであった。

③ 「問い」から始まり「答え」で結ぶ、文章表現プログラムの「三段階５段落基本構成モデル」に沿った構成で、1000字を超える記述量からも作文力の向上が確認できる。「自分の変われたこと」を文章の副題として、「前期より授業の出席率が上がり、作文の書き方もしっかり意味が通じるように書けるようになった。」と自己評価している。

単位を落とした前期の授業で、授業の進み方が早いことに加えて自らの遅刻や欠席のためについていけなくなった様子を、「書き方がわからなくなる」と「授業がつまらなくなる」、そして「休みがちになる」と記述している。

後期は、「絶対に単位を落とせない」という強迫観念と、「絶対に文章を読まされるから集中して・・・話を聞いていたので、よく理解できた」、その結果、「作文の書き方がよくわかり」、「面白くなって」「作文も書けるようになった」という好循環に変化した様子が記されている。技術の理解と習得が学習意欲を高め、作文力の向上につながったと考えられる（注１）。納得できる自己評価である。

３．学生Ｃ：三評価作文①②③の本文（原文は縦書き、／は改行部）と記述量

①　診断的自己評価作文「再履修コースの課題（前期を振り返って）」
――きれいな文字を書く――　160字

前期はたびたび字が汚いことを注意された。直すように意識して書いたが時間内に終えることができなくなった。他人の作文と比べると文がまとまっていなかった。途中「だ・である」で書くことを忘れていた。／後期は字をきれいに書く。文章全体を詳しくまとめられるようにする。前期よりも作文のスキルを上げられるように頑張る。

②　形成的自己評価作文「二百字作文学習を振り返る」
――作文への向上心――　200字

字の汚さは改善されたとは言えないが、他人が読める字まではよくなったと思う。文体の統一はできるようになった。後は、時間内に書き終えるということがまだできていない。／二百字という限られた中で、読み手にどう伝えるかがやっていくうちにわかってきた。前期では学んだことをやりっぱなしで振り返ることはなかったが、今回は前日に振り返ることをした。前期にはなかった向上心がでてきたと思う。

③　総括的自己評価作文「半年間の文章表現学習を振り返る」
――再履修のよさ――　840字

私は、前期この授業を落とした。授業の内容をぜんぜん理解できないまま終わり、作文力は向上したとは言えなかった。しかし、前期落としたことによって後期再履修することにより、作文力は向上することができた。／二百字作文では、十二個の表現スキル（注２）があり、前期で理解し、身についたスキルはほとんどなかった。再履修の授業を受けるたびに、驚きがあった。「リターンズ」（クラス通信名…筆者注）に自分が書いた作文が載った時、うれしかったことを覚えている。作文が載った時から、この授業が楽しいと思えるようになった。なにより、また「リターンズ」に載せてもらうため作文力を上げたいと感じた。前期では一度もしなかった復習をして、二百字作文の表現スキルは理解できた。／一方、意見文では、八個の表現スキル（注２）があった。しかし、二百字から意見文に変わる時に、一回休んだことによっ

て、授業についていけなくなった。また、この授業が苦痛でしょうがなくなった。特に「ケイタイと手紙」、「不登校」(ともに意見文の課題…筆者注)での、実証部の二段落を書き分けることができなくて困った。前期と変わらない状態になっていた。書くことに苦しんだが、「リターンズ」を振り返ることで、スキルは理解し、何とか乗り越えることができた。/二百字作文と意見文を合わせて二十個の表現スキルを理解した。前期は中途半端で学んだことを理解できずに終わった。しかし、後期再履修では、あらためて身についたモノがあった。「リターンズ」にはとても助けられ、表現スキルを振り返ることができた。/作文に必要な表現スキルは、後期再履修で理解ができた。なにより、前期とは全然違い、作文の楽しさを知った。前期落としたことによって、学ぶことが出来なかったことを後期履修で身につけることが出来て良かったと思っている。今回学んだことを、レポートなどにいかして、ちゃんと相手に伝わるモノを作りたいと思う。

学生Cの考察

① 字が汚いことをたびたび注意され、それが気になって(「トラウマになった」…本人からの聴き取りによる)時間内に書けなくなってしまったと記している。

「文体の統一」をはじめとする表現スキルの習得が不十分なまま前期を終えたため、「字をきれいに書く」ことに加えて「スキル力の向上」を課題として上げている。

「字をきれいに書くこと」は前期担当教員がCに課した学習課題であるが、伝達を主眼とする文章表現においては避けて通れない問題である。それに加えて、プログラムの中軸をなす「表現スキルの向上」を学習課題として掲げた点は、後期の指導者としても納得のいく妥当な学習課題の設定であると判断する。

② 気にし過ぎていた「字の汚さ」については、「他人が読める字」レベルにハードルを下げることによって精神的外傷は解消された模様である。「文体の統一」ほか、スキルが身につくに従って「読み手にどう伝えるかが分かってきた」と自己評価している。

「伝え方(スキル)」が身につき、それが認められる(通信に掲載される)と、自信がつき、学習意欲が湧いてくる。自主的に復習をすることによってさらに学習効果が上がっていく様子が記されている。

ケロッグ（Kellogg, 1999）（注３）は、大学生のライティング懸念（writing apprehension）について指摘し、ライティングに対する不安が強い場合、うまく書くために必要な思考や記憶検索が妨害されて、ライティングがうまくいかなくなることを指摘している。

この学生の場合、「字が汚い」とたびたび指摘されたことがトラウマともいえる精神的外傷となり、前期の学習においては、これまでなら思い出せたことが思い出せなかったり、考えていることが混乱してまとまらなくなったりしたことが推測できる。①の作文の記述量の少なさからもライティング懸念が伺える。

筆者はこの学生に対して「上手でなくても、読める程度に丁寧に」という助言に止め、尋ねられた場合以外は敢えて文字には触れずに指導を進めた。一つの懸念に大きな影響を受けることなく、他の技術を確実に習得することによって徐々に自信を回復する過程が自己評価作文によく記されており、指導者も納得できる評価である。

③　通信に掲載されたことが自信となり、学習意欲が高まっている。それは、「復習を始めた」という主体的な学習態度からも実証されている。意見文学習では、後半期初回の授業を休んだことで前期と同様のスランプ状態に陥ったが、通信を読み込み、自力で乗り越えたと記述している。欠席を補充するための一人学習に、技術の解説やクラスメートの作文が載った国語通信を効果的に活用した様子が推察できる。

文章は双括型の構成で、中の段落で、まず、前半期の二百字作文練習を、次に後半期の意見文学習を振り返り、双方とも表現技術を主たる題材としてまとめている。

「前期とは全然違い作文の楽しさを知った」と記述しているところから、文章表現の楽しさを知ったことが学習意欲の保持、および強化につながったと見られる。学習者自身が、当初より課題としていた「スキルの習得」が作文の完成度を高め、それが通信に掲載されて自信がつき、さらには自主的に予習や復習をする学習意欲へとつながったと見られる。指導者も納得できる自己評価作文である。

４．学生Ｄの考察（以下Ｈまで考察のみ）

① 文章表現学習以前の問題として、まずは朝自分で起き、授業に出席することが課題であると記している。学生Ｂと同様、学習内容面での課題としては妥当でない。しかし、学生本人にとって、これが一番の克服課題であることは理解できる。

② ①で記した自らの課題である出席問題が依然解決していない。練習不足のためかえって文構成が破綻している。作文全体にまとまりが無く、指示された副題も付いていない。

出席が続いた時点では、いくつか技術を習得し、通信にも掲載され、意欲を見せたが、またすぐに欠席することの繰り返しで、技術が定着せず、意欲も持続しない。

遅刻や欠席に対する甘えが文章表現に反映されており、自己評価も信憑性に欠ける。

③ 書き出し部が箇条書きで、導入段落の機能を果たしていない。２段落目で、朝起きられないために単位を落とした経緯を述べ、３段落目に、後期再履修ではおおよその学習内容や学習の進め方が分かっていたことと、分からない点を授業中に質問できたことで、徐々に力がついたと記している。

構成では、不自然な書き出しや内容面での重複など、未熟な面が多いが、前期と後期の対比からその違いについて述べ、構成を考えてまとめようとする姿勢は読み取れる。

気づきや要領は良いが、相変わらず欠席が多く、技術が定着しない。単位取得ぎりぎりの出席回数のところで相談に訪れ、最後までやり通すことを確約した。

この学生の、朝一人で起きられないという事実は、授業以前の問題として現在の大学生の生きる力の弱さの一端を示している。ちなみに、この学生Ｄは、同様の課題を持つＢの友人で、Ｂの支援を得てどうにか単位取得に漕ぎ着けたが、総括的評価作文の内容がＢとほぼ同様であることから、信頼性に欠けると判断した。

5．学生Eの考察

① 再履修の課題は「まとまった文章が書けるように努力すること」としている。しかし、その後、高校までの作文の振り返りを三行書き、原稿用紙五行、記述量100字で、まとめのないまま（途中で放り出した形で）提出している。まとめる前の問題として、発想力、取材力が不足している。

途中放棄の形での提出であるために具体性に欠け、妥当性の判断に至らない。

② 時系列で事実主体に、写実的に記述するように助言すると、二百字作文は容易にまとめられるようになった。前期からの課題であったという文体の統一も達成した。他の学生に比べると、理解、表現ともに時間がかかるが、ひとたび要領をつかむと、正確に、丹念に、自分が納得するまで書こうとする。しかし、「文体の統一」以外の表現技術については、メタ認知できるレベルにはない。

自己評価にやや甘さが感じられるが、着実に運用力をつけており、「自分としては結構スムーズに書けてきたと思う」という自己評価に、同意できる。

③ 学習面に題材を絞って、高校と大学のそれを比較している。二百字作文練習で、事実をありのままに記述する方法を習得したために、記述量が伸び、題材も段落ごとにまとまっている。

「どうすれば、充実した学習が出来るようになるか」と初めの段落で問いかけ、中で高校と大学の実態を比較し、4段落目にはおおよそのまとめ、そして最後の段落では問いに対する答でまとめられている。

話しことばでは、十分にコミュニケーションを図ることが難しい学生であったが、作文では、時間をかけてゆっくりと表現技術を理解し、確実に運用する力を見せた。

（総括的評価作文が提出締め切りに間に合わず、未完成の状態で提出されたため、参考として、その前に書き上げた意見文を分析した。）

6．学生Fの考察

① 題は「私の欠点」で、「自分の意見がしっかりと書けている文章」を学習課題として上げている。

しかし、構成、記述量、文体、文法、語句など、広範囲に力が不足しているために、意味が取りづらい。

学習課題については、何を「自分の意見がしっかりと書けている文章」と規定しているのか、指導者が妥当性を認めるに足る記述には至っていない。

② 抽象的、説明的に書く癖があり、具体に下ろせないために字数が伸びない。

二百字作文練習について「後半はゲーム感覚で楽しくできた」と述べている。練習するうちに、自分のことばで考えながら書くという作文本来の姿勢がすこし見え始めた模様である。

自己評価としては、具体性に欠け、字数も伸びないため、十分な評価とは認め得ない。

③ 最初の段落で自分の文章に足りない表現技術は何かと問いかけて書き出している。第二の段落では、前期の欠点を述べ、第三で後期の半年でできるようになったことを詳しく書きだしている。技術を具体的に書き出せている点が、大きな進歩である。推敲にも言及している。しかし、最後のまとめ（最初の段落の問いに対する答）の段落が欠落しており、構成は未熟なままで終わった。

当初の課題であった、中身を詳しく（事実を示したり根拠を上げたりして具体的に）書いて「意見をしっかり書く力」は向上した。「読み手の反応を推測して、それに応じる表現をする」（注４）や「推敲」にまで記述が進んでいるところからも、その成長ぶりが見える。

①で「自分の意見がしっかりと書けている文章」を学習課題としたＦは、総括的評価作文において、具体的事実で裏づけながら、実証的に長く詳しく文章が展開できるようになった。

総括的評価作文に至って、自己評価力の向上と信頼性が確認できた。

７．学生Ｇの考察

① 書き出しの段落は頭括的でわかりやすいが、続く段落は一文で、しかも完結していない。「読み手にわかりやすく書く」という課題は自覚できているが、具体策については手掛かりが示されていない。

「私は長く、難しい表現を使った方がよく見えると考えていた」の部分は前期に習得した表現技術であると読み取れるが、学習課題を解決するための対策は明確ではない。

前期は、一回も休むことなく受講したために、本人に不可の自覚はまったくなかった。むしろ書くことは得意であると信じていたようである。学習課題は、再履修コース受講に際して、指導者が説明したことをそのまま書き写した様子である。作文からも、十分な理解に達していないことが読み取れることから、学習課題としての妥当性は不十分と判断した。

② 使用語句の意味が曖昧で、漢字の誤りも多い。再履修の半ばになっても書きことば（「だ・である」体）が統一できず、不自然な文末のままである。指摘された事柄を断片的に記述しているだけのために、全体のまとまりがない。

指導のことばを羅列的になぞっただけの自己評価で、自分のことばで論理性のある文章をまとめられるレベルではなく、教師評価との一致度は低い。

③ 「相手にわかる文章を書く」という①の頭括部で書いた学習課題にはまったく触れていない。前半期の二百字作文練習、後半期の意見文、それぞれに関する記述も断片的で、視点が一貫しない。形式段落を分ける点では向上が見られる。

自宅学習で十分な時間があったにもかかわらず、誤字、脱字が極端に多い。主述が整わず、文体も統一できない。

指摘すればその部分を一時的に修正することは可能であるが、自ら進んで質問する力はなく、自分のことばで思考を深めるレベルにない。普段の会話、二百字作文では問題が見えづらいが、長文になると、形式段落を分けることはできても、積み上げて、全体として一貫性を持った流れとまとまりのある文章が作れないことが浮き彫りになる。

文字、表記（とりわけ漢字使用）や単語レベルの意味の理解から問題があるため、一般的な学生対象のプログラムでは対処が難しい学生である。自己評価はできていない。

8．学生Hの考察

① 気分にむらがあり、それが体調に反映して不登校の傾向がある。（短大を同様の経緯で中退し、本大学に再入学している）

文章表現に関しては、連想のまま細かく書きつづる傾向があり、抽象度を上げてまとめたり、簡潔に説明したりすることができない。そのために、一文が長くなったり、一段落が長くなりすぎたりする傾向がある。

後期再履修コースの課題は、文章表現に関わりのない、出席を前提とした「体調管理は自己責任」を掲げている。前期、不登校で単位を落としたHの課題としては納得できるが、学習課題として妥当とは認められない。

② 後期の前半期は「今のところ休まず出席できている」と正当に自己評価して

いる。一文の長さの調整にはまだ課題が残るが、「難しい言葉を使わなくても身近にたくさん言葉がある」と記していることからは、語の的確な選択に関しては理解が進んだことがわかる。二百字作文での練習の効果が出ている。

「私にとって二百字作文は、新たな文の表し方や言葉の発見になった」と最後にまとめているように、欠席せずに授業に参加したことが、作文能力を高め、自己評価力も高めている様子がわかる。前半期の自己評価は納得できるものである。

③　再履修の前半期は自ら定めた課題を自覚してよく出席していたが、後半期（12月から1月）に入ると前期と同様の不登校状態になった。

評価作文自体は副題もなく、記述量も不十分であるが、Hのこれまでの作文と比較すると、簡潔にまとめられた、読みやすい文章になっている。

最後に、「私は何かあると体や気持ちに出てしまう性格を就職するまでに直してゆきたいと思う。」と記しているところから、①で設定したH自身の課題を十分に承知した上で最後の自己評価を行っている。しかし、結果として、課題は克服できず、学習内容についても、後半期の表現技術の習得は不十分で、学習内容に関する自己評価も行われていないため、信頼性は不十分と判断した。

以上

注

1　表現技術は、その内容に関して本論文の主たる論点になっていないが、筆者は、「表現技術の習得が表現意欲を喚起する」という立場を取っている。表現技術を、いわゆる学習方略と捉えた場合、「学習意欲があるから学習方略が使える」、あるいはまた「学業成績を伸ばすための学習方略をもっている」という見方がされることが多いが、筆者は、「表現技術を習得することにより、文章表現に対する見通しが立てられるようになり、表現学習への学習意欲が高まる」、「具体的な文章表現学習のプロセスの中で、表現技術を教授することは、学習意欲を高めるための教育実践につながる」ものと考える。参考論文：岡田いずみ（2007）「学習方略の教授と学習意欲――高校生を対象にした英単語学習において――」『教育心理学研究』第55巻2号

2　指導計画の前半期、二百字作文練習における12個の表現技術：①題をつける②結び文に配慮する③文体を統一する④わかりやすいことばで書く⑤五感や客観的スケールを活用する⑥首尾を照応させる⑦一文は短くする⑧叙述の順序（時間）を考える⑨叙述の順序（空間）を考える⑩的確な語を選択する⑪文末に変化をつける⑫推敲する

指導計画後半期、意見文指導における8個の表現技術：①段落を書き分ける②事実と意見を分ける③題をつける④主題文を書く⑤アウトラインを作成する⑥草稿を

書く⑦推敲する⑧説得のレトリックを考える

これらの技術は、与えられた課題作文を完成させる過程で、自らの文脈の中で活用することにより、より効果的な表現が行える基礎的なものに限っている。

表現を効果的にすることが技術の役割である。文章表現において、内容と技術は、相互依存的に存在するもので、どちらが欠けても望ましい文章表現にはならない。技術を形式的で、内容のないものと考える向きもあるが、二者択一で考えるものではない。

3 Kellogg, R.T.（1999）*The psychology of writing* New York: Oxford University Pr.（Sd）; New Ed., pp.111-115

4 読み手が抱くであろう反論を予測しながら書き進めることがポイントである。一方的に自分の論を書き進めるのではなく「たしかに・・・と言えないこともない」「もちろん・・・という人もいるだろう」「なるほど・・・かもしれない」というふうに、相手の立場を容認した上で、それでも自分はこう考えるのだと説得していくのである。中西一弘編（2008）『新版やさしい文章表現法』朝倉書店、p.152

主要参考文献一覧

秋田喜代美（2002）『読む心・書く心――文章の心理学入門（心理学ジュニアライブラリ）』北大路書房
秋田喜代美・恒吉僚子・佐藤学編（2005）『教育研究のメソドロジー』東京大学出版会
安彦忠彦（1987）『自己評価「自己教育論」を超えて』図書文化
安西祐一郎・内田伸子（1981）「子どもはいかに作文を書くか?」日本教育心理学会『教育心理学研究第29集』
飯田恒作（1935）『綴る力の展開とその指導』培風館
井口あずさ（2011）『中学生の意見文作成過程におけるメタ認知方略指導に関する研究――自己評価を取り入れた指導過程の検討――』溪水社
石塚修（2002）「大学における国語教育はどのようになされるべきか」日本国語教育学会『月刊国語教育研究 No.358』
市川伸一（1995）『学習と教育の心理学』岩波書店
市川伸一（2004）『学ぶ意欲とスキルを育てる』小学館
市川孝（1978）『国語教育のための文章論概説』教育出版
市川孝（1978）『新訂文章表現法』明治書院
市毛勝雄（1985）『説明文の読み方・書き方』明治図書
稲垣忠彦・佐藤学（1996）『子どもと教育　授業研究入門』岩波書店
井上尚美（1980）「評価論――到達目標と個に応じた評価――」増淵恒吉・小海永二・田近洵一編『講座中学校国語科教育の理論と実践　第一巻　中学校国語科の理論』有精堂出版
井上尚美（1989）『言語論理教育入門』明治図書
井上尚美（1993）『レトリックを作文指導に活かす』明治図書
井上尚美編著（2000）『言語論理教育の探求』東京書籍
井上尚美編著（2005）『国語教師の力量を高める――発問・評価・文章文責の基礎――』明治図書
井上尚美編著（2007）『思考力育成への方略――メタ認知・自己学習・言語論理――〈増補新版〉』明治図書
井上雅彦（1996）「ディベートによる＜読み＞の学習指導」全国大学国語教育学会『国語科教育第43集』
井下千以子（2002）『高等教育における文章表現教育に関する研究――大学教養教育と看護基礎教育に向けて――』風間書房
井下千以子（2008）『大学における書く力考える力――認知心理学の知見をもと

に――』東信堂
入部明子（1993）『アメリカの大学における作文教育』全国大学国語教育学会編『国語科教育　第40集』
入部明子（2002）「アメリカの作文教育におけるプレゼンテーション」（2002年6月15日、発表資料）日本国語教育学会大学部会2003・3『平成14年度大学部会活動報告』
内田伸子（1986）「展望　作文の心理学―作文の教授理論への示唆―」日本教育心理学会『教育心理学年報第25集』
内田伸子（1989）「子どもの推敲方略の発達――作文における自己内対話の過程――」『お茶の水女子大学 人文科学紀要第42巻』
内田伸子（1992）「文章の理解と生成」吉田甫・栗山和広編『教室でどう教えるかどう学ぶか』北大路書房
大内善一（1984）『戦後作文教育史研究』教育出版センター
大内善一（1990）『国語科教材分析の観点と方法』明治図書
大内善一（1994）『見たこと作文の徹底研究』学事出版
大内善一（1994）『思考を鍛える作文授業づくり』明治図書
大内善一（1996）『作文授業づくりの到達点と課題』東京書籍
大内善一（2004）『国語科教育学への道』溪水社
大熊徹（1994）『作文・綴方教育の探求――史的視座からとらえる課題と解決――』教育出版
大島弥生（2003）「『大学生のための表現法』――初年次言語表現科目の試み――」日本国語教育学会　平成15年度第1回大学部会　平成15年7月12日発表資料『平成15年度　大学部会活動報告　日本国語教育学会大学部会』
大槻和夫（1998）「国語教育個体史研究の意義――国語教育実践・研究の確かな拠点の構築――」中西一弘編『野地潤家著作選集　別巻②　野地潤家国語教育論を読む』明治図書
大槻和夫編（2005）『国語科重要用語300の基礎知識　3巻』明治図書
大西道雄（1980）『短作文指導の方法――作文の基礎力の完成――』明治図書
大西道雄（1991）『短作文の授業』国土社
大西道雄（1997）『作文教育における創構指導の研究』溪水社
大村はま（1982）『大村はま国語教室5・6・14』筑摩書房
小田迪夫（1986）『説明文教材の授業改革論』明治図書
梶田叡一（1981）『新しい教育評価の考え方』第一法規出版
梶田叡一（2002）『教育評価　第2版補訂版』有斐閣
加藤典洋（1996）『言語表現法講義』岩波書店
カニングハム久子（1988）『海外子女教育事情』新潮社
樺島忠夫（1980）『文章構成法』講談社

樺島忠夫編（1983）『文章作法事典』東京堂出版
樺島忠夫・中西一弘編（1980）『作文指導事典』東京堂出版
上條晴夫（1990）『見たこと作文でふしぎ発見』学事出版
苅谷剛彦（2012・9）『アメリカの大学・ニッポンの大学』中央公論新社
苅谷剛彦（2012・10）『イギリスの大学・ニッポンの大学』中央公論新社
河野順子（2002）「説明的文章の学習指導改善への提案――『メタ認知の内面化モデル』を通して――」全国大学国語教育学会『国語科教育第51集』
記念論文集編集委員会編（2008）『浜本純逸先生退任記念論文集　国語教育を国際社会へひらく』溪水社
木下是雄（1981）『理科系の作文技術』中央公論新社
木下是雄（1990）『レポートの組み立て方』筑摩書房
木原茂（1963）『現代作文』三省堂
木原茂（1981）「コンポジション理論の可能性」『講座中学校国語科教育の理論と実践　第三巻』有精堂出版
木原茂（1974）「思考と言語技術」『現代の国語教育理論』三省堂
金原省吾（1933）『構想の研究』古今書院
鯨岡峻（2005）『エピソード記述入門　実践と質的研究のために』東京大学出版会
倉沢栄吉（1949）『国語単元学習と評価法』世界社
倉沢栄吉（1952）『作文教育の体系』金子書房
倉沢栄吉（1979）『作文指導の理論と展開』新光閣書店
桑原隆（1993）『作文教育のダイナミズム（歴史的事例）西尾実・清野甲子三・山下卓造の軌跡』東洋館出版社
桑原隆（1996）『言語生活者を育てる　言語生活論＆ホール・ランゲージの地平』東洋館出版社
桑原隆（1998）『言語活動主義・言語生活主義の探究　西尾実国語教育論の展開と発展』東洋館出版社
桑原隆（2008）『新しい時代のリテラシー教育』東洋館出版社
言語技術の会編（1990）『実践・言語技術入門――上手に書くコツ・話すコツ』朝日新聞社
香西秀信（1998）『修辞的思考――論理でとらえきれぬもの――』明治図書
香西秀信・中嶋香織里（2004）『レトリック式作文練習法――古代ローマの少年はどのようにして文章の書き方を学んだか（21世紀型授業づくり）』明治図書
幸田国広（2011）『高等学校国語科の教科構造――戦後半世紀の展開――』溪水社
国語教育研究所編（1996）『作文技術指導大事典』明治図書出版国立教育政策研

究所編（2002）『国語科系教科のカリキュラムの改善に関する研究』国立教育政策研究所
国立国語研究所（1978）『児童の表現力と作文』東京書籍
輿水実（1969）『表現学序説――作文教育の改造――』明治図書
児玉忠（1997）『高等学校文章表現の授業』溪水社
坂口京子（2009）『戦後新教育における経験主義国語教育の研究――経験主義教育観の摂取と実践的理解の過程――』風間書房
崎濱秀行（2005）「字数制限は、書き手の文章産出活動にとって有益であるか？」日本教育心理学会『教育心理学研究第53巻第1号』
佐藤学（1996）『教育方法学』岩波書店
佐藤学（1997）「対話的な授業の構成と教師教育の課題」全国大学国語教育学会編『国語科教師教育の課題』明治図書
佐渡島沙織（2005）「『論じる』ための基礎技能を教える――『書くこと』と『研究すること』――」（2005年8月9日、発表資料）日本国語教育学会大学部会2006・6『平成16・17年度大学部会活動報告』
島田康行（2008）「大学初年次生を対象とした読み書きの指導」日本国語教育学会『月刊国語教育研究No.437』
清水幾太郎（1959）『論文の書き方』岩波書店
志水宏吉編著（1998）『教育のエスノグラフィー　学校現場のいま』嵯峨野書院
志水宏吉（2003）『公立小学校の挑戦「力のある学校」とは何か』岩波ブックレットNO.611
ジョン・T・ブルーアー著　松田文子・森敏昭監訳（1997）『授業が変わる――認知心理学と教育実践が手を結ぶとき――』北大路書房
白石寿文・桜井直男編著（1989）『小学校作文の単元――個人文集への誘い』教育出版センター
杉本明子（1991）「意見文産出における内省を促す課題状況と説得スキーマ」日本教育心理学会『教育心理学研究第39巻第2号』
杉本卓（1989）「文章を書く過程」鈴木宏昭他著『教科理解の認知心理学』新曜社
全国大学国語教育学会編（1986）『表現教育の理論と実践の課題』明治図書
全国大学国語教育学会編（2002）『国語科教育学研究の成果と展望』明治図書
全国大学国語教育学会編（2013）『国語科教育学研究の成果と展望Ⅱ』学芸図書
高橋昭男（2002）『仕事文をみがく』岩波書店
高森邦明（1984）『作文教育論』シリーズ全3巻　第一巻『作文教育における目標と方法の原理』、第二巻『言語生活的作文の指導』、第三巻『言語生活的作文の実践研究』文化書房博文社
竹田青嗣（1989）『現象学入門』日本放送出版協会

竹田青嗣（2004）『現象学は〈思考の原理〉である』筑摩書房
田近洵一（1982）『現代国語教育への視角』教育出版
田近洵一編（1996）『自ら学ぶ力を育てる国語科の評価』国土社
田近洵一・井上尚美編（2009）『国語教育指導用語辞典〔第四版〕』教育出版
田中耕治（2008）『教育評価』岩波書店
田中耕治（2010）『新しい「評価のあり方」を拓く――「目標に準拠した評価」のこれまでとこれから――』日本標準
田中宏幸（1998）『発見を導く表現指導』右文書院
田中宏幸（2006）『中等作文教育におけるインベンション指導の研究――発想・着想・構想指導の理論と実践――』早稲田大学大学院教育学研究科　博士学位審査論文
田中宏幸（2008）『金子彦二郎の作文教育――中等教育における発想力・着想力の指導――』溪水社
田端健人（2010）「子どもの討論を喚起する武田常夫の国語の授業」中田基昭編『現象学から探る豊かな授業』多賀出版
筒井洋一（2005）『言語表現ことはじめ』ひつじ書房
鶴田清司（1995）「文学の授業で何を教えるか」全国大学国語教育学会『国語科教育第 42 集』
鶴田清司（2007）『〈解釈〉と〈分析〉に基づく文学教育論の構築――新しい解釈学理論を手がかりに――』早稲田大学大学院教育学研究科　博士学位審査論文
時枝誠記（1954）『国語教育の方法』習文社
時枝誠記（1977）『時枝誠記博士著作選Ⅲ　文章研究序説』明治書院
トーマス・ローレン著　友田恭正訳（1983）『日本の高校　成功と代償』サイマル出版会
豊澤弘伸（2002）「大学・短大における『国語』教育」日本国語教育学会『月刊国語教育研究 No.358』
長崎南高等学校国語科編著（1983）『高等学校「国語Ⅰ」における作文指導』有朋堂
中洌正堯・国語論究の会（2003）『表現する高校生――対話をめざす教室から――』三省堂
中西一弘・樺島忠夫編（1980）『作文指導事典』東京堂出版
中西一弘（1981）「作文教育の回顧と展望」全国大学国語教育学会『講座国語科教育の探求②　表現指導の整理と展望』明治図書
中西一弘・堀井謙一編（1995）『やさしい文章表現法』朝倉書店
中西一弘（1996）『子どもとともに学ぶ作文指導の課題と方法』明治図書
中西一弘編（1996）『基礎文章表現法』朝倉書店

中西一弘編（1998）『野地潤家著作選集　別巻②　野地潤家国語教育論を読む』明治図書
中西一弘編（2008）『新版やさしい文章表現法』朝倉書店
長沼行太郎（2003・３）「関係にはたらきかける表現――実践と課題――」日本国語教育学会大学部会『平成 14 年度大学部会活動報告』
永野賢（1959）『学校文法　文章論――読解・作文指導の基本的方法――』朝倉書店
中村明（1991）『日本語レトリックの大系』岩波書店
中村敦雄（1999）「『文章構成法』の理論構築過程に関する一考察――昭和三十年代前半における森岡健二の所説を中心に――」全国大学国語教育学会『国語科教育第 46 集』
中村敦雄（2009）「コンポジション理論」日本国語教育学会編『国語教育辞典　新装版』朝倉書店
滑川道夫（1955）「現代作文と教育」『作文教育講座　第６巻』河出書房
奈良国語教育実践研究会（1990）『課題条件法による作文指導』小学校編・中学校編　明治図書
西尾実（1952）『書くことの教育』習文社
西尾実（1975）『西尾実国語教育全集　第三巻――書くこと・綴ることの探求――』教育出版
西岡加名恵（2003）『教科と総合に活かすポートフォリオ評価法～新たな評価基準の創出に向けて～』図書文化社
日本国語教育学会編（2001）『国語教育辞典』朝倉書店
日本国語教育学会監修（2010）『豊かな言語活動が拓く　国語単元学習の創造Ⅶ　高等学校編』東洋館出版社
日本作文の会（1964）『作文指導系統案集成』百合出版
野地潤家（1956）『国語教育――個体史研究――』光風出版
野地潤家（1984）「主体的に取り組む国語学習過程を求めて」（1996）『国語科教育・授業の探求』溪水社
野地潤家（1998）『野地潤家著作選集　第１巻　国語教育個体史研究　原理編』明治図書
ハインリッヒ・ラウスベルク著　萬澤正美訳（2001）『文学修辞学――文学作品のレトリック分析』東京都立大学出版会
波多野完治（1977 ～ 1981）『文章心理学大系１－６』大日本図書
服部四郎他編（1979）『日本の言語学　第四巻　文法Ⅱ』大修館書店
土部弘（1976）「構想の種類と立て方」平井昌夫編『文章上達法』至文堂
浜本純逸（1998）「実証性と物語性――野地潤家先生の国語教育史研究――」中西一弘編『野地潤家著作選集　別巻②　野地潤家国語教育論を読む』明治図

書
浜本純逸（2006）『国語科教育論』溪水社
浜本純逸（2011）『国語科教育総論』溪水社
林四郎（1973）『言語教育の基礎論 1 文の姿勢の研究』明治図書
林四郎編（1984）『文章表現必携』別冊国文学 No.21　學燈社
林四郎（1998）『文章論の基礎問題』三省堂
平井昌夫編（1976）『文章上達法』至文堂
平山満義編著（1997）『質的研究法による授業研究　教育学・教育工学・心理学からのアプローチ』北大路書房
深谷純一（2001）『カキナーレ　女子高生は表現する』東方出版
藤井知弘（2002）「国語科授業研究における質的研究法の意義」全国大学国語教育学会『国語科教育第 51 集』
藤田哲也・溝上慎一（2001）「授業通信による学生との相互行為Ⅰ・Ⅱ」『京都大学高等教育研究 7』
藤田英典（1998）「現象学的エスノグラフィー　エスノグラフィーの方法と課題を中心に」志水宏吉編著『教育のエスノグラフィー　学校現場のいま』嵯峨野書院
藤原与一（1955）『毎日の国語教育』福村書店
藤原与一（1965）『国語教育の技術と精神』新光閣書店
藤原与一（1967）『ことばの生活のために』講談社
藤原与一（1967）『作文の基礎演習』中央図書出版社
藤原与一（1975）『小学校児童作文能力の発達』文化評論出版
米国学術研究推進会議編著 ジョン・ブランスフォード、アン・ブラウン、ロドニー・クッキング　森敏昭・秋田喜代美監訳　21 世紀の認知心理学を作る会訳（2002）『授業を変える――認知心理学のさらなる挑戦――』北大路書房
細谷美代子（2008）「論理リテラシーを高める論文表現演習」日本国語教育学会『月刊国語教育研究 No.431』
本多勝一（1980）『ルポルタージュの方法』すずさわ書店
麻柄啓一（2002）『じょうずな勉強法――こうすれば好きになる（心理学ジュニアライブラリ）』北大路書房
町田守弘（1990）『授業を開く―【出会い】の国語教育』三省堂
町田守弘（1995）『授業を創る―【挑発】する国語教育』三省堂
町田守弘（2001）『国語教育の戦略』東洋館出版社
町田守弘（2003）『国語科授業構想の展開』三省堂
町田守弘（2006・２）「文章表現技術指導に関する一考察」『早稲田大学大学院教育学研究科紀要』

松下佳代（2007）『パフォーマンス評価――子どもの思考と表現を評価する――』日本標準
溝上慎一・藤田哲也編（2005）『心理学者、大学教育への挑戦』ナカニシヤ出版
湊吉正（1976）「作文の評価」『現代作文講座７　作文教育の方法』明治書院
無藤隆・やまだようこ他編著（2004）『質的心理学　創造的に活用するコツ』新曜社
メアリ・キタガワ、チサト・キタガワ著　川口幸宏・中島和美監訳（1991）『書くことによる教育の創造――アメリカ人による生活綴方教育の研究――』大空社
森岡健二（1958・４）「文法教育論――コンポジションへの展開――」『続日本文法講座４』明治書院
森岡健二（1958・９）『文章の構成法――コンポジション――』国語シリーズ39 文部省　光風出版
森岡健二（1963）『文章構成法――文章の診断と治療――』至文堂
森田良行（1985）「文章分析の方法」『応用言語学講座１』明治書院
茂呂雄二（1988）『なぜ人は書くのか』東京大学出版会
山元隆春（1994）「読みの『方略』に関する基礎論の検討」『広島大学学校教育学部紀要』第Ⅰ部第16巻
吉田茂樹（2012）『対話による文章表現指導の研究――〈個に即した支援〉の理論と方法――』溪水社
早稲田大学オープン教育センター（2012）『全学規模で行う学術的文章作成指導――大学院生が個別フィードバックする初年次ｅラーニング・プログラム――（平成22～24年度）』
渡辺雅子（2004）『納得の構造――日米初等教育に見る思考表現のスタイル――』東洋館出版社
渡辺雅子（2006）「日米仏の思考表現スタイルを比較する――３か国の言語教育を読み解く――」ベネッセ教育総合研究所メールマガジン　BERD　2006 No.6
和多史雄（1967）『条件作文と客観評価』謙光社

Bereiter, C., & Scardamalia, M（1987）*The psychology of written composition.* Hillsdale, N. J. : Lawrence Erlbaum Associates
Brooks and Warren（1979）*Modern Rhetoric* Fourth Edition Harcourt Brace Jovanovich, Inc
Flavell, J. H（1981）“Cognitive Monitoring.” In Cickson, W. P., (Ed). *Childrens Oral Communication Skills*, 35-60, New Yrk, NY: Academic Press.
Flower, L.S. &. Hayes, J. R（1981）“A Cognitive Process Theory of Writing.”

College Composition and Communication, Vol.32, No.4, 365-387
John M. Kierzek and Walker Gibson (1960) *The Macmillan Handbook of English*. Forth Edition. New York: The Macmillam Company.
Kellogg, R.T. (1999) *The psychology of writing*. Oxford University Press. (Sd) ; New Ed.
Nancie Atwell (1987) *In the Middle Writing, Reading, and Learning with Adolescents*. Baynton/Cook Publishers, Inc.
Rohman, G. (1965) "Pre-writing: The stage of discovery in the writing process." *College Compositionand Communication*, 16, 106-112.

事項索引

【サ行】

【タ行】

【ナ行】

人名索引

【著者】
金子　泰子（かねこ　やすこ）

1954（昭和29）年大阪府生まれ
大阪教育大学大学院教育学研究科修士課程修了
早稲田大学大学院教育学研究科博士後期課程修了
博士（教育学）

上田女子短期大学、長野大学、信州大学人文学部・同国際交流センター、早稲田大学教育学部において非常勤講師を歴任

主要著書および論文
『ことばの授業づくりハンドブック 中学校・高等学校「書くこと」の学習指導』（共著）2016年　溪水社
『新版やさしい文章表現法』（共著）2008年　朝倉書店
『朝倉国語教育講座4　書くことの教育』（共著）2006年　朝倉書店
「大学における文章表現指導の評価——新たに生みだし、将来につなぐために——」日本国語教育学会編『月刊国語教育研究 No.500』2013年12月

現住所
〒386-0014　長野県上田市材木町1-3-23

大学における文章表現指導
——実践の記述と考察から指導計画の提案まで——

平成28年12月1日　発　行

著　者　金　子　泰　子
発行所　株式会社　溪水社
広島市中区小町1-4（〒730-0041）
電　話（082）246-7909
F A X（082）246-7876
E-mail：info@keisui.co.jp
URL：http://www.keisui.co.jp

ISBN978-4-86327-370-2　C3037